Ménoniak®

W0351409

ON FAIT QUOI POUR LE DÎNER ?

AVEC

L'atelier des Chefs

Recettes : L'atelier des Chefs
avec la participation de Delphine Paslin

ISBN 978-2-37761-115-7
Dépôt légal juillet 2018.

éditions 365 editions365.com

www.editions365.com

Diffusion Hatier. Distribution Hachette. Imprimé en Chine en mars 2018.

ÉDITO

Créé en 2004, **L'atelier des Chefs** a une seule mission depuis 14 ans : remettre les Français aux fourneaux !
Notre obsession est de vous faire (re)découvrir le plaisir de cuisiner, tous les jours ! Nous savons que vous n'avez pas beaucoup de temps ; nous savons que parfois, vous êtes à court d'idées ; nous savons que certains soirs, vous manquez d'énergie. Ces soirs-là, c'est à nous de vous aider avec des idées de recettes simples, mais avec l'effet "waouh" du chef !

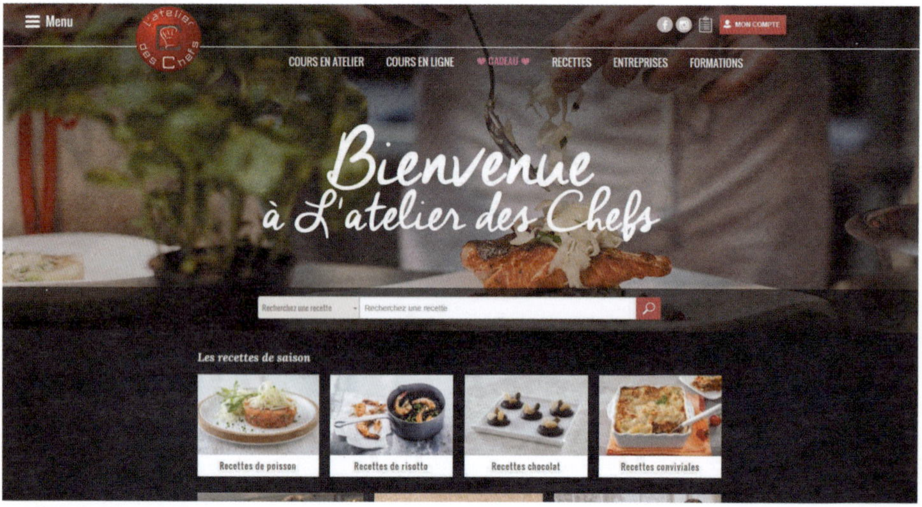

Avec *On fait quoi pour le dîner ? Avec L'atelier des Chefs*, découvrez plus de 365 recettes délicieuses, faciles à faire et inratables – mais néanmoins spectaculaires –, car elles ont toutes été créées par l'un des chefs de L'atelier des Chefs. Et s'il vous manque une technique ou un tour de main, retrouvez-le sur **www.atelierdeschefs.fr**.

À une époque où la tentation peut être grande de ne plus se donner du mal pour manger sain et équilibré, quelle fierté d'être à vos côtés chaque soir pour créer un bon repas, un moment de partage, une occasion de rassembler sa famille ou ses amis et de les honorer avec une belle recette, savoureuse, joliment présentée et pourtant si simple.

Régalez-vous, régalez-les et donnez du bonheur à vos proches tous les soirs !

SOMMAIRE

PRÉSENTATION

L'atelier des Chefs, ce sont **15 ateliers** en France et à Londres, et une trentaine de chefs qui n'ont qu'une idée en tête : partager avec vous leur passion et tous leurs trucs et astuces. Dans nos ateliers, à l'heure du déjeuner, les cours durent 30 minutes maximum, tout comme pour les recettes que nous vous présentons dans *On fait quoi pour le dîner ? Avec L'atelier des Chefs.*

L'atelier des Chefs, ce sont plus de **17 000 recettes** et des centaines de techniques de chefs en vidéo à retrouver sur www.atelierdeschefs.fr. En plus de toutes les recettes de *On fait quoi pour le dîner ? Avec L'atelier des Chefs*, retrouvez-nous en ligne pour prolonger le plaisir et devenir aussi bons que nos chefs.

L'atelier des Chefs, ce sont **3 mots-clés** pour faire chaque jour de la cuisine un plaisir :

Apprendre : des techniques, des tours de main, des histoires de recettes et de produits, des anecdotes de chefs... Bref, tout ce qui permet de maîtriser un peu mieux cet art exigeant, mais si gratifiant.

Se faire plaisir : non, non et non, la cuisine n'est pas une corvée ménagère ! Faire la cuisine, la partager avec ses proches, se nourrir de manière équilibrée et variée, ce n'est que du plaisir !

Le bien-être : disons-le fermement et de manière définitive, cuisiner est la SEULE et UNIQUE manière de savoir exactement ce que l'on mange. Alors, ne nous privons pas du plaisir de se faire du bien, tous les jours !

MENUS DE LA SEMAINE

ET AUSSI

SEPTEMBRE 2018

Lundi 3

Spaghettini alla puttanesca

15 mn 15 mn

Dans 1 sauteuse, faire chauffer 6 cl d'huile d'olive + 2 gousses d'ail hachées. Ajouter 4 tomates en brunoise + 40 g de câpres + 65 g d'olives vertes dénoyautées coupées en 4. Cuire 15 minutes à couvert.

Mardi 4

Rôti de bœuf braisé

15 mn 25 mn 10 mn

Dans 1 cocotte, colorer 500 g de rôti de bœuf salé dans 4 cl d'huile d'olive. Retirer et poivrer. Faire suer ½ oignon + ½ carotte émincés + sel. Ajouter ½ gousse d'ail pelée + thym + laurier. Déglacer avec 10 cl d'eau.

Mercredi 5

Salade fraîcheur jambon-mangue

15 mn

Mélanger ½ mangue coupée en dés + 1 oignon rouge ciselé + 200 g de mâche et de dés de jambon blanc. Ajouter le jus d'1 citron vert + 5 cl d'huile d'olive + 30 g de miel + 3 g de baies roses. Saler, poivrer, mélanger

Jeudi 6

Quiche à la courgette et à la tomate

15 mn 35 mn

Foncer 1 moule à tarte avec 1 pâte brisée. Piquer le fond avec 1 fourchette. Répartir 2 c. à s. de chapelure. Fouetter 3 œufs + 20 cl de crème épaisse allégée. Ajouter 100 g de gruyère râpé + 1 oignon émincé

Vendredi 7

Nage de poisson épicée et riz parfumé à l'indienne

15 mn 20 mn 10 mn

Cuire 200 g de riz basmati dans 2,5 fois son volume en eau + 2 étoiles de badiane + 2 gousses de cardamome verte + sel. Couvrir et faire bouillir jusqu'à

Samedi 8

Aubergines farcies à l'agneau

20 mn 35 mn 10 mn

Faire infuser 1 gousse d'ail + thym + laurier 10 mn dans 10 cl d'huile d'olive. Filtrer. Verser sur 2 aubergines coupées en 2 et entaillées. Saler, poivrer. Enfourner 15 mn à 200 °C. Les évider jusqu'à 1,5 cm du bord.

Dimanche 9

Tartelettes aux figues et aux noisettes caramélisées

30 mn 30 mn 35 mn

Découper 4 cercles dans 1 pâte feuilletée. Foncer 4 moules et mettre au frais 30 mn. Cuire à blanc 10 mn à 180 °C. Mélanger 65 g de beurre, de sucre et

l'atelier des Chefs

LE TRUC DU CHEF

Lorsque vous saisissez une viande avant de l'enfourner, vous pouvez l'assaisonner de sel fin. La garniture de braisage ne se mange pas, mais vous pouvez tout naturellement la réutiliser au cours de votre préparation.

Saler et poivrer. Ajouter 400 g de spaghettini al dente à la sauce et mélanger. Parsemer de 20 anchois marinés + basilic ciselé.

☐ Spaghettini alla puttanesca

400 g de spaghettini, 4 tomates, 65 g d'olives vertes dénoyautées, 40 g de câpres, 2 gousses d'ail, 20 anchois marinés, 6 cl d'huile d'olive, basilic, sel, poivre.

Porter à ébullition. Ajouter le rôti, couvrir et enfourner 25 mn à 200 °C. Laisser reposer le rôti 10 mn hors de la cocotte. Filtrer le jus de cuisson et servir avec le rôti tranché.

☐ Rôti de bœuf braisé

500 g de rôti de bœuf, ½ carotte, ½ oignon, ½ gousse d'ail, 4 cl d'huile d'olive, thym, laurier, sel, poivre.

---

et déguster aussitôt.

☐ Salade fraîcheur jambon-mangue

200 g de dés de jambon blanc, ½ mangue, 200 g de mâche, 1 oignon rouge, 1 citron vert, 30 g de miel, 5 cl d'huile d'olive, 3 g de baies roses, sel, poivre.

+ 1 courgette et 1 tomate pelées + ½ poivron rouge coupés en dés + 3 feuilles de basilic ciselées. Saler, poivrer et mélanger. Verser sur la pâte. Enfourner 35 mn à 180 °C.

☐ Quiche à la courgette et à la tomate

1 pâte brisée, 1 courgette, 1 tomate, ½ poivron rouge, 1 oignon, 100 g de gruyère râpé, 2 c. à s. de chapelure, 3 œufs, 20 cl de crème épaisse allégée, 3 feuilles de basilic, sel, poivre.

évaporation. Laisser étuver feu éteint et à couvert 10 mn. Faire infuser 3 g de baies roses, de graines de fenouil et de graines de coriandre dans 1,5 l d'eau + sel + poivre et y pocher 300 g de saumon coupé en cubes de 2 cm. Servir avec le riz basmati.

☐ Nage de poisson épicée et riz parfumé à l'indienne

300 g de saumon, 200 g de riz basmati, 2 étoiles de badiane, 2 gousses de cardamome verte, 3 g de baies roses, 3 g de graines de fenouil, 3 g de graines de coriandre, 1,5 l d'eau, sel, poivre.

Mélanger la chair + 600 g d'agneau haché + des feuilles de coriandre et de persil + 1 oignon ciselés + 1 citron confit en petits dés + 1 œuf + 70 g de chapelure + sel + 3 g de paprika fumé. Farcir les aubergines et enfourner 20 mn à 200 °C.

☐ Aubergines farcies à l'agneau

2 aubergines, 600 g d'agneau haché, 1 citron confit au sel, 1 oignon, 1 gousse d'ail, 1 œuf, 70 g de chapelure, coriandre, persil, thym, laurier, 3 g de paprika fumé, 10 cl d'huile d'olive, sel, poivre.

---

de noisettes en poudre + 2 œufs + 25 g de farine. Répartir sur les pâtes + 6 figues en morceaux + 20 g de miel. Enfourner 15-20 mn. Laisser tiédir 5 mn. Caraméliser 65 g de sucre. Ajouter 65 g de noisettes et mélanger. Laisser refroidir sur 1 feuille de cuisson, concasser et parsemer les tartes.

☐ Tartelettes aux figues et aux noisettes caramélisées

1 pâte feuilletée, 6 figues, 65 g de noisettes, 2 œufs, 130 g de sucre, 65 g de noisettes en poudre, 25 g de farine, 65 g de beurre, 20 g de miel.

ET AUSSI

SEPTEMBRE 2018

Lundi 10

Risotto crémeux au parmesan et aiguillettes de volaille persillées

15 mn 25 mn

Émincer ½ oignon + 150 g de filets de poulet en aiguillettes. Dans 1 cocotte, colorer les aiguillettes + sel dans 2 cl d'huile d'olive. Les retirer de la cocotte.

Mardi 11

Échine de porc au cidre et frites de patates douces

15 mn 20 mn

Mélanger 3 patates douces pelées en bâtonnets + 2 cl d'huile d'olive + 2 c. à c. de paprika fumé + 2 c. à c. de curcuma + sel + poivre. Verser sur une

Mercredi 12

Salade de chèvre chaud

20 mn 10 mn

Badigeonner 80 g de baguette tranchée avec 2 cl d'huile d'olive. Dorer 4 mn à 200 °C. Mélanger ½ bûche de chèvre frais émiettée + 4 pétales de tomates confites en dés + basilic ciselé. Tartiner les toasts et

Jeudi 13

Pizza blanche à la mozzarella di Bufala

30 mn 15 mn 1 h

Dans 1 robot, pétrir 5 mn 400 g de farine + 2 cl d'huile d'olive + 8 g de levure de boulanger délayée dans

Vendredi 14

Soupe de poisson express

15 mn 30 mn 10 mn

Dans 1 casserole, faire suer 1 oignon émincé + ½ fenouil + 1 branche de céleri en tranches + 3 cl d'huile d'olive. Ajouter 400 g d'arêtes et parures de poisson. Cuire 10 mn. Ajouter 1 gousse d'ail hachée

Samedi 15

Dhal de lentilles corail

10 mn 25 mn

Poêler 2 gousses d'ail + 7 g de gingembre frais hachés 2 mn dans 5 g de beurre fondu. Ajouter et faire suer ½ oignon émincé + sel + ½ c. à c. de graines de fenouil. Verser 260 g de lentilles corail + 55 cl d'eau + ½ piment

Dimanche 16

Gâteau au chocolat à manger à la cuillère

15 mn 10 mn

Faire fondre 200 g de chocolat noir + de beurre au bain-marie. Mélanger. Hors du feu, ajouter aussitôt 150 g de sucre. Mélanger et verser dans 1 saladier.

L'atelier des Chefs

LE TRUC DU CHEF

Pour réussir la cuisson d'un risotto, prévoyez 15 à 20 minutes et environ 2,5 fois plus de liquide que le poids du riz. Le temps de cuisson variera selon la qualité du riz.

10

Faire suer l'oignon. Ajouter 200 g de riz Arborio, le nacrer, puis déglacer avec 5 cl de vin blanc sec et ajouter au fur et à mesure 55 cl d'eau. Cuire 20 mn. Ajouter 15 g de beurre + 40 g de parmesan râpé + les aiguillettes + du persil ciselé.

☐ Risotto crémeux au parmesan et aiguillettes de volaille persillées

200 g de riz Arborio, 150 g de filets de poulet, ½ oignon, 5 cl de vin blanc sec, 2 cl d'huile d'olive, 15 g de beurre, 40 g de parmesan, persil, sel, poivre.

plaque. Enfourner 15 mn à 200 °C. Dans une cocotte, colorer 800 g d'échine de porc + sel + poivre dans 1 cl d'huile d'olive. Verser 20 cl de cidre doux. Mélanger. Ajouter 2 pommes en tranches, faire réduire, puis cuire 12 mn. Servir avec les frites de patates douces.

☐ Échine de porc au cidre et frites de patates douces

800 g d'échine de porc, 3 patates douces, 2 pommes, 20 cl de cidre doux, 3 cl d'huile d'olive, 2 c. à c. de paprika fumé, 2 c. à c. de curcuma, sel, poivre.

parsemer de 5 g de graines de sésame dorées. Mélanger 175 g de concombre en dés + 65 g de tomates cerises en 4 + ½ fenouil en bâtonnets + ½ poivron jaune et rouge en fines lanières + ½ salade romaine émincée. Ajouter 12 g de miel + 6 cl d'huile d'olive + 4 cl de jus de citron. Saler, poivrer, mélanger et servir avec les toasts réchauffés 5 mn.

☐ Salade de chèvre chaud

½ bûche de chèvre frais, 4 pétales de tomates confites, 80 g de baguette, 175 g de concombre, 65 g de tomates cerises, ½ salade romaine, ½ fenouil, ½ poivron jaune, ½ poivron rouge, 12 g de miel, 8 cl d'huile d'olive, 4 cl de jus de citron, basilic, 5 g de graines de sésame dorées, sel, poivre.

1 peu d'eau + 22 cl d'eau froide. Saler, pétrir 2 mn. Former 1 boule, couvrir et laisser reposer 1 h avant de l'étaler. Mélanger 100 g de mascarpone + de ricotta. Saler, poivrer. Répartir sur la pâte, déposer 1 mozzarella di Bufala en tranches + 1 oignon blanc émincé. Enfourner 15 mn à 240 °C.

☐ Pizza blanche à la mozzarella di Bufala

400 g de farine, 8 g de levure de boulanger, 1 mozzarella di Bufala, 100 g de mascarpone, 100 g de ricotta, 1 oignon blanc, 2 cl d'huile d'olive, sel, poivre.

+ thym + laurier. Cuire 1 mn. Verser 30 cl de fumet de poisson chaud + 50 g de tomates concassées en conserve + 1 peu d'eau à hauteur. Porter à ébullition, cuire 20 mn. Écumer, laisser reposer 10 mn, mixer et filtrer. Saler, poivrer.

☐ Soupe de poisson express

400 g d'arêtes et parures de poisson, ½ fenouil, 1 branche de céleri, 1 oignon, 1 gousse d'ail, thym, laurier, 30 cl de fumet de poisson, 50 g de tomates concassées en conserve, 3 cl d'huile d'olive, sel, poivre.

oiseau + 6 g de garam masala. Cuire 20 mn. Saler, poivrer et servir avec les graines de 4 gousses de cardamome verte.

☐ Dhal de lentilles corail

260 g de lentilles corail, ½ oignon, 2 gousses d'ail, ½ piment oiseau, 7 g de gingembre frais, 5 g de beurre, 55 cl d'eau, ½ c. à c. de graines de fenouil, 4 gousses de cardamome verte, 6 g de garam masala, sel, poivre.

Incorporer 5 œufs 1 par 1 en mélangeant. Ajouter 40 g de farine + fleur de sel. Mélanger au fouet. Verser dans des moules individuels. Parsemer de 50 g de noix de pécan. Enfourner 10 mn à 190 °C. Servir tiède ou froid.

☐ Gâteau au chocolat à manger à la cuillère

200 g de chocolat noir, 200 g de beurre, 5 œufs, 150 g de sucre, 40 g de farine, 50 g de noix de pécan, fleur de sel.

ET AUSSI

SEPTEMBRE 2018

Lundi 17

Pâtes farcies aux tomates cerises, au fromage et aux crevettes

20 mn 15 mn

Cuire 170 g de conchiglionis 12-15 mn. Égoutter et rafraîchir. Mélanger 165 g de tomates cerises coupées en 4 + 65 g de fromage frais en dés + 10 crevettes

Mardi 18

Magret de canard et pommes rôties au thym

15 mn 20 mn 10 mn

Dans 1 poêle, mélanger 35 g de beurre fondu + 10 g de sucre + 8 pommes taillées en cylindres de 4-5 cm de diamètre. Faire caraméliser 3 mn. Déposer dans

Mercredi 19

Salade de nuggets au fromage, concombre, menthe et coriandre

15 mn 8 mn

Enfourner 12 nuggets de poulet au fromage 8 mn à 200 °C. Dans un bol, émulsionner 2 cl de jus de citron + sel + poivre + 6 cl d'huile d'olive. Mélanger 1 carotte

Jeudi 20

Risotto végétarien

10 mn 30 mn

Couper 65 g de courgettes en morceaux de 4-5 mm + 65 g de pois gourmands en fines lamelles + 65 g de haricots verts en 3. Dans 1 cocotte, faire suer ½ oignon ciselé dans 2 cl d'huile d'olive. Ajouter

Vendredi 21

Saumon à l'unilatérale et endives à l'orange

15 mn 10 mn

Dans 1 casserole, saisir quelques minutes 6 endives émincées dans 25 g de beurre fondu. Verser les jus et zestes de 2 oranges. Cuire à découvert jusqu'à

Samedi 22

Ramequins de légumes en purée

20 mn 25 mn

Dans 1 cocotte, cuire 2 aubergines en petits dés + ½ carotte en lamelles + ½ oignon + 1 échalote émincés + 1 gousse d'ail hachée avec 2 cl d'huile d'olive. Saler, poivrer. Réduire en purée. Ajouter 20 cl de crème liquide

Dimanche 23

Moelleux à la châtaigne, à la poire et au chocolat

15 mn 15 mn

Faire fondre au bain-marie 60 g de chocolat noir + 55 g de beurre. Fouetter 2 œufs + 75 g de sucre. Ajouter le chocolat fondu + 25 g de farine. Couper

L'atelier des Chefs

LE TRUC DU CHEF

La cuisson al dente des pâtes est importante dans la mesure où, après quelques minutes, elles absorbent l'humidité ambiante et leur cuisson se poursuit.

cuites décortiquées en tronçons + basilic ciselé. Ajouter le jus d'½ citron vert + fleur de sel + 2 cl d'huile d'olive. Garnir les pâtes. Servir à l'apéritif ou en entrée.

☐ Pâtes farcies aux tomates cerises, au fromage et aux crevettes

170 g de conchiglionis, 165 g de tomates cerises, 65 g de fromage frais, 10 crevettes cuites, basilic, ½ citron vert, 2 cl d'huile d'olive, fleur de sel.

---

plat, ajouter les fleurs de thym. Enfourner 5 mn à 180 °C. Quadriller la peau de 2 magrets de canard. Les saisir côté peau, les retourner, puis les cuire 9 mn. Laisser reposer 10 mn hors du feu. Servir les magrets tranchés salés et poivrés + les pommes.

☐ Magret de canard et pommes rôties au thym

2 magrets de canard, 8 pommes, 35 g de beurre, 10 g de sucre, fleurs de thym, sel, poivre.

---

râpée + ½ concombre en tagliatelles + ½ poivron rouge + 135 g de radis roses en lamelles + 135 g de pousses de soja + la vinaigrette. Servir avec les nuggets + menthe + coriandre.

☐ Salade de nuggets au fromage, concombre, menthe et coriandre

12 nuggets de poulet au fromage, 1 carotte, ½ concombre, 135 g de pousses de soja, 135 g de radis roses, ½ poivron rouge, coriandre, menthe, 2 cl de jus de citron, 6 cl d'huile d'olive, sel, poivre.

---

200 g de riz Arborio, le nacrer, puis 6,5 cl de vin blanc sec + les courgettes + 40 cl d'eau petit à petit + sel. Cuire 20 mn. Servir avec 15 g de beurre + 35 g de parmesan + 135 g de petits pois frais écossés, les pois gourmands et les haricots verts cuits à l'eau salée 10 mn.

☐ Risotto végétarien

200 g de riz Arborio, 135 g de petits pois frais écossés, 65 g de courgettes, 65 g de pois gourmands, 65 g de haricots verts, ½ oignon, 35 g de parmesan, 15 g de beurre, 6,5 cl de vin blanc sec, 2 cl d'huile d'olive, sel, poivre.

évaporation. Ajouter du romarin haché. Poêler 4 pavés de saumon salés + 2 cl d'huile d'olive côté peau 1 mn, puis 3 mn recouverts d'une feuille de papier aluminium. Servir avec la fondue d'endives.

☐ Saumon à l'unilatérale et endives à l'orange

4 pavés de saumon, 6 endives, 2 oranges, 25 g de beurre, 2 cl d'huile d'olive, romarin, sel.

+ 20 cl de lait + 4 œufs + sel + poivre. Verser dans des ramequins. Cuire au bain-marie 8 mn à 160 °C. Servir avec 60 g de pousses d'épinard assaisonnées d'1 cl de vinaigre balsamique + 1 cl d'huile d'olive.

☐ Ramequins de légumes en purée

2 aubergines, ½ carotte, ½ oignon, 1 échalote, 1 gousse d'ail, 60 g de pousses d'épinard, 20 cl de crème liquide, 20 cl de lait, 4 œufs, 3 cl d'huile d'olive, 1 cl de vinaigre balsamique, sel, poivre.

---

1 poire épluchée en petits cubes. Dans 1 poêle, caraméliser 65 g de sucre. Ajouter 100 g de châtaignes cuites concassées + la poire. Cuire 3 mn. Dans des cercles en inox, étager ⅓ de la pâte + les fruits + le reste de pâte. Enfourner 9 mn à 200 °C. Saupoudrer de 15 g de sucre glace + piment d'Espelette.

☐ Moelleux à la châtaigne, à la poire et au chocolat

100 g de châtaignes cuites, 1 poire épluchée, 60 g de chocolat noir, 140 g de sucre en poudre, 25 g de farine, 15 g de sucre glace, 2 œufs, 55 g de beurre, piment d'Espelette.

ET AUSSI

SEPTEMBRE 2018

Lundi 24

Khao Phat

20 mn 10 mn

Poêler 300 g de filets de poulet en cubes dans 2 c d'huile d'arachide, puis ajouter 2 oignons nouveaux émincés + 1 gousse d'ail + ½ piment oiseau hachés Saler. Cuire 1 mn. Verser 2 œufs battus en omelette

Mardi 25

Bœuf minute comme une carbonade

15 mn 20 mn

Cuire 400 g de pommes de terre coupées en 2. Poêle 600 g de rumsteck en dés mélangés avec 15 g de farine + sel + poivre dans 2 cl d'huile d'olive. Réserver Ajouter ½ oignon émincé + 6 g de sucre vergeoise

Mercredi 26

Salade de pommes de terre Vitelotte

15 mn 20 mn

Cuire 500 g de pommes de terre Vitelotte + 1 gousse d'ail dégermée. Égoutter, laisser refroidir, les éplucher et les tailler en tranches de 5-8 mm. Mélange 2 échalotes émincées + le jus d'½ citron + sel + poivre

Jeudi 27

Quiche traditionnelle à la fondue de poireaux

20 mn 55 mn 1 h

Mélanger 135 g de farine + 65 g de beurre. Ajoute 1 jaune d'œuf + sel + 2 cl d'eau. Former 1 boule. Mettre 1 h au frais. Foncer 1 moule. Enfourner à blanc 20 mn

Vendredi 28

Tartare de bar, fenouil et pistaches

20 mn

Mélanger 2 fenouils émincés + le jus d'½ citron + se + poivre. Mettre au frais. Mélanger 4 filets de bar en petits dés + 1 cl d'huile d'olive + 2 cl d'huile de pistache + aneth + ciboulette ciselés + sel + poivre + le fenouil

Samedi 29

Palak paneer

15 mn 20 mn

Poêler 165 g de paneer en dés + 15 g de beurre fondu Dans 1 cocotte, faire suer 2 oignons émincés + 15 g de beurre + 3 g de garam masala + 3 de curcuma en poudre + 3 g de cumin moulu + 3 g de coriandre en

Dimanche 30

Roses de pommes feuilletées

20 mn 35 mn

Cuire 2 pommes tranchées en 2 et finement émincées 2 mn dans 45 cl d'eau bouillante + 35 g de sucre arôme caramel. Égoutter. Badigeonner de 10 g de beurre fondu 1 pâte feuilletée coupée en bandes de

L'atelier des Chefs

LE TRUC DU CHEF

Lorsque vous prévoyez d'accompagner un plat de pommes de terre, vous pouvez tout à fait les préparer à l'avance. Mais ne les mettez pas au réfrigérateur, elles peuvent très bien rester une journée à température ambiante.

14

+ 200 g de riz thaï cuit avec 3 g de gros sel + 6 g de sucre délayé dans 4 cl de sauce soja + 2 cl de nuoc-mâm + les tiges des oignons émincées. Poivrer. Cuire 3 mn.

☐ Khao Phat

200 g de riz thaï, 300 g de filets de poulet, 2 oignons nouveaux, 1 gousse d'ail, ½ piment oiseau, 2 œufs, 4 cl de sauce soja, 2 cl de nuoc-mâm, 2 cl d'huile d'arachide, 6 g de sucre, 3 g de gros sel, sel, poivre.

Caraméliser 1 mn. Verser 15 cl de bière blonde. Porter à ébullition et ajouter ½ tranche de pain d'épices tartinée de 5 g de moutarde forte. Mélanger et laisser frémir 3 mn. Ajouter la viande + les pommes de terre. Réchauffer 3 mn et servir aussitôt.

☐ Bœuf minute comme une carbonade

600 g de rumsteck, 15 cl de bière blonde, 400 g de pommes de terre, ½ oignon, 15 g de farine, 6 g de sucre vergeoise, ½ tranche de pain d'épices, 5 g de moutarde forte, 2 cl d'huile d'olive, sel, poivre.

+ 4 cl d'huile d'olive + ½ botte de ciboulette ciselée. Dans 1 assiette, disposer les pommes de terre en rosace. Poser 100 g de roquette au centre et répartir la sauce sur la salade + les pommes de terre.

☐ Salade de pommes de terre Vitelotte

500 g de pommes de terre Vitelotte, 100 g de roquette, 2 échalotes, 1 gousse d'ail, ½ citron, ½ botte de ciboulette, 4 cl d'huile d'olive, sel, poivre.

à 200 °C. Poêler 10 mn 3 poireaux émincés + 25 g de beurre fondu + sel + poivre. Mélanger 15 cl de crème liquide + 2 œufs + 1 jaune d'œuf + sel + poivre + muscade râpée. Sur la pâte, mettre les poireaux + 25 g d'emmental râpé + la préparation liquide. Enfourner 25 mn à 180 °C.

☐ Quiche traditionnelle à la fondue de poireaux

3 poireaux, 135 g de farine, 90 g de beurre, 2 œufs, 2 jaunes d'œufs, 15 cl de crème liquide, 25 g d'emmental râpé, 2 cl d'eau, muscade râpée, sel, poivre.

Servir frais avec 35 g de pistaches mondées concassées + quelques baies roses + 100 g de roquette.

☐ Tartare de bar, fenouil et pistaches

4 filets de bar, 2 fenouils, 100 g de roquette, ½ citron, 35 g de pistaches mondées, 2 cl d'huile de pistache, 1 cl d'huile d'olive, ciboulette, aneth, quelques baies roses, sel, poivre.

---

poudre + sel. Ajouter 2 gousses d'ail hachées + 15 g de gingembre frais râpé + 8 cl d'eau. Cuire jusqu'à évaporation. Ajouter 250 g de tomates concassées en conserve. Cuire 5 mn. Ajouter 650 g d'épinards hachés. Cuire 10 mn. Verser 15 cl de crème liquide + les dés de paneer. Rectifier l'assaisonnement et servir chaud.

☐ Palak paneer

165 g de paneer, 650 g d'épinards, 250 g de tomates concassées en conserve, 2 oignons, 2 gousses d'ail, 15 g de gingembre frais, 3 g de garam masala, 3 g de curcuma en poudre, 3 g de cumin moulu, 3 g de coriandre en poudre, 30 g de beurre, 15 cl de crème liquide, 8 cl d'eau, sel, poivre.

---

20 x 4 cm. Saupoudrer de 10 g de sucre glace. Faire se chevaucher les lamelles de pommes sur la ½ supérieure des bandes. Replier la partie inférieure sur les pommes, rouler les bandes sur elles-mêmes. Déposer les roses dans des moules à muffins. Enfourner 20 mn, retirer des moules et cuire 10 mn.

☐ Roses de pommes feuilletées

2 pommes, 1 pâte feuilletée, 35 g de sucre arôme caramel, 10 g de sucre glace, 10 g de beurre, 45 cl d'eau.

ET AUSSI

OCTOBRE 2018

Lundi **1**

Raviolis de Menton

15 mn 5 mn

Mélanger 2 oignons nouveaux coupés en dés + 200 g de ricotta + 100 g de tapenade + sel + poivre. Badigeonner 12 feuilles de pâte à raviole avec 1 œuf battu. Répartir la farce au centre et replier en triangle

Mardi **2**

Filets de pintade façon normande

15 mn 20 mn

Poêler 4 suprêmes de pintade côté peau 5 mn dans 2 cl d'huile d'arachide. Retourner et cuire 1 mn. Saler, poivrer. Déposer sur 1 plaque et enfourner 8 mn à 180 °C. Dorer 1 échalote émincée 1 mn. Ajouter 10 cl

Mercredi **3**

Salade de pamplemousses au crabe

30 mn

Fouetter 2 jaunes d'œufs + 20 g de moutarde forte + sel + poivre + 25 cl d'huile d'arachide en filet. Ajouter 1 cl de vinaigre d'alcool, mélanger et réserver. Retirer la pulpe de 2 pamplemousses roses coupés en 2. La

Jeudi **4**

Tourte de pommes de terre aux herbes

30 mn 25 mn

Ciseler la moitié d'½ botte de cerfeuil, d'estragon et de persil plat. Cuire 400 g de pommes de terre à chair ferme en rondelles. Égoutter. Découper 4 cercles de 11 cm et 4 de 9,5 cm dans 2 pâtes feuilletées. Foncer

Vendredi **5**

Pavés de saumon basse température et semoule de chou-fleur à l'aneth

30 mn 40 mn

Poêler 1 mn 4 pavés de saumon côté peau dans 1 cl d'huile d'olive. Saler. Enfourner 25-35 mn à 70 °C. Dans 1 wok, faire suer 3 oignons nouveaux

Samedi **6**

Crumble de patates douces et de carottes

20 mn 30 mn

Cuire à l'eau 150 g de patates douces + de carottes coupées en gros dés + ½ oignon. Égoutter. Réduire en purée. Mettre dans 1 plat allant au four. Mélanger du

Dimanche **7**

Muffins aux raisins

15 mn 30 mn

Fouetter 2 œufs + 120 g de cassonade et verser 25 cl de crème liquide petit à petit. Mélanger 200 g de farine tamisée + 5 g de levure + sel et ajouter au mélange liquide + 100 g de raisins secs noirs. Garnir

L'atelier des Chefs

LE TRUC DU CHEF

Quand vous exécutez une mayonnaise, prenez garde à ne pas laisser la moutarde au contact des jaunes d'œufs, sinon ils risquent de cuire. Votre sauce aura alors un aspect granuleux.

16

en soudant bien la pâte. Frire les raviolis dans 50 cl d'huile très chaude. Égoutter sur du papier absorbant.

☐ Raviolis de Menton

12 feuilles de pâte à raviole, 200 g de ricotta, 1 œuf, 100 g de tapenade, 2 oignons nouveaux, 50 cl d'huile, sel, poivre.

de cidre brut, laisser réduire, puis 5 cl de crème liquide. Faire bouillir et incorporer 20 g de beurre petit à petit. Saler, poivrer. Poêler 4 pommes coupées en 6 dans 35 g de beurre demi-sel fondu. Servir avec du cerfeuil haché + les suprêmes nappés de sauce.

☐ Filets de pintade façon normande

4 suprêmes de pintade, 4 pommes, 35 g de beurre demi-sel, 20 g de beurre, 1 échalote, cerfeuil, 10 cl de cidre brut, 5 cl de crème liquide, 2 cl d'huile d'arachide, sel, poivre.

mélanger à 340 g de chair de crabe + ½ poivron rouge + ½ pomme Granny Smith en dés. Ajouter la mayonnaise petit à petit + piment d'Espelette. Remplir les ½ sphères de pamplemousse. Servir très frais.

☐ Salade de pamplemousses au crabe

2 pamplemousses roses, ½ poivron rouge, ½ pomme Granny Smith, 340 g de chair de crabe, 2 jaunes d'œufs, 20 g de moutarde forte, 25 cl d'huile d'arachide, 1 cl de vinaigre d'alcool, piment d'Espelette, sel, poivre.

des moules avec les + grands. Répartir les rondelles de pommes de terre + la ½ des herbes + 15 cl de crème liquide. Saler et poivrer. Refermer avec les disques restants. Dorer avec 1 œuf battu. Faire 1 cheminée au centre et enfourner 20 mn à 200 °C. Servir avec les herbes restantes + 3 cl d'huile d'olive.

☐ Tourte de pommes de terre aux herbes

400 g de pommes de terre à chair ferme, ½ botte de cerfeuil, ½ botte d'estragon, ½ botte de persil plat, 2 pâtes feuilletées, 15 cl de crème liquide, 1 œuf, 3 cl d'huile d'olive, sel, poivre.

ciselés + la partie verte avec 2 cl d'huile d'olive + sel. Ajouter 1 chou-fleur râpé + 15 cl de bouillon de légumes + ½ botte d'aneth ciselée + sel + poivre. Cuire 6 mn. Ajouter 15 g de beurre. Servir le saumon parsemé de 10 g de noisettes hachées sur 1 lit de « semoule » de chou-fleur.

☐ Pavés de saumon basse température et semoule de chou-fleur à l'aneth

4 pavés de saumon, 1 chou-fleur, 3 oignons nouveaux, ½ botte d'aneth, 10 g de noisettes hachées, 15 g de beurre, 15 cl de bouillon de légumes, 3 cl d'huile d'olive, sel, poivre.

bout des doigts 15 g de beurre + de farine + de semoule moyenne + de parmesan + de noisettes en poudre. Répartir sur la purée. Enfourner 30 mn à 180 °C.

☐ Crumble de patates douces et de carottes

150 g de patates douces, 150 g de carottes, ½ oignon, 15 g de semoule moyenne, 15 g de farine, 15 g de noisettes en poudre, 15 g de parmesan, 15 g de beurre.

des moules à muffins aux ¾ et enfourner 20 à 30 mn à 190 °C. Servir tiède.

☐ Muffins au raisin

100 g de raisins secs noirs, 200 g de farine, 120 g de cassonade, 5 g de levure, 25 cl de crème liquide, 2 œufs, sel.

17

ET AUSSI

Lundi 8

Riz cantonnais à l'huile de sésame

15 mn 20 mn

Faire suer ½ oignon émincé dans 1 cl d'huile de sésame. Ajouter 130 g de lard fumé en lardons + 200 g de riz basmati. Cuire 5 mn. Ajouter 65 g de crevettes crues décortiquées + 65 g de petits pois surgelés

Mardi 9

Noix de veau façon provençale

15 mn 25 mn

Faire revenir 450 g de noix de veau en morceaux dans 1 cl d'huile d'olive. Saler, poivrer. Faire suer ½ oignon émincé 2 mn dans 1 cl d'huile d'olive. Ajouter ½ poivron rouge, vert et jaune en dés + 65 g d'olives vertes

Mercredi 10

Salade César au poulet grillé

25 mn 10 mn

Mixer 30 g d'anchois + 10 g de câpres + 10 cl de crème liquide + 1 gousse d'ail. Verser 2 cl de vinaigre de vin rouge. Mélanger, puis ajouter 30 g de parmesan râpé + sel + poivre. Faire griller 2 filets de poulet huilés

Jeudi 11

Tartines montagnardes au fromage et au jambon cru

15 mn 10 mn

Colorer 1 oignon blanc émincé dans 2 cl d'huile d'olive + sel + poivre + 2 g de cumin en poudre. Toaster 4 tranches de pain de campagne et les frotter avec

Vendredi 12

Fricassée de moules à la feta

15 mn 5 mn

Dans 1 grande cocotte, faire revenir 1 oignon rouge émincé dans 3 cl d'huile d'olive. Cuire à couvert 4 kg de moules lavées à l'eau froide + la tige de 6 feuilles de basilic + 2 cl de vin blanc sec jusqu'à ouverture

Samedi 13

Soupe ukrainienne à la tomate épicée

20 mn 30 mn

Poêler ½ oignon en dés 2 mn dans 1 cl d'huile d'olive. Ajouter ½ carotte + 200 g de céleri en branches en dés. Cuire 3 mn. Ajouter 10 g de concentré de tomates + 4 tomates en morceaux + 4 g de pâte de piment

Dimanche 14

Poêlée de marrons aux fruits secs

5 mn 10 mn

Caraméliser 130 g de sucre, puis ajouter 10 g de beurre + 65 g de pistaches émondées. Verser 5 cl de crème liquide petit à petit + 250 g de marrons cuits. Cuire

L'atelier des Chefs

LE TRUC DU CHEF

La salade romaine accompagne idéalement la plupart de vos recettes. Préférez néanmoins le cœur de cette laitue plutôt que les feuilles extérieures. Il est plus parfumé et plus croquant.

18

+ 40 cl d'eau. Saler, poivrer, mélanger. Cuire 10 mn. Brouiller 2 œufs battus dans 2 cl d'huile de sésame. Les ajouter au riz + 6 cl de sauce soja + 3 cl de vinaigre de riz. Cuire 5 mn et incorporer ½ botte de ciboulette ciselée.

☐ Riz cantonnais à l'huile de sésame

200 g de riz basmati, ½ oignon, ½ botte de ciboulette, 130 g de lard fumé, 2 œufs, 65 g de crevettes crues décortiquées, 65 g de petits pois surgelés, 6 cl de sauce soja, 3 cl d'huile de sésame, 3 cl de vinaigre de riz, 40 cl d'eau, sel, poivre.

dénoyautées. Cuire 5 mn. Verser le mélange sur la viande + 65 g de purée de tomates confites + 1 peu d'eau. Cuire 15 mn. Saler, poivrer. Cuire 320 g de tagliatelles fines. Égoutter et servir avec la viande.

☐ Noix de veau façon provençale

450 g de noix de veau, ½ poivron rouge, ½ poivron vert, ½ poivron jaune, ½ oignon, 65 g de purée de tomates confites, 65 g d'olives vertes dénoyautées, 320 g de tagliatelles fines, 2 cl d'huile d'olive, sel, poivre.

8 mn. Les trancher en fines lamelles. Colorer 80 g de baguette en dés 2 mn dans 4 cl d'huile d'olive. Servir la viande avec 2 salades romaines en tronçons + 20 g de parmesan en copeaux + les croûtons + la sauce.

☐ Salade César au poulet grillé

2 filets de poulet, 2 salades romaines, 1 gousse d'ail, 30 g de parmesan râpé, 20 g de parmesan en copeaux, 80 g de baguette, 30 g d'anchois, 10 g de câpres, 10 cl de crème liquide, 4 cl d'huile d'olive, 2 cl de vinaigre de vin rouge, sel, poivre.

1 gousse d'ail coupée en 2. Répartir les oignons + 4 tranches de jambon cru + 200 g d'Abondance tranché. Faire gratiner dans 1 four chaud. Servir surmontées de 50 g de mesclun.

☐ Tartines montagnardes au fromage et au jambon cru

4 tranches de pain de campagne, 200 g d'Abondance, 4 tranches de jambon cru, 50 g de mesclun, 1 oignon blanc, 1 gousse d'ail, 2 cl d'huile d'olive, 2 g de cumin en poudre, sel, poivre.

complète des moules. Ajouter 200 g de tomates cerises coupées en 2. Mélanger. Servir avec 250 g de feta en dés + les feuilles de basilic.

☐ Fricassée de moules à la feta

4 kg de moules, 250 g de feta, 200 g de tomates cerises, 1 oignon rouge, 6 feuilles de basilic, 2 cl de vin blanc sec, 3 cl d'huile d'olive.

+ 80 cl de bouillon de volaille + 2 gousses d'ail hachées + 2 pommes de terre Charlotte en cubes. Cuire 15 mn. Mixer avec 100 g de crème aigre + 3 cl de jus de citron. Réchauffer 10 mn avec 2 blancs de poulet en dés. Saler et servir avec du persil frisé + ½ citron tranché.

☐ Soupe ukrainienne à la tomate épicée

10 g de concentré de tomates, 4 g de pâte de piment, 2 blancs de poulet, 4 tomates, 200 g de céleri en branches, 2 pommes de terre Charlotte, ½ carotte, ½ citron, ½ oignon, 2 gousses d'ail, persil frisé, 100 g de crème aigre, 80 cl de bouillon de volaille, 3 cl de jus de citron, 1 cl d'huile d'olive, sel, poivre.

3 mn. Servir avec 50 cl de glace vanille.

☐ Poêlée de marrons aux fruits secs

250 g de marrons cuits, 65 g de pistaches émondées, 130 g de sucre, 10 g de beurre, 5 cl de crème liquide, 50 cl de glace vanille.

19

ET AUSSI

OCTOBRE 2018

Lundi 15

Tagliatelles aux 2 saumons

10 mn 15 mn

Poêler 2 pavés de saumon coupés en gros cubes 2 mn dans 3 cl d'huile d'olive. Les débarrasser et les assaisonner de fleur de sel + piment d'Espelette. Verser dans la poêle 6 cl de vin blanc sec, faire réduire, puis

Mardi 16

Filets de canette au cacao et polenta

15 mn 20 mn 3 mn

Quadriller la peau de 4 filets de canette. Les saisir 5 mn côté peau. Saler, poivrer, dégraisser, les retourner et cuire 1 mn. Déposer dans 1 plat. Enfourner 5-6 mn à 200 °C. Laisser reposer 3 mn. Faire suer 2 échalotes

Mercredi 17

Salade de fenouils, de sucrine et de pamplemousses à la menthe

15 mn 5 mn

Peler 2 pamplemousses roses à vif, réserver les suprêmes et faire réduire le jus jusqu'à obtenir 1 sauce sirupeuse. Laisser tiédir. Ajouter 6 g de moutarde forte

Jeudi 18

Tarte aux champignons de Paris et au chèvre cendré

15 mn 20 mn

Poêler 265 g de champignons de Paris émincés 3 mn dans 1 cl d'huile d'olive. Saler, poivrer. Déposer 1 pâte feuilletée sur 1 plaque garnie d'1 feuille de papier

Vendredi 19

Gratin de lieu jaune et de carottes au parmesan

15 mn 25 mn

Enfourner 600 g de filets de lieu jaune sans peau + sel + poivre + 2 cl d'huile d'olive 10 mn à 180 °C. L'effeuiller et le répartir au fond d'1 plat. Réduire en

Samedi 20

Soupe de poireaux et de pommes de terre

15 mn 50 mn

Faire fondre 10 g de lard + 25 g de beurre 2-3 mn. Ajouter 1 oignon émincé, cuire 3-4 mn, puis 3 blancs de poireaux + 500 g de pommes de terre à chair

Dimanche 21

Flan aux œufs sucré au sirop d'agave

15 mn 45 mn 10 mn

Porter à ébullition 20 cl de lait + les graines d'½ gousse de vanille. Laisser infuser 10 mn. Fouetter 2 œufs + 4 cl de sirop d'agave et verser le lait tiède petit à petit + 5 cl de crème liquide. Répartir la préparation

L'atelier des Chefs

LE TRUC DU CHEF

Pour accentuer les arômes d'un poisson, n'hésitez pas à y ajouter quelques herbes (du persil ou de la coriandre, par exemple). Il n'en sera que meilleur.

émincées + 16 cl de vin rouge + fleur de sel 2 mn. Ajouter 20 g de chocolat noir. Laisser réduire de ¾. Porter à ébullition 44 cl de lait + 20 g de beurre + 1 c. à c. de sel. Verser 160 g de polenta précuite. Cuire en remuant 3 mn. Servir avec les filets coupés en 5 + la sauce.

+ 1 g de curry + 6 cl d'huile d'olive en filet. Saler, poivrer. Mélanger 2 sucrines coupées en 4 + 2 fenouils émincés + les suprêmes de pamplemousses + la vinaigrette. Servir avec ½ botte de menthe ciselée + 65 g d'amandes effilées.

cuisson. Piquer avec 1 fourchette, recouvrir de papier + 1 autre plaque et enfourner 10 mn à 200 °C. Répartir 100 g de purée de tomates + les champignons + 130 g de chèvre cendré émietté + 6 pétales de tomates confites. Enfourner 10 mn. Servir avec 30 g de roquette assaisonnée avec 1 cl d'huile d'olive + sel + poivre.

purée 1 kg de carottes cuites à l'eau + 50 g de beurre. Répartir sur le poisson. Parsemer de 80 g de chapelure + 50 g de parmesan mélangés. Gratiner sous le gril du four.

fondante émincés. Mélanger. Cuire à couvert 10 mn en remuant régulièrement. Verser 1,4 l de bouillon de légumes, porter à ébullition. Cuire 30 mn. Mixer. Incorporer 140 g de crème épaisse. Saler, poivrer et servir très chaud avec 50 g de lardons croustillants grillés à la poêle.

dans des ramequins. Cuire au bain-marie 45 mn à 180 °C. Déguster tiède ou froid.

☐ Filets de canette au cacao et polenta

4 filets de canette, 20 g de chocolat noir, 160 g de polenta précuite, 2 échalotes, 44 cl de lait, 20 g de beurre, 16 cl de vin rouge, fleur de sel, sel, poivre.

☐ Salade de fenouils, de sucrine et de pamplemousses à la menthe

2 fenouils, 2 sucrines, 2 pamplemousses roses, ½ botte de menthe, 65 g d'amandes effilées, 6 g de moutarde forte, 1 g de curry, 6 cl d'huile d'olive, sel, poivre.

☐ Tarte aux champignons de Paris et au chèvre cendré

1 pâte feuilletée, 265 g de champignons de Paris, 100 g de purée de tomates, 6 pétales de tomates confites, 130 g de chèvre cendré, 30 g de roquette, 2 cl d'huile d'olive, sel, poivre.

☐ Gratin de lieu jaune et de carottes au parmesan

600 g de filets de lieu jaune sans peau, 1 kg de carottes, 50 g de beurre, 50 g de parmesan, 80 g de chapelure, 2 cl d'huile d'olive, sel, poivre.

☐ Soupe de poireaux et de pommes de terre

3 blancs de poireaux, 500 g de pommes de terre à chair fondante, 1 oignon, 140 g de crème épaisse, 25 g de beurre, 10 g de lard, 1,4 l de bouillon de légumes, 50 g de lardons, sel, poivre.

☐ Flan aux œufs sucré au sirop d'agave

2 œufs, 20 cl de lait, 5 cl de crème liquide, 4 cl de sirop d'agave, ½ gousse de vanille.

+ 8 cl d'huile d'olive + sel + poivre + piment d'Espelette.

Mardi 23

Bœuf sauté au brocoli

20 mn 10 mn

Mélanger 30 cl d'eau + 15 g de Maïzena + 1 c. à c. de sucre + 2 c. à s. de sauce soja + 2 cl de Porto rouge + 1 c. à c. de mélange 5 épices + sel + poivre. Faire mariner 350 g de bavette en fines lamelles avec

Mercredi 24

Aumônière de pommes de terre et saumon fumé à la coriandre

20 mn 15 mn

Ébouillanter 320 g de pommes de terre à chair ferme taillées en cube d'1 cm. Les égoutter et les poêler dans 1 cl d'huile d'olive. Saler, poivrer. Badigeonner d'1 cl

Jeudi 25

Pizza aux champignons et à la mozzarella

20 mn 40 mn

Dans 1 poêle, faire suer 1 échalote émincée + sel dans 1 cl d'huile d'olive. Ajouter 8 tomates coupées en 4 + 1 gousse d'ail + thym + laurier + 5 g de sucre. Cuire

Vendredi 26

Tajine de gambas, tomates et poivrons acidulés

25 mn 15 mn

Poêler les têtes de 16 gambas décortiquées dans 1 cl d'huile d'olive, les retirer du wok. Faire suer 2 oignons rouges émincés + 2 gousses d'ail hachées

Samedi 27

Velouté de potiron au gingembre frais

15 mn 20 mn

Dans 1 cocotte, faire suer ½ oignon blanc + 5 g de gingembre frais émincés dans 2 cl d'huile d'olive. Ajouter 400 g de potiron en dés + 3 g de gingembre moulu. Laisser compoter 15 mn à couvert. Ajouter

Dimanche 28

Mousse au chocolat express

20 mn 1 h

Monter 4 blancs d'œufs en neige avec 10 g de sucre. Les incorporer à 130 g de chocolat noir + 25 g de beurre fondus au bain-marie. Verser dans 1 récipient. Mettre

L'atelier des Chefs

LE TRUC DU CHEF

Lorsque vous préparez une pizza, vous pouvez commander une pâte fraîche chez votre boulanger. Elle sera certainement meilleure que celles que vous trouverez dans les grandes surfaces.

22

Mélanger les farfalles + 8 bâtonnets de surimi coupés en 3 + 130 g de tomates cerises coupées en 2 + la sauce pistou. Réserver au réfrigérateur 1 h avant de déguster.

☐ Salade de farfalles au surimi

320 g de farfalles, 8 bâtonnets de surimi, 130 g de tomates cerises, 1 gousse d'ail, ½ botte de basilic, 25 g de pignons de pin, 25 g de parmesan, 6 cl d'huile d'olive, piment d'Espelette, sel, poivre.

---

2 c. à s. de sauce. Saisir la viande dans 1 cl d'huile. Cuire 3 g de gingembre frais râpé + 1 gousse d'ail hachée 20-30 s dans 1 cl d'huile + les fleurettes du ½ brocoli + le reste de la sauce + les lamelles de viande. Cuire quelques mn.

☐ Bœuf sauté au brocoli

350 g de bavette, ½ brocoli, 1 gousse d'ail, 15 g de Maïzena, 1 c. à c. de sucre, 30 cl d'eau, 2 cl de Porto rouge, 2 c. à s. de sauce soja, 3 g de gingembre frais, 1 c. à c. de mélange 5 épices, 2 cl d'huile, sel, poivre.

---

d'huile d'olive 4 feuilles de brick. Répartir au centre les pommes de terre + 4 tranches de saumon fumé en fines lanières + 10 g de gingembre frais râpé + de la coriandre ciselée. Replier les feuilles, les maintenir fermées avec 1 cure-dent. Enfourner 5 mn à 200 °C.

☐ Aumônière de pommes de terre et saumon fumé à la coriandre

4 feuilles de brick, 320 g de pommes de terre à chair ferme, 4 tranches de saumon fumé, 10 g de gingembre frais, coriandre, 2 cl d'huile d'olive, sel, poivre.

---

15 mn. Mixer, filtrer, puis étaler sur 1 pâte à pizza. Répartir 130 g de jambon blanc en petits cubes + 130 g de champignons de Paris émincés + 100 g de mozzarella tranchée. Enfourner 20 mn à 220 °C.

☐ Pizza aux champignons et à la mozzarella

1 pâte à pizza, 130 g de champignons de Paris, 8 tomates, 1 échalote, 1 gousse d'ail, thym, laurier, 130 g de jambon blanc, 100 g de mozzarella, 5 g de sucre, 1 cl d'huile d'olive, sel.

---

dans 1 cl d'huile d'olive. Saler. Ajouter 5 g de cumin moulu, de paprika et de miel + 3 g de piment rouge + 1 poivron vert + 2 poivrons rouges en lamelles + 2 tomates concassées + 10 g de concentré de tomates + sel. Verser de l'eau à hauteur. Porter à ébullition, laisser réduire. Ajouter les gambas. Cuire 4 mn. Servir avec de la coriandre ciselée + 1 cl d'huile d'olive + le jus d'½ citron.

☐ Tajine de gambas, tomates et poivrons acidulés

16 gambas décortiquées, 2 tomates, 2 poivrons rouges, 1 poivron vert, 2 oignons rouges, 2 gousses d'ail, 3 g de piment rouge, ½ citron, 10 g de concentré de tomates, 5 g de miel, 5 g de cumin moulu, 5 g de paprika, ½ botte de coriandre, 3 cl d'huile d'olive, sel.

---

10 cl de crème liquide allégée. Laisser bouillir, puis mixer avec 10 cl d'eau gazeuse. Filtrer et poivrer.

☐ Velouté de potiron au gingembre frais

400 g de potiron, 5 g de gingembre frais, ½ oignon blanc, 3 g de gingembre moulu, 10 cl de crème liquide allégée, 10 cl d'eau gazeuse, 2 cl d'huile d'olive, poivre.

---

au moins 1 h au frais.

☐ Mousse au chocolat express

130 g de chocolat noir, 25 g de beurre, 4 blancs d'œufs, 10 g de sucre.

Lundi 29

Quinoa au curry et filets de poulet

20 mn 25 mn

Poêler 2 oignons émincés dans 15 g de beurre fondu. Saler, poivrer. Ajouter 230 g de quinoa blond + 2 fois son volume en eau + 5 g de curry + sel. Cuire 15 mn, puis ajouter 30 g de gruyère râpé. Dorer 4 filets de

Mardi 30

Colombo de porc antillais

20 mn 30 mn 10 mn

Dans 1 cocotte, colorer 600 g de filet mignon de porc en morceaux + 2 cl d'huile d'olive. Ajouter 1 oignon émincé, faire suer, puis 4 gousses d'ail hachées + 20 g de gingembre frais râpé + 4 tomates en petits

Mercredi 31

Carpaccio de betteraves crues et cuites à l'huile de menthe

30 mn 45 mn

Faire infuser ½ botte de menthe effeuillée dans 4 cl d'huile d'olive. Couper ⅓ de 4 betteraves rouges crues + d'1 betterave jaune crue. Éplucher, détailler en julienne

Jeudi 1

Toussaint

Quiche lorraine simplissime

10 mn 25 mn

Mélanger 10 cl de lait entier + de crème liquide + 2 œufs + 1 jaune d'œuf. Saler, poivrer, ajouter 130 g de lardons poêlés. Foncer 1 moule à tarte d'1 pâte brisée. Verser la préparation. Enfourner 25 mn à

Vendredi 2

Pavés de thon rôti et câlins de radis roses

25 mn 10 mn

Râper la ½ d'1 botte de radis roses. Couper le reste en 4 + ½ botte de radis rouges. Assaisonner 4 pavés de thon rouge avec de la fleur de sel + piment d'Espelette.

Samedi 3

Crème de chou-fleur Dubarry

15 mn 15 mn

Diviser ½ chou-fleur en fleurettes et en réserver quelques-uns. Ébouillanter 1 mn les fleurettes réservées et les laisser refroidir. Dans 1 cocotte, faire suer 2 échalotes émincées dans 10 g de beurre fondu.

Dimanche 4

Cake aux fruits secs

15 mn 35 mn

Mélanger 150 g de farine + 10 g de levure + 100 g de sucre + 3 œufs + 10 cl d'huile d'arachide + 12 cl de lait. Ajouter 50 g de figues sèches, d'abricots secs, de pistaches émondées, de dattes et de noisettes en

l'atelier des Chefs

LE TRUC DU CHEF

Pour parfumer une quiche, ajoutez dans la pâte quelques grammes de noix de muscade râpée (avec parcimonie cependant, cet aromate ayant un goût très prononcé).

poulet 3 mn/face dans 1 cl d'huile d'olive. Servir avec le quinoa.

☐ Quinoa au curry et filets de poulet

230 g de quinoa blond, 5 g de curry, 4 filets de poulet, 2 oignons, 30 g de gruyère râpé, 15 g de beurre, 1 cl d'huile d'olive, sel, poivre.

---

cubes. Saler, porter à ébullition et ajouter 5 g de colombo + 1 peu d'eau à hauteur. Laisser mijoter 20 mn. Cuire 240 g de riz basmati + 50 cl d'eau + sel + 2 étoiles de badiane. Laisser cuire à couvert jusqu'à évaporation, puis laisser reposer 10 mn. Servir avec le colombo.

☐ Colombo de porc antillais

600 g de filet mignon de porc, 4 tomates, 4 gousses d'ail, 1 oignon, 20 g de gingembre frais, 5 g de colombo, 240 g de riz basmati, 50 cl d'eau, 2 étoiles de badiane, 2 cl d'huile d'olive, sel.

---

et mixer les peaux avec 3 cl de vinaigre de Xérès + 1 peu d'eau. Déposer les morceaux restants côté peau sur 1 lit d'1 kg de gros sel. Enfourner 45 mn à 200 °C. Mélanger 75 g de mâche + la ciboulette en bâtonnets + la julienne de betteraves crues. Dresser dessus les betteraves cuites tranchées + fleur de sel + huile à la menthe + le coulis de betteraves.

☐ Carpaccio de betteraves crues et cuites à l'huile de menthe

4 betteraves rouges crues, 1 betterave jaune crue, 75 g de mâche, ½ botte de menthe, ciboulette, 3 cl de vinaigre de Xérès, 4 cl d'huile d'olive, 1 kg de gros sel, fleur de sel.

---

200 °C. Laisser reposer un peu avant de servir.

☐ Quiche lorraine simplissime

1 pâte brisée, 10 cl de lait entier, 10 cl de crème liquide, 2 œufs, 1 jaune d'œuf, 130 g de lardons, sel, poivre.

Les saisir 2 mn/côté dans 2 cl d'huile d'olive. Retirer et ajouter 165 g de pois gourmands en lamelles, cuire 1 mn + radis coupés en 4, saler, cuire 2 mn + radis râpés. Mélanger. Servir avec les pavés de thon + 1 vinaigrette réalisée avec 3 cl d'huile d'olive + 2 cl de vinaigre balsamique blanc + 5 g de baies roses.

☐ Pavés de thon rôti et câlins de radis roses

4 pavés de thon rouge, 1 botte de radis roses, ½ botte de radis rouges, 165 g de pois gourmands, 5 cl d'huile d'olive, 2 cl de vinaigre balsamique blanc, 5 g de baies roses, piment d'Espelette, fleur de sel.

Ajouter les morceaux de chou-fleur, couvrir d'eau, saler et cuire à ébullition 15 mn. Ajouter 10 cl de crème liquide, faire bouillir et mixer. Saler, poivrer. Servir avec les morceaux de chou-fleur bouillis + 2 branches de cerfeuil.

☐ Crème de chou-fleur Dubarry

½ chou-fleur, 2 échalotes, 10 cl de crème liquide, 10 g de beurre, 2 branches de cerfeuil, sel, poivre.

---

morceaux. Verser dans 1 moule beurré et fariné. Enfourner 35 mn à 180 °C.

☐ Cake aux fruits secs

50 g de figues sèches, 50 g d'abricots secs, 50 g de pistaches émondées, 50 g de dattes, 50 g de noisettes, 150 g de farine, 100 g de sucre, 10 g de levure, 12 cl de lait, 3 œufs, 10 cl d'huile d'arachide.

ET AUSSI

NOVEMBRE 2018

Lundi **5**

Blésotto à la coriandre

15 mn 15 mn 10 mn

Faire infuser les tiges d'½ botte de coriandre 10 mn dans 1,5 l d'eau + ½ cube de bouillon de légumes. Filtrer. Poêler le blanc de 2 oignons nouveaux émincés dans 2 cl d'huile d'olive. Ajouter 320 g de blé précuit, le

Mardi **6**

Râbles de lapin aux herbes et effeuillée d'endives

30 mn 25 mn

Parsemer 1 feuille de papier aluminium huilée d'½ botte de persil plat et d'estragon effeuillée. Déposer 2 râbles de lapin désossés. Former 1 rôti. Le ficeler et le colorer

Mercredi **7**

Soupe au pistou

20 mn 2 h 12 h

Faire tremper 165 g de haricots blancs secs pendant 12 h. Égoutter et les mettre dans 1 cocotte avec 3 courgettes en gros cubes + 235 g de haricots verts en bâtonnets + ½ branche de céleri émincée + 2 oignons

Jeudi **8**

Bagels à la volaille, au curry et à la moutarde au miel

30 mn 5 mn

Dorer 2 blancs de poulet 3 mn/face dans 2 cl d'huile d'olive. Assaisonner de 2 g de curry + sel + poivre. Laisser refroidir et trancher finement. Toaster 4 bagels

Vendredi **9**

Filets de maquereaux mi-cuits aux agrumes et au paprika

30 mn 5 mn 15 mn

Prélever les suprêmes + le jus de 2 pamplemousses roses, oranges et citrons verts. Poêler 8 filets de maquereaux côté peau 2 mn dans 2 cl d'huile d'olive.

Samedi **10**

Bouillon façon thaï

20 mn 20 mn

Porter à ébullition 1,5 l d'eau + ½ cube de bouillon de volaille + 20 g de gingembre frais en lamelles + 1 bâton de citronnelle émincé + 6 ailerons de poulet. Cuire 20 mn. Filtrer. Verser dans 1 bol. Ajouter 100 g de

Dimanche **11**

Armistice de 1918

Tarte aux noix

20 mn 20 mn 30 mn

Mélanger 200 g de farine + 15 g de sucre + 100 g de beurre en morceaux + 5 cl d'eau. Faire 1 boule. Mettre au frais 30 mn. Foncer 6 moules beurrés et farinés. Fouetter 2 œufs + 150 g de sucre + 20 cl de crème

L'atelier des Chefs

LE TRUC DU CHEF

Pour préparer un bouillon de légumes, faites bouillir de l'eau avec une carotte taillée en fines lamelles, ½ oignon piqué de clous de girofle, des queues de coriandre et quelques grains de poivre.

nacrer 1 mn. Ajouter 6,5 cl de vin blanc sec + le bouillon au fur et à mesure. Ajouter 30 g de beurre doux + la coriandre ciselée + le vert des oignons. Saler, poivrer. Servir avec 20 g de copeaux de parmesan.

☐ Blésotto à la coriandre

320 g de blé précuit, ½ botte de coriandre, 2 oignons nouveaux, ½ cube de bouillon de légumes, 6,5 cl de vin blanc sec, 30 g de beurre doux, 20 g de copeaux de parmesan, 2 cl d'huile d'olive, sel, poivre.

---

dans 1 cl d'huile d'olive. Saler, poivrer. Enfourner 10 mn à 200 °C. Cuire 8 endives effeuillées 10 mn dans 1 cl d'huile. Mélanger régulièrement. Saler et poivrer. Servir les endives + le rôti tranché.

☐ Râbles de lapin aux herbes et effeuillée d'endives

2 râbles de lapin désossés, ½ botte de persil plat, ½ botte d'estragon, 8 endives, 2 cl d'huile d'olive, fleur de sel, poivre.

---

ciselés. Verser 2 l d'eau. Saler, poivrer. Cuire à couvert 2 h. Mixer les gousses épluchées d'½ tête d'ail + les feuilles d'½ botte de basilic + 2 tomates pelées + 65 g de parmesan rapé + 6 cl d'huile d'olive. Délayer dans la soupe avant de servir.

☐ Soupe au pistou

3 courgettes, 235 g de haricots verts, 165 g de haricots blancs secs, 2 tomates, ½ branche de céleri, 2 oignons, ½ tête d'ail, ½ botte de basilic, 65 g de parmesan, 6 cl d'huile d'olive, sel, poivre.

---

coupés en 2 quelques minutes sous le gril du four. Mélanger 30 g de fromage frais + 25 g de moutarde à l'ancienne + 10 g de miel. Tartiner les pains. Répartir les tranches de poulet + 16 feuilles de roquette.

☐ Bagels à la volaille, au curry et à la moutarde au miel

4 bagels, 2 blancs de poulet, 30 g de fromage frais, 25 g de moutarde à l'ancienne, 2 g de curry, 10 g de miel, 16 feuilles de roquette, 2 cl d'huile d'olive, sel, poivre.

Déposer sur 1 plaque. Assaisonner de fleur de sel + 2 g de paprika. Ajouter 6 cl d'huile d'olive + les agrumes + le jus. Laisser mariner 15 mn. Servir avec les segments d'agrumes + 100 g de roquette + ¼ de botte de coriandre.

☐ Filets de maquereaux mi-cuits aux agrumes et au paprika

8 filets de maquereaux, 2 pamplemousses roses, 2 oranges, 2 citrons verts, 2 g de paprika, 100 g de roquette, ¼ de botte de coriandre, 8 cl d'huile d'olive, fleur de sel.

---

pousses d'épinard émincées + 2 carottes en bâtonnets + 165 g de shiitakes en lamelles + 100 g de pousses de soja + 2 cl de sauce soja. Déguster aussitôt.

☐ Bouillon façon thaï

20 g de gingembre frais, 1 bâton de citronnelle, ½ cube de bouillon de volaille, 6 ailerons de poulet, 165 g de shiitakes, 100 g de pousses de soja, 100 g de pousses d'épinard, 2 carottes, 2 cl de sauce soja.

---

liquide + 200 g de cerneaux de noix réduits en poudre. Verser dans les moules. Enfourner 15-20 mn à 180 °C. Laisser tiédir et servir avec 100 g de crème épaisse.

☐ Tarte aux noix

200 g de cerneaux de noix, 210 g de farine, 165 g de sucre, 110 g de beurre, 2 œufs, 100 g de crème épaisse, 20 cl de crème liquide.

27

ET AUSSI

NOVEMBRE 2018

Lundi 12

Spaghettis au blé complet aux fruits de mer

25 mn 20 mn

Chauffer 2 gousses d'ail écrasées dans 1 sauteuse avec 5 cl d'huile d'olive. Ajouter et faire s'ouvrir 320 g de moules + 200 g de coques à couvert. Retirer les

Mardi 13

Poulet au citron confit

10 mn 30 mn

Badigeonner 1 poulet d'1 cl d'huile d'olive. Le farcir d'écorces d'½ citron confit au sel + 1 oignon émincé + 2 gousses d'ail + 3 brins de coriandre. Saler et poivrer.

Mercredi 14

Salade de crevettes au tzatziki

20 mn 2 mn

Mélanger 65 g de tzatziki + 10 cl de crème liquide + sel + poivre. Dans 1 saladier, mélanger 2 cœurs de laitue coupées en 4 + 2 carottes + ½ concombre taillés en julienne + 135 g de pousses de soja + 65 g de

Jeudi 15

Croque-monsieur à la mimolette fondue

10 mn 10 mn

Cuire 20 g de farine et de beurre fondu 2 mn. Verser 25 cl de lait petit à petit. Cuire 3 mn en mélangeant. Ajouter 65 g de parmesan râpé + sel + poivre. Déposer

Vendredi 16

Wraps de poisson pané

15 mn 5 mn

Saisir 4 bâtonnets de poisson pané dans 10 g de beurre fondu. Tartiner 4 tortillas de blé de 4 c. à s. de sauce béarnaise. Répartir au centre les poissons panés + les feuilles d'½ salade romaine + 2 tomates en

Samedi 17

Velouté de cèpes

30 mn 30 mn

Dans 1 cocotte, faire suer 2 échalotes émincées + 1 gousse d'ail hachée + sel 2 mn dans 25 g de beurre fondu. Ajouter 320 g de cèpes émincés + sel. Cuire 5 mn. Verser 40 cl de bouillon de volaille. Cuire

Dimanche 18

Crumble de poires au chocolat

25 mn 20 mn

Mélanger du bout des doigts 80 g de beurre en petits morceaux + 120 g de sucre + 80 g de farine et d'amandes en poudre. Répartir sur 4 poires coupées en gros cubes + 100 g de chocolat noir en petits

L'atelier des Chefs

LE TRUC DU CHEF

Lorsque vous prévoyez de préparer un plat de coquillages, pensez à les laisser tremper dans une grande quantité d'eau froide légèrement salée pour les débarrasser du sable.

28

coquillages. Filtrer le jus. Cuire 1 tomate en morceaux + persil + 30 g de mérou en dés + 130 g de crevettes grises décortiquées 5 mn dans le jus de cuisson. Cuire 320 g de spaghettis au blé complet. Les égoutter et les ajouter à la sauce, réchauffer 4 mn. Servir avec les coquillages.

☐ Spaghettis au blé complet aux fruits de mer

320 g de spaghettis au blé complet, 320 g de moules, 200 g de coques, 130 g de crevettes grises décortiquées, 30 g de mérou, 1 tomate, 2 gousses d'ail, persil, 5 cl d'huile d'olive, sel, poivre.

Enfourner 26 mn dans le plat Crisp.

☐ Poulet au citron confit

1 poulet, ½ citron confit au sel, 1 oignon, 2 gousses d'ail, 3 brins de coriandre, 1 cl d'huile d'olive, sel, poivre.

---

cacahuètes. Poêler 12 crevettes décortiquées pendant 2 mn dans 1 cl d'huile d'olive. Saler et poivrer. Servir avec les légumes + la sauce.

☐ Salade de crevettes au tzatziki

2 cœurs de laitue, 2 carottes, ½ concombre, 135 g de pousses de soja, 12 crevettes décortiquées, 65 g de tzatziki, 10 cl de crème liquide, 65 g de cacahuètes, 1 cl d'huile d'olive, sel, poivre.

---

4 tranches de pain de mie dans 1 plat à four. Répartir 1 couche de béchamel + 4 tranches de jambon blanc + 4 tranches de mimolette + 1 couche de crème. Terminer par les 4 tranches de pain restantes + 1 fine couche de beurre. Enfourner 5 mn à 220 °C.

☐ Croque-monsieur à la mimolette fondue

8 tranches de pain de mie, 4 tranches de jambon blanc, 4 tranches de mimolette, 65 g de parmesan râpé, 40 g de beurre, 25 cl de lait, 20 g de farine, sel, poivre.

---

rondelles + 2 oignons émincés. Replier pour former 1 wrap. Servir avec 4 c. à s. de sauce béarnaise.

☐ Wraps de poisson pané

4 tortillas de blé, 4 bâtonnets de poisson pané, 2 tomates, ½ salade romaine, 2 oignons, 8 c. à s. de sauce béarnaise, 10 g de beurre, sel, poivre.

---

20 mn. Ajouter 25 cl de crème liquide. Porter à ébullition. Mixer, rectifier l'assaisonnement et servir avec du persil ciselé.

☐ Velouté de cèpes

320 g de cèpes, 2 échalotes, 1 gousse d'ail, 25 g de beurre, 40 cl de bouillon de volaille, 25 cl de crème liquide, persil, sel, poivre.

---

morceaux. Enfourner 20 mn à 180 °C.

☐ Crumble de poires au chocolat

4 poires, 100 g de chocolat noir, 120 g de sucre, 80 g de farine, 80 g d'amandes en poudre, 80 g de beurre.

ET AUSSI

NOVEMBRE 2018

L'atelier des Chefs

LE TRUC DU CHEF

Pour cuire un rôti en évitant qu'il ne se dessèche, vous pouvez le couvrir de papier aluminium tout au long de la cuisson. Il restera ainsi plus moelleux.

Lundi 19

Lasagnes de bœuf et de légumes

20 mn 35 mn

Saisir 500 g de bœuf haché + 3 cl d'huile d'olive 10 mn. Retirer et ajouter ½ oignon émincé + ½ poivron rouge en dés. Saler. Cuire 2 mn, puis ajouter ½ courgette en dés + 1 gousse d'ail hachée + 1 branche de thym

Mardi 20

Rôti de dinde au comté

10 mn 1 h 10

Poêler 500 g de rôti de dinde dans 2 cl d'huile d'arachide. L'inciser et insérer 50 g de comté tranché. Saler et poivrer. Remettre dans la poêle + 1 échalote + thym + 6,5 cl de vin blanc sec. Verser dans 1 plat. Enfourner

Mercredi 21

Salade de dinde marinée au curry

10 mn 15 mn 1 h

Faire mariner 1 h 4 escalopes de dinde en lanières dans 5 cl de lait de coco + 3 g de gingembre frais râpé et de curry + 1 gousse d'ail hachée. Cuire à l'eau salée 200 g de pommes de terre à chair ferme en tranches.

Jeudi 22

Mini-clafoutis salés

15 mn 30 mn

Dans 1 poêle, faire suer 1 échalote ciselée dans 2 cl d'huile d'olive. Ajouter 2 blancs de poireaux émincés. Cuire 5 mn. Répartir au fond de mini-cocottes beurrées + ½ maroilles en cubes. Mélanger 2 œufs + 10 g de

Vendredi 23

Morue aux olives

15 mn 30 mn

Dans 1 poêle, faire suer 2 oignons émincés + 2 gousses d'ail hachées 5 mn dans 3 cl d'huile d'olive. Ajouter 500 g de tomates pelées en boîte + 100 g d'olives noires dénoyautées + thym + laurier + sel + poivre.

Samedi 24

Risotto aux champignons frais et au morbier

10 mn 30 mn

Dans une cocotte, faire suer ½ oignon ciselé dans 3 cl d'huile d'olive + sel. Ajouter 265 g de riz carnaroli, le nacrer, puis verser 5 cl vin blanc. Laisser réduire.

Dimanche 25

Petits cakes au citron vert et ananas en verrines

20 mn 10 mn

Fouetter 1 œuf + 120 g de sucre + le zeste de 2 citrons verts non traités. Ajouter 95 g de farine + 1 c. à c. de levure + 75 g de fromage à la crème + 40 g de beurre

+ 1 feuille de laurier + 330 g de purée de tomates. Cuire 3 mn. Ajouter a viande + sel + poivre. Verser 1 peu de jus de cuisson au fond d'un plat. Alterner 1 couche de feuilles de lasagnes + garniture + lasagnes. Verser 20 g de purée de tomates mélangée à 2 cl d'huile d'olive. Parsemer de 65 g de gruyère râpé. Enfourner 20 mn à 200 °C.

☐ Lasagnes de bœuf et de légumes

10 feuilles de lasagnes, 500 g de bœuf haché, ½ courgette, ½ poivron rouge, ½ oignon, 1 gousse d'ail, 1 branche de thym, 1 feuille de laurier, 350 g de purée de tomates, 5 cl d'huile d'olive, 65 g de gruyère râpé, sel, poivre.

1 h à 180 °C. Servir le rôti en fines tranches avec son jus de cuisson.

☐ Rôti de dinde au comté

500 g de rôti de dinde, 50 g de comté, 1 échalote, thym, 6,5 cl de vin blanc sec, 2 cl d'huile d'arachide, sel, poivre.

Égoutter. Les dorer 5 mn dans 3 cl d'huile d'arachide. Servir avec 200 g de salade frisée + ½ cœur de laitue assaisonnés de 6 cl d'huile d'olive + 2 cl de vinaigre balsamique. Ajouter 100 g de poivron confit + 8 cœurs d'artichaut à l'huile + les morceaux de dinde poêlés 4 mn.

☐ Salade de dinde marinée au curry

4 escalopes de dinde, 3 g de curry, 100 g de poivron confit, 8 cœurs d'artichaut à l'huile, 200 g de salade frisée, ½ cœur de laitue, 200 g de pommes de terre à chair ferme, 1 gousse d'ail, 3 g de gingembre frais, 5 cl de lait de coco, 6 cl d'huile d'olive, 3 cl d'huile d'arachide, 2 cl de vinaigre balsamique, sel, poivre.

farine + 25 cl de crème liquide + sel + poivre + muscade râpée. Verser sur les poireaux. Enfourner 25 mn à 190 °C.

☐ Mini-clafoutis salés

2 blancs de poireaux, 1 échalote, ½ maroilles, 25 cl de crème liquide, 2 œufs, 10 g de beurre doux, 10 g de farine, muscade râpée, 2 cl d'huile d'olive, sel, poivre.

Cuire 10 mn. Mélanger 800 g de morue dessalée coupée en 8 + 30 g de farine. Poêler dans 1 cl d'huile d'arachide et l'ajouter à la sauce. Porter à ébullition. Cuire 15 mn. Servir avec du persil + du riz.

☐ Morue aux olives

800 g de morue dessalée, 100 g d'olives noires dénoyautées, 2 oignons, 2 gousses d'ail, thym, laurier, persil, 500 g de tomates pelées en boîte, 30 g de farine, 3 cl d'huile d'olive, 1 cl d'huile d'arachide, sel, poivre.

Mélanger ½ cube de bouillon de volaille + 65 cl d'eau et l'ajouter au riz au fur et à mesure. Dans une poêle, faire sauter 165 g de champignons de Paris + 165 g de pleurotes en quartiers dans 2 cl d'huile d'olive + 1 échalote émincée + du persil haché. Saler et poivrer. Ajouter les champignons au riz. Ôter du feu. Incorporer 20 g de beurre + 65 g de morbier en morceaux.

☐ Risotto aux champignons frais et au morbier

265 g de riz carnaroli, 165 g de pleurotes, ½ oignon, 1 échalote, 165 g de champignons de Paris, persil, 20 g de beurre, 65 g de morbier, ½ cube de bouillon de volaille, 5 cl de vin blanc, 5 cl d'huile d'olive, sel, poivre.

fondu. Saler. Répartir dans des petits moules. Enfourner 8-10 mn à 180 °C. Démouler. Porter à ébullition 20 cl d'eau + 100 g de sucre. Ajouter le jus des citrons. Laisser tiédir. Poser les cakes dans le sirop tiède. Dans des verrines, répartir les cakes + 1 ananas Victoria en bâtonnets + 1 fond de sirop.

☐ Petits cakes au citron vert et ananas en verrines

2 citrons verts non traités, 1 ananas Victoria, 220 g de sucre, 95 g de farine, 1 c. à c. de levure, 75 g de fromage à la crème, 40 g de beurre, 1 œuf, sel.

31

Lundi 26

Gratin de crozets

15 mn 30 mn

Porter à ébullition 20 cl de crème liquide + 2 gousses d'ail + thym. Laisser réduire de ⅓. Mixer et assaisonner de sel + poivre + muscade râpée. Réserver. Porter à ébullition 1 l de bouillon de bœuf. Ajouter 320 g de

Mardi 27

Foie de veau persillé et pommes de terre écrasées

15 mn 15 mn

Cuire 600 g de pommes de terre en morceaux 15 mn. Les égoutter et les écraser avec 25 g de beurre en petits morceaux + 15 cl de lait. Mélanger 4 tranches

Mercredi 28

Salade de lentilles tièdes au roquefort et aux herbes fraîches

15 mn 5 mn

Réchauffer 500 g de lentilles cuisinées et les égoutter légèrement. Ajouter ½ pomme Granny Smith en dés + 65 g de roquefort en copeaux + de la ciboulette

Jeudi 29

Hot-dog alsaciens

10 mn 5 mn 20 mn

Faire mariner 20 mn ½ navet long râpé dans 5 cl de vin blanc sec + 2 cl de vinaigre de vin blanc. Cuire 4 chipolatas dans 3 cl d'huile d'arachide. Couper en deux 4 pains à hot-dog. Les garnir de navet râpé

Vendredi 30

Pavés de saumon au bouillon de boutons de rose

5 mn 10 mn 10 mn

Faire suer 1 échalote émincée dans 2 cl d'huile d'olive. Ajouter 6 cl de vin blanc sec. Laisser réduire. Verser 6 cl de vinaigre balsamique et laisser réduire encore.

Samedi 1

Gratin de légumes d'automne cuit comme un dauphinois

20 mn 50 mn

Porter à ébullition 30 cl de lait entier + 6 cl de crème liquide + 1 gousse d'ail + thym + laurier + sel + poivre. Ajouter 330 g de pommes de terre à chair ferme

Dimanche 2

Gâteau à la ricotta

30 mn 15 mn

Mélanger 200 g de ricotta + de sucre. Ajouter 2 jaunes d'œufs + 100 g de raisins secs blonds + 200 g de farine + 5 g de levure. Incorporer 2 blancs d'œufs montés en neige. Verser dans des cercles en inox beurrés.

L'atelier des Chefs

LE TRUC DU CHEF

Lorsqu'un plat implique la préparation d'un bouillon, pensez à utiliser l'excédent pour aromatiser l'eau de cuisson de vos légumes et féculents. Ils seront ainsi délicatement parfumés.

crozets et cuire selon la durée du paquet. Égoutter en conservant le bouillon. Dans 1 plat, verser les crozets + la crème filtrée + un peu de bouillon. Parsemer de 165 g de tomme de Savoie râpée. Enfourner 15-20 mn à 180 °C.

☐ Gratin de crozets

320 g de crozets, 165 g de tomme de Savoie, 1 l de bouillon de bœuf, 20 cl de crème liquide, 2 gousses d'ail, thym, muscade râpée, sel, poivre.

---

de foie de veau + 20 g de farine + sel + poivre. Les colorer de chaque côté dans 3 cl d'huile d'olive. Ajouter 5 g de beurre + 2 gousses d'ail + persil hachés.

☐ Foie de veau persillé et pommes de terre écrasées

4 tranches de foie de veau, persil, 600 g de pommes de terre, 2 gousses d'ail, 20 g de farine, 15 cl de lait, 30 g de beurre, 3 cl d'huile d'olive, sel, poivre.

---

en bâtonnets + du cerfeuil + du persil effeuillés + 5 cl d'huile d'olive + 2 cl de vinaigre balsamique + sel + poivre. Servir aussitôt.

☐ Salade de lentilles tièdes au roquefort et aux herbes fraîches

500 g de lentilles cuisinées, 65 g de roquefort, ½ pomme Granny Smith, ciboulette, cerfeuil, persil, 5 cl d'huile d'olive, 2 cl de vinaigre balsamique, sel, poivre.

+ de chipolatas + 4 c. à c. de moutarde Savora. Déguster aussitôt.

☐ Hot-dog alsaciens

4 pains à hot-dog, 4 chipolatas, ½ navet long, 4 c. à c. de moutarde Savora, 5 cl de vin blanc sec, 3 cl d'huile d'arachide, 2 cl de vinaigre de vin blanc.

Ajouter 25 cl d'eau + 12 boutons de rose. Porter à ébullition. Hors du feu, ajouter 4 pavés de saumon. Couvrir et laisser reposer 10 mn. Saler, poivrer et servir aussitôt.

☐ Pavés de saumon au bouillon de boutons de rose

4 pavés de saumon, 12 boutons de rose, 1 échalote, 25 cl d'eau, 6 cl de vin blanc sec, 6 cl de vinaigre balsamique, 2 cl d'huile d'olive, sel, poivre.

+ 200 g de topinambours et de patates douces blanches en lamelles. Cuire 5 mn. Égoutter en réservant la sauce. Répartir les légumes en alternance dans 1 moule beurré. Verser la sauce à hauteur. Parsemer de 30 g de parmesan râpé. Enfourner 40 mn à 180 °C.

☐ Gratin de légumes d'automne cuit comme un dauphinois

330 g de pommes de terre à chair ferme, 200 g de topinambours, 200 g de patates douces blanches, 30 cl de lait entier, 6 cl de crème liquide, 30 g de parmesan râpé, 1 gousse d'ail, thym, laurier, sel, poivre.

Déposer sur 1 plaque. Enfourner 15 mn à 180 °C.

☐ Gâteau à la ricotta

200 g de ricotta, 200 g de farine, 200 g de sucre, 5 g de levure, 100 g de raisins secs blonds, 2 œufs.

ET AUSSI

DÉCEMBRE 2018

Lundi 3

Pâtes brouillées aux œufs et au saumon fumé

20 mn 15 mn

Cuire 400 g de capellinis. Faire dorer 1 échalote émincée dans 30 g de beurre fondu. Verser 4 œufs battus + sel + poivre. Cuire en mélangeant constamment.

Mardi 4

Wok de bœuf-carotte minute à la bière brune

25 mn 10 mn

Dans 1 wok, saisir 4 pavés de bœuf en gros cubes. Saler, débarrasser et réserver. Faire suer ½ oignon rouge en dés dans 3 cl d'huile d'olive. Saler. Ajouter

Mercredi 5

Salade de chèvre chaud

30 mn 20 mn

Poêler 2 poivrons rouges émincés dans 2 cl d'huile d'olive, puis 165 g de lardons. Frotter 8 tranches de pain de campagne avec 2 gousses d'ail. Déposer dessus 4 crottins de chèvre coupés en 2 dans la

Jeudi 6

Burgers à la sauce California

15 mn 10 mn

Mélanger 1 jaune d'œuf + 2 cl de jus de citron + 10 g de moutarde + sel, puis verser 10 cl d'huile de tournesol en filet + 20 g de miel. Poêler 3 mn/côté 4 steaks hachés assaisonnés de 20 g de sucre + sel dans 2 cl

Vendredi 7

Filets de bar rôtis, purée de patates douces au gingembre et à la coriandre

20 mn 20 mn

Cuire 500 g de patates douces rouges + 200 g de pommes de terre à chair farineuse en morceaux. Égoutter. Les écraser avec 10 cl de crème liquide

Samedi 8

Œufs mollets et velouté de carottes

15 mn 30 mn

Faire suer ½ oignon blanc + 330 g de carottes en dés avec 2 g de beurre. Saler. Ajouter 5 cl de vin blanc sec + 40 cl de bouillon de volaille + 10 cl de crème liquide. Laisser mijoter 25 mn. Mixer. Poivrer. Servir avec

Dimanche 9

Gâteau au yaourt aux zestes d'agrumes

15 mn 35 mn

Fouetter 250 g de yaourt nature + 200 g de sucre + 2 œufs un par un + 8 cl d'huile d'arachide + les zestes de 2 oranges, d'1 citron et d'1 citron vert. Ajouter

LE TRUC DU CHEF

Afin de réussir la cuisson de vos œufs, sortez-les plusieurs dizaines de minutes avant. Pensez également à ajouter un peu de vinaigre dans l'eau de cuisson (il fait coaguler le blanc d'œuf).

34

Ajouter les pâtes égouttées + 200 g de saumon fumé en lanières + du persil plat ciselé. Mélanger et servir.

☐ Pâtes brouillées aux œufs et au saumon fumé

400 g de capellinis, 4 œufs, 200 g de saumon fumé, 30 g de beurre, 1 échalote, persil, sel, poivre.

---

4 carottes taillées en biseaux + 5 g de fond de veau déshydraté + 15 cl de bière brune. Couvrir. Cuire quelques minutes. Ajouter 100 g de pousses de soja + la viande. Réchauffer, mélanger, rectifier l'assaisonnement et servir.

☐ Wok de bœuf-carotte minute à la bière brune

4 pavés de bœuf, 4 carottes, ½ oignon rouge, 15 cl de bière brune, 100 g de pousses de soja, 5 g de fond de veau déshydraté, 3 cl d'huile d'olive, piment d'Espelette, sel.

---

largeur. Enfourner 15 mn à 200 °C. Servir avec 330 g de mesclun assaisonné de 18 cl d'huile d'olive + 10 g de moutarde à l'ancienne + 6 g de miel + sel + poivre + 6 cl de vinaigre de Xérès. Ajouter les lardons, les poivrons + 4 tomates émincées + basilic ciselé.

☐ Salade de chèvre chaud

8 tranches de pain de campagne, 4 crottins de chèvre, 165 g de lardons, 330 g de mesclun, 4 tomates, 2 poivrons rouges, 2 gousses d'ail, basilic, 20 cl d'huile d'olive, 6 cl de vinaigre de Xérès, 6 g de miel, 10 g de moutarde à l'ancienne, sel, poivre.

---

d'huile. Déposer dessus 4 tranches de cheddar. Faire dorer 4 pains à hamburger coupés en 2 dans 25 g de beurre doux. Napper la base des pains avec la sauce. Répartir 130 g de roquette + 1 avocat tranché + 1 tomate en rondelles + les steaks + 40 g de germes de luzerne. Refermer et déguster.

☐ Burgers à la sauce California

4 pains à hamburger, 4 steaks hachés, 4 tranches de cheddar, 25 g de beurre doux, 1 jaune d'œuf, 130 g de roquette, 1 avocat, 1 tomate, 20 g de sucre, 20 g de miel, 10 g de moutarde, 40 g de germes de luzerne, 12 cl d'huile de tournesol, 2 cl de jus de citron, sel.

+ 10 g de gingembre frais haché + de la coriandre ciselée. Saler, poivrer. Mélanger 20 g de parmesan râpé + des feuilles de basilic + 20 g de pignons de pin. Écraser et verser 10 cl d'huile d'olive en filet. Saisir 4 filets de bar dans 2 cl d'huile d'olive. Saler, poivrer. Cuire 2 mn/face. Servir avec la purée + la sauce.

☐ Filets de bar rôtis, purée de patates douces au gingembre et à la coriandre

4 filets de bar, 500 g de patates douces rouges, 200 g de pommes de terre à chair farineuse, 10 g de gingembre frais, coriandre, feuille de basilic, 10 cl de crème liquide, 20 g de parmesan, 20 g de pignons de pin, 12 cl d'huile d'olive, piment d'Espelette, sel, poivre.

---

4 œufs cuits 5 mn dans de l'eau bouillante.

☐ Œufs mollets et velouté de carottes

4 œufs, 330 g de carottes, ½ oignon blanc, 40 cl de bouillon de volaille, 10 cl de crème liquide, 5 cl de vin blanc sec, 2 g de beurre, sel, poivre.

---

240 g de farine tamisée avec 2 sachets de levure + sel. Verser dans 1 moule à cake. Enfourner 35 mn à 180 °C. Laisser refroidir avant de démouler.

☐ Gâteau au yaourt aux zestes d'agrumes

250 g de yaourt nature, 2 œufs, 2 oranges, 1 citron, 1 citron vert, 240 g de farine, 200 g de sucre, 2 sachets de levure, 8 cl d'huile d'arachide, sel.

DÉCEMBRE 2018

L'atelier des Chefs

LE TRUC DU CHEF

Attention, ne consommez jamais de moules dont la coquille est cassée ou ne se referme pas, elles ne sont plus comestibles.

Lundi **10**

Torsades au chou-fleur et crémeux aux morilles

15 mn 20 mn

Ciseler séparément le blanc et le vert (cive) de 2 oignons nouveaux. Cuire 400 g de torsades. Cuire ½ chou-fleur en fleurettes 3 mn à l'eau bouillante salée. Faire suer

Mardi **11**

Fricassée de poulet à la crème et aux champignons

15 mn 20 mn

Mélanger 4 suprêmes de poulet coupés en 3 dans la largeur + 20 g de farine + sel + poivre. Colorer la viande + 1 gousse d'ail hachée + 2 cl d'huile d'olive. Cuire

Mercredi **12**

Salade de chou japonaise et sashimis de daurade

15 mn

Mélanger ½ chou chinois en lamelles + 2 cl de vinaigre de riz + 3 cl de mirin + 20 g de sucre + 6 g de graines de sésame noir + 4 cl d'huile de sésame. Saler. Servir

Jeudi **13**

Tarte au chèvre et aux épinards

20 mn 45 mn

Ôter les tiges de 250 g d'épinards en branches. Faire suer 2 mn les feuilles avec 20 g de beurre fondu. Égoutter. Foncer 1 moule à tarte avec 1 pâte feuilletée. Cuire à blanc 10 mn à 200 °C. Mélanger 2 œufs

Vendredi **14**

Moules à la crème d'ail

20 mn 20 mn

Faire frémir 15 mn 30 cl de crème liquide + 6 gousses d'ail en chemise. Les éplucher avant de mixer le tout. Poêler 1 oignon émincé dans 3 cl d'huile d'olive. Ajouter et faire s'ouvrir 4 kg de moules + 12 cl de vin blanc sec

Samedi **15**

Velouté de panais et de pommes, croûtons épicés

15 mn 20 mn

Poêler 1 échalote émincée dans 15 g de beurre fondu. Saler. Ajouter 2 pommes en dés + thym. Cuire 1 mn, puis ajouter 400 g de panais en dés. Cuire 2 mn. Verser

Dimanche **16**

Tartelettes fines aux pommes

15 mn 20 mn

Tailler 4 disques de 12 cm dans 1 pâte feuilletée. Les garnir avec 4 pommes Golden épluchées et coupées en fines lamelles. Saupoudrer de 30 g de sucre et répartir 40 g de beurre en morceaux. Enfourner

36

les oignons 2 mn avec 2 cl d'huile d'olive. Ajouter 300 g de morilles surgelées + le chou-fleur. Cuire 3 mn, puis les pâtes égouttées + 25 cl de crème liquide. Réchauffer 5 mn. Servir avec la cive.

☐ Torsades au chou-fleur et crémeux aux morilles

400 g de torsades, ½ chou-fleur, 2 oignons nouveaux, 300 g de morilles surgelées, 25 cl de crème liquide, 2 cl d'huile d'olive, sel, poivre.

---

900 g de champignons + 2 échalotes émincées + 1 cl d'huile + 1 verre d'eau 3 mn. Égoutter. Garder le jus. Ajouter la viande + le jus de cuisson. Cuire 15 mn. Verser 20 cl de crème liquide. Porter à ébullition. Faire sauter les champignons + 25 g de beurre fondu. Saler, poivrer. Ajouter de la ciboulette ciselée. Servir avec les morceaux de poulet + la sauce.

☐ Fricassée de poulet à la crème et aux champignons

4 suprêmes de poulet, 20 cl de crème liquide, 900 g de champignons, 2 échalotes, 1 gousse d'ail, ciboulette, 20 g de farine, 25 g de beurre, 3 cl d'huile d'olive, sel, poivre.

---

avec 4 filets de daurade taillés en fines tranches + 10 cl de sauce soja à part.

☐ Salade de chou japonaise et sashimis de daurade

½ chou chinois, 4 filets de daurade, 20 g de sucre, 6 g de graines de sésame noir, 10 cl de sauce soja, 4 cl d'huile de sésame, 3 cl de mirin, 2 cl de vinaigre de riz, sel.

+ 10 cl de crème liquide + 5 cl de lait + sel + poivre. Répartir les épinards sur le fond de tarte. Verser le mélange. Ajouter ½ bûche de chèvre en tranches. Enfourner 30 mn à 200 °C.

☐ Tarte au chèvre et aux épinards

1 pâte feuilletée, ½ bûche de chèvre, 250 g d'épinards en branches, 2 œufs, 20 g de beurre, 10 cl de crème liquide, 5 cl de lait, sel, poivre.

à couvert. Égoutter. Verser le jus de cuisson dans la crème, faire réduire. Saler et poivrer. Verser sur les moules, mélanger et servir avec du persil haché.

☐ Moules à la crème d'ail

4 kg de moules, 30 cl de crème liquide, 6 gousses d'ail, 1 oignon, persil, 12 cl de vin blanc sec, 3 cl d'huile d'olive, sel, poivre.

---

4 cl de lait. Porter à ébullition et laisser mijoter. Faire dorer 50 g de pain en croûtons + 2 cl d'huile de tournesol. Hors du feu, ajouter 3 g de curry + ½ piment rouge en lamelles + sel + poivre. Mixer la soupe sans le thym. Servir avec les croûtons.

☐ Velouté de panais et de pommes, croûtons épicés

400 g de panais, 2 pommes, 1 échalote, 50 g de pain, ½ piment rouge, 3 g de curry, 15 g de beurre, 4 cl de lait, thym, 2 cl d'huile de tournesol, sel, poivre.

---

20 mn à 220 °C. Servir tiède.

☐ Tartelettes fines aux pommes

1 pâte feuilletée, 4 pommes Golden, 40 g de beurre, 30 g de sucre.

ET AUSSI

DÉCEMBRE 2018

Lundi 17

Curry express de dinde marinée

15 mn 15 mn 1 h 10

Mélanger 4 escalopes de dinde en lanières + 10 cl de lait de coco + 1 gousse d'ail hachée + 3 g de curry + 20 g de gingembre frais râpé. Mariner 1 h. Égoutter et cuire la viande 2 mn/côté. Ajouter la marinade

Mardi 18

Lapin à la moutarde

10 mn 15 mn

Poêler 4 cuisses de lapin dans 4 cl d'huile d'olive, saler, poivrer et les badigeonner de 80 g de moutarde à l'ancienne. Ajouter 8 carottes en grosses lamelles + 20 cl de vin blanc sec + 15 cl d'eau. Cuire 15 mn à

Mercredi 19

Salade tiède de radis, lentilles, betteraves et chèvre frais

15 mn 10 mn

Tiédir 1 botte de radis roses sans fanes 7 mn dans 1 cl d'huile d'olive. Saler, poivrer. Réchauffer 225 g de lentilles en conserve égouttées + sel + poivre. Mélanger

Jeudi 20

Samoussas de volaille aux légumes croquants

15 mn 10 mn

Poêler ½ poivron rouge en dés + 10 g de gingembre frais haché dans 2 cl d'huile d'olive, puis ½ courgette en petits cubes + 1 échalote émincée + sel + piment

Vendredi 21

Saumon à la vapeur de gingembre et quinoa à la crème de coco

15 mn 25 mn

Cuire à la vapeur 4 pavés de saumon salés + 2 choux bok choy en lamelles 18 mn au-dessus d'1 l d'eau + 20 g de gingembre frais en rondelles + 2 g de gros

Samedi 22

Clafoutis de pommes de terre

10 mn 30 mn

Poêler 200 g de pommes de terre à chair ferme en dés 5 mn dans 20 g de beurre fondu. Saler, poivrer et ajouter du cerfeuil ciselé. Répartir dans des moules individuels beurrés et farinés. Battre 2 œufs + 30 g

Dimanche 23

Bûche aux Gavottes

20 mn 10 mn

Porter à ébullition 30 cl de crème liquide + 2 g de cannelle moulue. Verser sur 300 g de chocolat noir. Mélanger, laisser refroidir et en réserver ⅓. Y ajouter 30 g de sucre glace. Blanchir 4 œufs + 125 g de sucre

LE TRUC DU CHEF

Pensez à la cuisson vapeur pour vos poissons. Elle permet de conserver tous leurs nutriments et préserve le moelleux ainsi que la saveur de la chair. De plus, elle ne requiert aucune matière grasse.

38

+ 10 cl de crème liquide et faire épaissir. Cuire 230 g de riz basmati + ½ oignon émincé + 30 cl d''eau + sel à couvert jusqu'à évaporation. Laisser étuver 10 mn hors du feu. Servir avec le curry de dinde.

☐ Curry express de dinde marinée

4 escalopes de dinde, 3 g de curry, 1 gousse d'ail, ½ oignon, 20 g de gingembre frais, 10 cl de lait de coco, 10 cl de crème liquide, 230 g de riz basmati, 30 cl d'eau, sel.

---

couvert. Saler, poivrer. Parsemer de ciboulette en bâtonnets. Servir avec 200 g de riz basmati cuit.

☐ Lapin à la moutarde

4 cuisses de lapin, 80 g de moutarde à l'ancienne, 8 carottes, 20 cl de vin blanc sec, ciboulette, 200 g de riz basmati, 4 cl d'huile d'olive, sel, poivre.

---

les radis + les lentilles + 3 betteraves cuites en dés + 1 carotte râpée. Verser 2 cl d'huile d'olive + 10 g de moutarde + le jus d'1 citron + sel + poivre. Mélanger et servir avec du basilic ciselé + 200 g de chèvre frais.

☐ Salade tiède de radis, lentilles, betteraves et chèvre frais

1 botte de radis roses, 3 betteraves cuites, 1 carotte, 225 g de lentilles en conserve, 200 g de chèvre frais, 10 g de moutarde, 1 citron, basilic, 3 cl d'huile d'olive, sel, poivre.

---

d'Espelette. Hors du feu, ajouter 130 g de blanc de poulet finement mixé + le zeste et le jus d'½ citron vert + 3 g de ras el-hanout. Découper 8 feuilles de brick en 4 bandes. Répartir la farce, fermer en triangles et poêler 3-4 mn/côté dans 2 cl d'huile.

☐ Samoussas de volaille aux légumes croquants

8 feuilles de brick, 130 g de blanc de poulet, ½ courgette, ½ poivron rouge, 10 g de gingembre frais, 1 échalote, ½ citron vert, 3 g de ras el-hanout, piment d'Espelette, 4 cl d'huile d'olive, sel.

---

sel. Faire revenir 240 g de quinoa blond + 1 cl d'huile d'olive. Verser 30 cl d'eau. Saler, porter à ébullition. Cuire 8 mn. Ajouter 15 cl de crème de coco. Mélanger. Servir avec le poisson + le chou + 1 c. à s. de sauce soja + 20 g de noix de coco râpée torréfiée.

☐ Saumon à la vapeur de gingembre et quinoa à la crème de coco

4 pavés de saumon, 20 g de gingembre frais, 2 choux bok choy, 240 g de quinoa blond, 15 cl de crème de coco, 1 c. à s. de sauce soja, 20 g de noix de coco râpée, 30 cl d'eau, 1 cl d'huile d'olive, 2 g de gros sel, sel.

---

de parmesan + 20 g de farine + 10 cl de lait + 5 cl de crème liquide + sel + poivre + muscade râpée. Verser sur les légumes. Enfourner 20-25 mn à 180 °C.

☐ Clafoutis de pommes de terre

200 g de pommes de terre à chair ferme, 2 œufs, 30 g de parmesan, 20 g de beurre, 10 cl de lait, 5 cl de crème liquide, 20 g de farine, muscade râpée, cerfeuil, beurre et farine pour les moules, sel, poivre.

---

au bain-marie. Hors du feu, fouetter jusqu'à refroidissement. Ajouter 125 g de farine. Verser sur 1 plaque garnie d'1 feuille de cuisson, étaler et enfourner 10 mn à 180 °C. Démouler. Laisser refroidir sur 1 torchon humide. Enduire le biscuit de crème + 60 g de crêpes dentelles écrasées. Rouler, couvrir avec la crème réservée + des paillettes de Gavottes restantes.

☐ Bûche aux Gavottes

125 g de farine, 125 g de sucre, 30 g de sucre glace, 300 g de chocolat noir, 60 g de crêpes dentelles type Gavottes, 4 œufs, 30 cl de crème liquide, 2 g de cannelle en poudre.

ET AUSSI

DÉCEMBRE 2018

Lundi 24

Escalopes de foie gras poêlées aux coings

20 mn – 25 mn

Cuire 20 mn 4 coings coupés en 6 dans 65 cl d'eau bouillante + 100 g de sucre + 2 g de poivre blanc du Penja, de poivre de Sichuan et de baies roses

Mardi 25

Noël

Crème de topinambours et de châtaignes

20 mn – 30 mn

Faire suer 1 oignon blanc + 20 g de beurre fondu. Ajouter 200 g de topinambours en rondelles + sel + poivre. Verser 1 l de bouillon de légumes + 25 cl de

Mercredi 26

Garbure béarnaise express

20 mn – 30 mn

Enfourner 2 cuisses de canard confites + un peu de graisse 15 mn à 200 °C. Poêler 1 oignon + 1 gousse d'ail émincés + 2 carottes + 1 branche de céleri en tronçons avec 1 peu de graisse. Verser 3 l de bouillon

Jeudi 27

Tartes flambées alsaciennes

15 mn – 10 mn

Diviser 300 g de pâte à pain crue en 2 pâtons. Les abaisser finement. Déposer sur 2 plaques. Mélanger 200 g de crème épaisse et de fromage blanc fermier + sel + poivre + muscade râpée. Répartir sur les fonds

Vendredi 28

Choucroute marine au sandre et au saumon

15 mn – 10 mn

Cuire à la vapeur 4 filets de sandre + 4 pavés de saumon 6 mn au-dessus de 33 cl de bière blonde bouillante + 4 baies de genièvre. Chauffer 400 g de choucroute

Samedi 29

Verrines légères à la fourme d'Ambert, poires, endives et noix

25 mn

Mixer 65 g de fourme d'Ambert + 10 cl de crème liquide. Verser dans 1 siphon et réserver. Dans des verrines, répartir 2 poires épluchées et coupées en dés

Dimanche 30

Salade d'oranges à la tunisienne

15 mn

Torréfier 20 g de pignons de pin + 50 g d'amandes concassées. Trancher et récupérer le jus d'1 orange pelée. Ajouter 5 g de sucre glace + 2 cl d'eau de fleur d'oranger + 1 cl d'huile d'olive. Servir les tranches de

L'atelier des Chefs

LE TRUC DU CHEF

Pour colorer plus facilement des escalopes de foie gras, mettez-les au congélateur 1 heure avant de les poêler et finissez leur cuisson pendant 3 minutes dans un four préchauffé à 200 °C.

+ le zeste d'½ orange. Caraméliser 25 g de sucre. Ajouter les coings + 1 peu de sirop + le reste des poivres. Poêler 45 sec/côté ½ lobe de foie gras de canard coupé en 4 escalopes. Servir avec les coings + fleur de sel + poivre + le caramel.

☐ Escalopes de foie gras poêlées aux coings

½ lobe de foie gras de canard, 4 coings, 125 g de sucre, ½ orange, 4 g de poivre blanc du Penja, 4 g de poivre de Sichuan, 4 g de baies roses, fleur de sel, poivre.

---

crème liquide. Porter à ébullition. Laisser frémir 15 mn et mixer. Poêler 120 g de châtaignes cuites + 5 g de gingembre frais haché + 20 g de beurre demi-sel. Ajouter 1 l d'eau + 30 cl de lait. Saler, porter à ébullition, laisser frémir 12 mn. Mixer. Servir les 2 crèmes + 10 g de baies roses + 10 g d'éclats de châtaignes cuites.

☐ Crème de topinambours et de châtaignes

200 g de topinambours, 130 g de châtaignes cuites, 1 oignon blanc, 5 g de gingembre frais, 20 g de beurre, 20 g de beurre demi-sel, 30 cl de lait, 25 cl de crème liquide, 1 l de bouillon de légumes, 1 l d'eau, 10 g de baies roses, sel, poivre.

---

de volaille. Porter à ébullition. Ajouter 1 feuille de laurier + thym + 8 branches de chou kale en chiffonnade + 4 pommes de terre à chair ferme en cubes + 300 g de haricots blancs cuisinés. Cuire 15 mn. Effilocher la chair des cuisses. Servir avec les légumes + le bouillon.

☐ Garbure béarnaise express

2 cuisses de canard confites, 8 branches de chou kale, 4 pommes de terre à chair ferme, 2 carottes, 1 branche de céleri, 1 oignon, 1 gousse d'ail, 1 feuille de laurier, thym, 300 g de haricots blancs cuisinés, 3 l de bouillon de volaille.

---

de pâte. Garnir avec 2 oignons blancs émincés + 200 g de poitrine de porc fumée en lardons. Enfourner 8-10 mn à 250 °C.

☐ Tartes flambées alsaciennes

300 g de pâte à pain crue, 200 g de poitrine de porc fumée, 200 g de crème épaisse, 200 g de fromage blanc fermier, 2 oignons blancs, muscade râpée, sel, poivre.

---

cuite + 20 cl de vin blanc sec + 5 g de graines de carvi. Faire réduire 7 cl de vin blanc sec + 3 cl de vinaigre d'alcool + 1 échalote émincée. Ajouter 125 g de beurre en morceaux, fouetter. Servir la choucroute + les poissons + le beurre blanc.

☐ Choucroute marine au sandre et au saumon

400 g de choucroute cuite, 4 filets de sandre, 4 pavés de saumon, 33 cl de bière blonde, 27 cl de vin blanc sec, 1 échalote, 4 baies de genièvre, 5 g de graines de carvi, 125 g de beurre, 3 cl de vinaigre d'alcool, poivre.

+ 2 endives émincées + 20 g de cerneaux de noix concassés. Ajouter l'écume à la fourme d'Ambert + du cerfeuil.

☐ Verrines légères à la fourme d'Ambert, poires, endives et noix

65 g de fourme d'Ambert, 10 cl de crème liquide, 2 poires, 2 endives, 20 g de cerneaux de noix, cerfeuil.

---

4 oranges + le jus + de la menthe ciselée + les amandes + les pignons de pin + 10 dattes coupées en 4.

☐ Salade d'oranges à la tunisienne

5 oranges, 10 dattes, 50 g d'amandes concassées, 20 g de pignons de pin, 2 cl d'eau de fleur d'oranger, menthe, 5 g de sucre glace, 1 cl d'huile d'olive.

ET AUSSI

Lundi **31**

Noix de Saint-Jacques Rossini

15 mn 10 mn

Décortiquer 8 coquilles Saint-Jacques. Rincer les bardes + les noix. Poêler 1 échalote émincée + 1 cl d'huile d'olive. Ajouter les bardes. Faire évaporer l'eau, ajouter 15 cl de vin blanc moelleux + 50 cl de crème liquide.

Mardi **1** *Jour de l'An*

Coquillettes au veau et aux petits pois

10 mn 15 mn

Cuire 320 g de coquillettes. Égoutter et rafraîchir. Poêler 4 escalopes de veau en dés dans 3 cl d'huile d'olive. Assaisonner de sel + piment d'Espelette. Ajouter ½ oignon émincé. Cuire 1 mn, puis ajouter 200 g de

Mercredi **2**

Crème rafraîchie de carottes au gingembre

30 mn 15 mn

Faire suer 2 échalotes émincées avec 5 g de beurre + sel + 300 g de carottes en fines lamelles. Verser 65 cl de bouillon de volaille. Cuire 15 mn. Ajouter 3 cl

Jeudi **3**

Wraps végétariens

15 mn

Mélanger 100 g de yaourt à la grecque + 1 gousse d'ail hachée + 2 g de cumin moulu + du persil ciselé. Saler. Étaler la sauce sur 4 tortillas de blé. Répartir ½ laitue en lanières + 2 tomates + ½ poivron jaune + ½ oignon

Vendredi **4**

Saumon mi-cuit, mayonnaise légère et salade de fenouil

20 mn 10 mn

Mélanger 2 fenouils tranchés + 2 cl de vinaigre balsamique + le jus d'½ citron + sel + poivre + 4 cl d'huile d'olive. Poêler 4 pavés de saumon + fleur de

Samedi **5**

Parmentier de brocolis

20 mn 1 h

Cuire 100 g de riz complet + 150 g de lentilles vertes selon les indications des paquets. Égoutter. Saler, poivrer, les mélanger, puis étaler dans 1 plat à gratin. Cuire 800 g de brocolis à l'eau bouillante salée

Dimanche **6**

Compote de pommes à la cannelle

25 mn 25 mn

Dans 1 casserole, cuire 20 mn à couvert 1,5 kg de pommes Canada en morceaux + 5 cl d'eau + 1 bâton de cannelle + 130 g de sucre roux. Ajouter 3 cl de jus de citron. Cuire 3 mn. Ôter la cannelle. Laisser refroidir

L'atelier des Chefs

LE TRUC DU CHEF

Quand vous achetez des saint-jacques chez votre poissonnier, n'oubliez pas de lui demander les bardes. Malgré leur aspect peu attrayant, elles font de très bons fumets ou rillettes.

42

Faire réduire et filtrer. Dorer 80 g de foie gras d'oie cru coupé en petits ronds + sel + poivre. Poêler 4 mn les noix de Saint-Jacques dans 1 cl d'huile d'olive + 20 g de beurre demi-sel. Poser le foie gras dessus. Servir avec la sauce émulsionnée + du cerfeuil.

☐ Noix de Saint-Jacques Rossini

8 coquilles Saint-Jacques, 80 g de foie gras d'oie cru, 1 échalote, 20 g de beurre demi-sel, 50 cl de crème liquide, 15 cl de vin blanc moelleux, 2 cl d'huile d'olive, cerfeuil, sel, poivre.

---

petits pois surgelés. Verser ½ verre d'eau + les coquillettes.

☐ Coquillettes au veau et aux petits pois

320 g de coquillettes, 4 escalopes de veau, 200 g de petits pois surgelés, ½ oignon, 3 cl d'huile d'olive, piment d'Espelette, sel.

---

de lait de soja. Porter à ébullition. Mixer. Rectifier l'assaisonnement et ajouter 15 g de beurre froid. Mélanger 10 cl de crème liquide entière + le jus de 10 g de gingembre frais râpé. Fouetter et servir avec la soupe.

☐ Crème rafraîchie de carottes au gingembre

300 g de carottes, 10 g de gingembre frais, 2 échalotes, 65 cl de bouillon de volaille, 10 cl de crème liquide entière, 3 cl de lait de soja, 20 g de beurre, sel.

---

rouge émincés. Parsemer de 100 g de cheddar blanc râpé. Rouler, couper en 2 et déguster.

☐ Wraps végétariens

4 tortillas de blé, 2 tomates, ½ poivron jaune, ½ laitue, ½ oignon rouge, 1 gousse d'ail, 100 g de yaourt à la grecque, 100 g de cheddar blanc, persil, 2 g de cumin moulu, sel.

---

sel + 4 cl d'huile d'olive 10 mn côté peau. Fouetter 1 jaune d'œuf + 5 g de moutarde + sel + poivre + 15 cl d'huile d'arachide petit à petit + le jus d'½ citron. Mettre au frais avant d'ajouter 1 blanc d'œuf monté en neige. Servir avec le poisson + le fenouil.

☐ Saumon mi-cuit, mayonnaise légère et salade de fenouil

4 pavés de saumon, 1 citron, 1 œuf, 5 g de moutarde, 15 cl d'huile d'arachide, 2 fenouils, 8 cl d'huile d'olive, 2 cl de vinaigre balsamique, fleur de sel, sel, poivre.

5-6 mn. Égoutter. Réduire en purée avec 3 cl de crème soja + 1 gousse d'ail + sel + poivre + muscade râpée. Verser dans le plat. Parsemer de 20 g de chapelure. Enfourner 20 à 30 mn à 200 °C. Servir immédiatement avec 4 cl de sauce chili aigre-douce.

☐ Parmentier de brocolis

800 g de brocolis, 150 g de lentilles vertes, 100 g de riz complet, 1 gousse d'ail, 3 cl de crème soja, muscade râpée, 20 g de chapelure, 4 cl de sauce chili aigre-douce, sel, poivre.

---

avant d'écraser et de déguster.

☐ Compote de pommes à la cannelle

1,5 kg de pommes Canada, 1 bâton de cannelle, 130 g de sucre roux, 3 cl de jus de citron.

43

JANVIER 2019

Lundi 7

Velouté de cresson et de pommes de terre

15 mn 15 mn

Laver les feuilles d'½ botte de cresson. Poêler 5 mn 1 pomme de terre à chair farineuse en petits dés + 1 peu d'eau. Faire suer 2 échalotes émincées dans

Mardi 8

Escalopes de dinde au jambon de pays

30 mn 20 mn

Émincer séparément le vert et le blanc de 4 oignons nouveaux. Poêler les oignons + 3 poivrons rouges en dés + 2 cl d'huile d'olive. Ajouter 1 gousse d'ail + thym + sel + piment d'Espelette + 2 c. à s. d'eau. Cuire

Mercredi 9

Buddha bowl

10 mn 15 mn

Cuire 200 g de quinoa blond. Égoutter. Mélanger ½ mangue en dés + la pulpe de 2 fruits de la passion. Poêler 1 poivron rouge en dés, le retirer. Ajouter 65 g de potimarron en dés + un fond d'eau. Faire compoter

Jeudi 10

Galettes ricotta-parmesan et champignons à l'ail

15 mn 15 mn

Faire suer 2 gousses d'ail + 600 g de champignons de Paris + 400 g de shiitakes émincés + les tiges de 8 asperges vertes en tronçons + 1 piment rouge haché

Vendredi 11

Bricks de poisson à l'asiatique

20 mn 5 mn 5 mn

Mélanger 400 g de chair de cabillaud + 5 g de gingembre frais hachés + 2 oignons nouveaux émincés + ½ bâton de citronnelle ciselé. Saler, poivrer et mettre 5 mn au frais. Couper 6 feuilles de brick en 3. Déposer 2 c. à s.

Samedi 12

Soupe d'hiver

20 mn 25 mn

Blanchir 300 g de chou vert émincé 2 mn dans de l'eau bouillante salée. Égoutter. Faire revenir 5-6 mn 2 échalotes ciselées + le chou + 1 poireau émincé dans 2 cl d'huile d'olive. Saler. Ajouter 300 g de pommes de

Dimanche 13

Perles de tapioca au lait de coco et fruits exotiques

20 mn 10 mn

Porter à ébullition 30 cl de lait + 25 cl de lait de coco non sucré + 30 g de sucre de canne + ½ gousse de vanille fendue. Ajouter 40 g de tapioca. Cuire 10 mn

L'atelier des Chefs

LE TRUC DU CHEF

Lorsque vous devez cuire des légumes simultanément, veillez bien à les couper en morceaux de taille équivalente. Cela leur garantira une cuisson plus homogène.

44

10 g de beurre fondu + sel. Ajouter 1 pomme de terre à chair farineuse en dés + le cresson + de l'eau à mi-hauteur. Cuire 6-8 mn. Mixer avec 10 cl de crème liquide + sel + poivre. Servir avec les pommes de terre poêlées + piment d'Espelette.

☐ Velouté de cresson et de pommes de terre

½ botte de cresson, 2 pommes de terre à chair farineuse, 2 échalotes, 10 cl de crème liquide, 10 g de beurre, piment d'Espelette, sel, poivre.

6-7 mn à couvert. Ajouter la cive + 2 tomates en dés. Cuire 2-3 mn, puis 2 cl de vinaigre balsamique. Saler et poivrer 4 escalopes de dinde extra-fines. Les rouler dans 4 tranches de jambon cru. Fermer avec 1 cure-dent. Les poêler dans 2 cl d'huile d'olive, puis enfourner 5 mn à 200 °C. Servir avec les légumes.

☐ Escalopes de dinde au jambon de pays

4 escalopes de dinde extra-fines, 4 tranches de jambon cru, 3 poivrons rouges, 2 tomates, 4 oignons nouveaux, 1 gousse d'ail, thym, 4 cl d'huile d'olive, 2 cl de vinaigre balsamique, piment d'Espelette, sel, poivre.

7-8 mn. Servir avec le quinoa + le poivron + 2 avocats tranchés + la mangue + la coriandre ciselée + 45 g de pousses de soja + 10 g de noix de coco râpée. Assaisonner de 3 cl d'huile d'olive + le jus et zeste d'1 citron + 3 g de curry + 3 cl d'huile de sésame + sel.

☐ Buddha bowl

200 g de quinoa blond, 65 g de potimarron, 2 avocats, 2 fruits de la passion, 1 poivron rouge, ½ mangue, 1 citron, coriandre, 10 g de noix de coco râpée, 3 g de curry, 45 g de pousses de soja, 3 cl d'huile de sésame, 3 cl d'huile d'olive, sel.

+ 10 g de beurre. Ajouter les pointes d'asperges + 20 cl d'eau + sel + poivre. Cuire 10 mn. Ajouter ½ botte de persil ciselé. Mélanger 400 g de ricotta + 40 g de parmesan râpé + 1 œuf + 1 c. à s. de farine + le zeste d'1 citron + muscade râpée + sel + poivre. Cuire des petits tas 3 mn/côté dans 1 cl d'huile d'olive. Servir avec les légumes + jus de citron.

☐ Galettes ricotta-parmesan et champignons à l'ail

400 g de ricotta, 40 g de parmesan, 1 œuf, 10 g de beurre, 1 c. à s. de farine, muscade râpée, 600 g de champignons de Paris, 400 g de shiitakes, 8 asperges vertes, 2 gousses d'ail, 1 piment rouge, 1 citron, ½ botte de persil, 1 cl d'huile d'olive, sel, poivre.

de farce à l'extrémité d'1 bande et fermer en triangle. Dorer les bricks 1 mn/côté dans 3 cl d'huile d'olive. Réaliser une sauce avec le jus d'½ citron vert + 4 cl de sauce piment +2 cl de nuoc-mâm.

☐ Bricks de poisson à l'asiatique

6 feuilles de brick, 400 g de chair de cabillaud, ½ bâton de citronnelle, 5 g de gingembre frais, 2 oignons nouveaux, ½ citron vert, 4 cl de sauce piment, 3 cl d'huile d'olive, 2 cl de nuoc-mâm, sel, poivre.

terre à chair ferme + 1 navet + 2 carottes en morceaux. Couvrir d'eau froide et cuire à petite ébullition 20 mn. Rectifier l'assaisonnement et servir.

☐ Soupe d'hiver

300 g de chou vert, 300 g de pommes de terre à chair ferme, 1 poireau, 2 carottes, 1 navet, 2 échalotes, 2 cl d'huile d'olive, sel, poivre.

en remuant. Laisser refroidir. Servir avec ½ mangue + 250 g d'ananas Victoria en dés + le jus et le zeste d'½ citron vert.

☐ Perles de tapioca au lait de coco et fruits exotiques

40 g de tapioca, 25 cl de lait de coco non sucré, 30 cl de lait, 30 g de sucre de canne, ½ gousse de vanille, 250 g d'ananas Victoria, ½ mangue, ½ citron vert.

45

ET AUSSI

JANVIER 2019

Lundi 14

Pommes de terre en robe des champs et mimolette

15 mn 40 mn

Envelopper 4 pommes de terre à chair farineuse de papier aluminium. Les cuire dans la cendre 20 à 30 mn. Les couper en 2 dans la longueur, retirer la

Mardi 15

Wok de bœuf aux oignons rouges et huile de pignon de pin

20 mn 10 mn

Saisir 4 pavés de bœuf en gros cubes dans 1 cl d'huile d'olive. Saler. Retirer et réserver. Faire suer 2 oignons rouges en dés + sel dans 1 cl d'huile d'olive. Ajouter

Mercredi 16

Salade de roquette au poulet et chèvre frais aux arômes du sud

20 mn 15 mn

Cuire 2 filets de poulet 2 mn/côté dans 2 cl d'huile d'olive. Ajouter 2 branches de thym + 1 verre d'eau. Cuire à couvert jusqu'à évaporation. Trancher finement

Jeudi 17

Wraps aux légumes

20 mn

Mélanger 160 g de Philadelphia + 1 échalote émincée + sel + poivre. Tartiner 4 tortillas de maïs avec la sauce obtenue. Les garnir des feuilles d'½ cœur de laitue + 120 g de carottes en julienne + 2 tomates en dés

Vendredi 18

Cabillaud à la vapeur, tombée de chou vert à l'orange et nori

20 mn 15 mn

Faire suer 65 g de lardons de poitrine de porc fumée. Faire étuver les feuilles d'½ chou vert émincées + sel. Ajouter le zeste et jus d'1 orange non traitée + 2 feuilles

Samedi 19

Mousse de chou-fleur, gambas au piment et coulis de persil

20 mn 45 mn

Cuire 30 mn à l'eau 650 g de chou-fleur en fleurettes + 1 gousse d'ail + thym + laurier. Ôter les aromates. Ajouter 10 cl de crème liquide. Mixer et mettre en

Dimanche 20

Cake au potimarron et à la betterave blanche

15 mn 25 mn 30 mn

Râper 150 g de potimarron + de betterave blanche crue. Ajouter 60 g de sucre de canne. Faire mariner 30 mn. Mélanger 80 g de farine + 50 g de poudre

l'atelier des Chefs

LE TRUC DU CHEF

Quand vous cuisinez un cabillaud, attention à la cuisson ! Les chairs du poisson doivent rester nacrées et fondantes. Si elles sont trop cuites, elles deviennent sèches.

chair. L'écraser avec 80 g de beurre doux + sel + poivre. Remettre la purée dans les pommes de terre. Parsemer de 100 g de mimolette râpée. Cuire 5 à 10 mn dans la cendre. Servir avec 100 g de roquette.

☐ Pommes de terre en robe des champs et mimolette

4 pommes de terre à chair farineuse, 100 g de mimolette, 80 g de beurre doux, 100 g de roquette, sel, poivre.

---

2 carottes coupées en biseaux + de l'eau à mi-hauteur. Couvrir. Cuire quelques minutes et ajouter 100 g de pousses de soja + 2 cl d'huile de pignon de pin + la viande. Réchauffer. Mélanger et rectifier l'assaisonnement.

☐ Wok de bœuf aux oignons rouges et huile de pignon de pin

4 pavés de bœuf, 2 carottes, 2 oignons rouges, 100 g de pousses de soja, 2 cl d'huile de pignon de pin, 2 cl d'huile d'olive, piment d'Espelette, sel.

---

la viande. Mélanger 3 cl de vinaigre balsamique + 3 cl d'huile d'olive + sel + poivre. Verser la moitié sur 260 g de roquette + 65 g de tomates confites en 2 + du basilic ciselé. Servir la salade avec 130 g de chèvre frais en dés + le poulet + 1 c. à s. de vinaigrette.

☐ Salade de roquette au poulet et chèvre frais aux arômes du sud

260 g de roquette, 2 filets de poulet, 130 g de chèvre frais, 65 g de tomates confites, 2 branches de thym, basilic, 5 cl d'huile d'olive, 3 cl de vinaigre balsamique, sel, poivre.

+ 1 avocat en lamelles. Rouler et couper en 2 les tortillas.

☐ Wraps aux légumes

4 tortillas de maïs, 120 g de carottes, ½ cœur de laitue, 2 tomates, 1 avocat, 1 échalote, 160 g de Philadelphia, sel, poivre.

---

de nori ciselées + les lardons. Poivrer. Faire réduire le jus de cuisson. Porter à ébullition de l'eau + 5 g de graines de coriandre écrasées + 3 g de poivre blanc de Penja + 2 gousses d'ail en chemise et cuire 4 pavés de cabillaud 6 à 8 mn à la vapeur et à couvert. Servir avec le chou + coriandre + jus de cuisson + fleur de sel.

☐ Cabillaud à la vapeur, tombée de chou vert à l'orange et nori

4 pavés de cabillaud, ½ chou vert, 2 gousses d'ail, 1 orange non traitée, 2 feuilles d'algue nori, 65 g de poitrine de porc fumée, 5 g de graines de coriandre, 3 g de poivre blanc de Penja, coriandre, fleur de sel, sel, poivre.

---

siphon. Déposer sur 1 plaque 20 gambas décortiquées + sel + piment d'Espelette + 2 cl d'huile d'olive. Enfourner 15 mn à 220 °C. Ébouillanter 3 mn ½ botte de persil. Mixer. Saler et poivrer. Servir la mousse de chou-fleur + les gambas + le coulis de persil.

☐ Mousse de chou-fleur, gambas au piment et coulis de persil

650 g de chou-fleur, 20 gambas décortiquées, piment d'Espelette, 1 gousse d'ail, ½ botte de persil, thym, laurier, 10 cl de crème liquide, 2 cl d'huile d'olive, sel, poivre.

---

d'amandes + 1 c. à c. de levure + 4 œufs + 65 g de sucre de canne. Ajouter 40 g de raisins secs blonds + les légumes + le jus du bol. Verser dans des moules à muffins beurrés et farinés. Enfourner 25 mn à 180 °C.

☐ Cake au potimarron et à la betterave blanche

150 g de potimarron, 150 g de betterave blanche crue, 125 g de sucre de canne, 80 g de farine, 50 g de poudre d'amandes, 1 c. à c. de levure, 4 œufs, 40 g de raisins secs blonds, beurre + farine pour le moule.

ET AUSSI

L'atelier des Chefs

LE TRUC DU CHEF

Pour cuire une viande à la poêle, saisissez-la dans un peu de matière grasse et à feu très vif en début de cuisson. Vous pouvez ensuite baisser le feu selon la puissance de votre équipement.

Lundi 21

Aiguillettes de canard aux champignons marinés

20 mn 10 mn

Mélanger 500 g de champignons de Paris émincés + le jus d'½ citron + 5 cl d'huile d'olive + sel + poivre + 1 échalote en dés. Saisir 4 filets de canette côté

Mardi 22

Velouté de potiron aux saveurs d'ailleurs

15 mn 30 mn

Dans 1 cocotte, faire revenir 300 g de potiron en cubes + sel dans 5 g de beurre fondu, puis 2 pommes de terre à chair farineuse en dés. Verser 45 cl de bouillon

Mercredi 23

Chili veggie

15 mn 45 mn

Mélanger 2 patates douces en cubes + 1 cl d'huile d'olive + sel + poivre + 1 c. à c. de cumin moulu. Enfourner 20 mn à 190 °C. Faire suer 2 oignons + 1 gousse d'ail + 2 piments verts émincés + 2 cl d'huile

Jeudi 24

Sandwichs chauds poulet-épinard à la crème

15 mn 10 mn

Poêler 4 escalopes de poulet 6 mn dans 1 cl d'huile d'olive. Les trancher et poivrer. Faire suer 300 g de pousses d'épinard 1 mn dans 1 cl d'huile d'olive + se

Vendredi 25

Filets de bar pochés à la macanaise, carottes en pickles

20 mn 10 mn

Poêler 15 g de julienne de carottes dans 1 cl d'huile d'olive + 1 gousse d'ail hachée + 1 feuille de laurier. Ajouter 2 cl de vin blanc sec + 10 cl de fumet de poisson

Samedi 26

Soupe de céleri et de pommes acidulée

15 mn 20 mn

Dans 1 cocotte, faire suer 1 échalote émincée + se avec 20 g de beurre fondu. Ajouter ½ céleri-rave + 2 pommes Granny Smith en gros cubes + 30 cl de

Dimanche 27

Crumble de pommes au miel et au romarin

20 mn 35 mn

Déposer 8 pommes Reinette coupées en 4 dans 1 plat beurré. Ajouter 1 c. à s. de miel + 4 brins de romarin Mélanger 150 g de flocons d'avoine + 100 g de farine ɔeau dans 15 g de beurre fondu + 1 gousse d'ail. Retourner. Cuire ƽ mn. Retirer les filets de canette. Déglacer la poêle avec 2 c. à s. d'eau + 15 g de beurre + l'ail cuit écrasé. Servir la viande tranchée avec la sauce + les champignons marinés + la ½ botte de ciboulette ciselée.

☐ Aiguillettes de canard aux champignons marinés

4 filets de canette, 500 g de champignons de Paris, 1 échalote, 1 gousse d'ail, le jus d'½ citron, 30 g de beurre, ½ botte de ciboulette, 5 cl d'huile d'olive, sel, poivre.

---

de volaille + 2 g de curry et de paprika + 1 g de cumin moulu + muscade râpée. Laisser mijoter 30 mn. Mixer avant d'ajouter 5 cl de crème liquide + sel + piment d'Espelette. Servir avec du persil + 1 cl d'huile de sésame.

☐ Velouté de potiron aux saveurs d'ailleurs

300 g de potiron, 2 pommes de terre à chair farineuse, 2 g de curry, 2 g de paprika, 1 g de cumin moulu, 45 cl de bouillon de volaille, 5 cl de crème liquide, 5 g de beurre, muscade râpée, piment d'Espelette, persil, 1 cl d'huile de sésame, sel.

+ 3 c. à c. d'épices à Chili + 30 g de concentré de tomate + sel + poivre. Mélanger. Verser 1 l de bouillon de légumes + 400 g de haricots rouges en boîte égouttés + ½ botte de coriandre ciselée. Porter à ébullition. Cuire 15-20 mn. Ajouter les patates douces, réchauffer 5 mn. Servir avec 4 c. à s. de yaourt à la grecque + 3 tortillas de blé en triangles frits dans 50 cl d'huile d'arachide.

☐ Chili veggie

2 patates douces, 2 oignons, 1 gousse d'ail, 2 piments verts, 3 c. à c. d'épices à Chili, 1 c. à c. de cumin moulu, 1 l de bouillon de légumes, 400 g de haricots rouges en boîte, 30 g de concentré de tomate, 4 c. à s. de yaourt à la grecque, ½ botte de coriandre, 3 tortillas de blé, 50 cl d'huile d'arachide, 3 cl d'huile d'olive, sel, poivre.

+ poivre + 2 g de cumin moulu. Tartiner 8 tranches de pain de mie complet toastées de 100 g de crème épaisse. Sur 4 tranches, répartir les lamelles de poulet + les épinards égouttés. Refermer, enfourner 2 mn à 240 °C et déguster.

☐ Sandwichs chauds poulet-épinard à la crème

8 tranches de pain de mie complet, 4 escalopes de poulet, 300 g de pousses d'épinard, 100 g de crème épaisse, 2 g de cumin moulu, 2 cl d'huile d'olive, sel, poivre.

+ le zeste et jus d'½ citron + 2 cl de vinaigre de vin blanc + 5 g de gingembre frais râpé. Pocher 2 filets de bar en aiguillettes salés dans le bouillon 4 à 5 mn. Égoutter. Servir le poisson + la julienne de carottes + coriandre + poivre.

☐ Filets de bar pochés à la macanaise, carottes en pickles

2 filets de bar en aiguillettes, 10 cl de fumet de poisson, 2 cl de vin blanc sec et de vinaigre de vin blanc, 15 g de julienne de carottes, 1 gousse d'ail, 1 feuille de laurier, ½ citron, coriandre, 5 g de gingembre frais, 1 cl d'huile d'olive, fleur de sel, poivre.

---

ait. Compléter à hauteur avec de l'eau. Couvrir. Cuire 20 mn. Mixer, rectifier l'assaisonnement et laisser refroidir.

☐ Soupe de céleri et de pommes acidulée

½ céleri-rave, 2 pommes Granny Smith, 1 échalote, 30 cl de lait, 20 g de beurre, sel, poivre.

+ 40 g de sucre + sel + cannelle moulue + 150 g de margarine. Répartir le crumble sur les pommes. Enfourner 35 mn à 180 °C. Servir tiède.

☐ Crumble de pommes au miel et au romarin

8 pommes Reinette, 1 c. à s. de miel, 4 brins de romarin, 150 g de flocons d'avoine, 100 g de farine, 40 g de sucre, 150 g de margarine, cannelle moulue, sel.

49

JANVIER-FÉVRIER 2019

Lundi **28**

Paloudes au gingembre

15 mn 10 mn

Dans 1 cocotte, faire suer 2 échalotes ciselées + 3 gousses d'ail écrasées en chemise + sel dans 1 cl d'huile d'olive, puis poêler 1 mn 1 kg de palourdes. Verser 5 cl de bouillon de légumes + 30 cl de sauce

Mardi **29**

Boulettes de bœuf pas trop épicées et semoule light

15 mn 5 mn

Chauffer 30 cl de bouillon de légumes + les tiges d'½ botte de coriandre. Filtrer. Verser 20 cl sur 240 g de semoule moyenne. Mélanger, couvrir et laisse

Mercredi **30**

Croque-monsieur

10 mn 10 mn

Étaler très finement 20 g de beurre sur chaque face de 8 tranches de pain de mie. Répartir sur 4 d'entre elles 4 tranches de jambon blanc + 4 tranches d'emmental + fleur de sel. Poser les tranches de pain

Jeudi **31**

Lieu poêlé à l'huile d'olive et choucroute de radis noirs

15 mn 30 mn

Poêler 400 g de radis noirs épluchés et coupés en julienne + 2 cl d'huile d'olive + sel + 10 cl de vin blanc sec + 3 g de baies roses. Cuire jusqu'à évaporation du

Vendredi **1**

Brandade de cabillaud

20 mn 15 mn

Pocher 4 pavés de cabillaud 1 mn dans 65 cl de lait bouillant + thym + laurier + gros sel + 2 gousses d'ail écrasées. Cuire à couvert hors du feu. Cuire à l'eau salée 400 g de pommes de terre. Égoutter et les

Samedi **2**

Céleri rémoulade au magret fumé

30 mn

Émincer en fins bâtonnets ½ céleri-rave. Mélanger 1 jaune d'œuf + 10 g de moutarde forte + sel + poivre + 20 cl d'huile d'arachide petit à petit + 2 cl de jus de citron. Ajouter le céleri. Mélanger.

Dimanche **3**

Crème dessert au chocolat blanc

10 mn 5 mn 2 h

Dans 1 casserole, mélanger 35 g de fécule de maïs + 50 g de sucre + 75 cl de lait petit à petit. Porter à ébullition en remuant. Ajouter 80 g de chocolat blanc. Laisser fondre et fouetter. Ajouter 150 g de crème

L'atelier des Chefs

LE TRUC DU CHEF

Lorsque vous préparez une mayonnaise, pensez à varier le goût de la moutarde. Vous pourrez ainsi facilement décliner la saveur de cette sauce en apparence classique.

50

d'huître + 30 cl de sauce soja + de la ciboulette ciselée + 50 g de gingembre frais râpé. Couvrir et faire s'ouvrir les palourdes 3 mn. Filtrer le bouillon. Poivrer et servir avec la coriandre.

☐ **Palourdes au gingembre**

1 kg de palourdes, 50 g de gingembre frais, 2 échalotes, 3 gousses d'ail, 30 cl de sauce d'huître, 30 cl de sauce soja, 5 cl de bouillon de légumes, ciboulette, coriandre, 1 cl d'huile d'olive, sel, poivre.

---

gonfler. Mélanger 300 g de bœuf haché + 1 échalote ciselée + 1 c. à c. de cumin moulu + de paprika + les feuilles de coriandre ciselées + 1 œuf + 20 g de chapelure + sel + poivre. Former des boulettes. Les faire cuire 5 mn dans 2 cl d'huile d'olive. Retirer. Verser 10 cl de bouillon. Remuer. Verser le jus dans la semoule, mélanger, égrainer et servir.

☐ **Boulettes de bœuf pas trop épicées et semoule light**

300 g de bœuf haché, 1 c. à c. de cumin moulu, 1 c. à c. de paprika, ½ botte de coriandre, 1 œuf, 20 g de chapelure, 1 échalote, 240 g de semoule moyenne, 30 cl de bouillon de légumes, 2 cl d'huile d'olive, sel, poivre.

---

restantes dessus. Ôter la croûte et poêler 10 mn en retournant à mi-cuisson. Laisser reposer 3 mn avant de servir.

☐ **Croque-monsieur**

8 tranches de pain de mie, 4 tranches de jambon blanc, 4 tranches d'emmental, 20 g de beurre, fleur de sel.

---

liquide. Ajouter 10 cl d'eau. Cuire 15 mn. Saisir 4 pavés de lieu jaune 2 mn côté peau + 2 cl d'huile d'olive. Saler, poivrer, retourner, cuire 1 mn et débarrasser. Verser 20 g de miel + 3 cl de vinaigre balsamique + 3 cl de sauce soja. Faire bouillir, ajouter le poisson, réchauffer et servir avec la choucroute de radis noirs.

☐ **Lieu poêlé à l'huile d'olive et choucroute de radis noirs**

4 pavés de lieu jaune, 400 g de radis noirs, 3 g de baies roses, 10 cl de vin blanc sec, 20 g de miel, 4 cl d'huile d'olive, 3 cl de sauce soja, 3 cl de vinaigre balsamique, sel, poivre.

écraser avec le lait de cuisson du poisson. Effeuiller le poisson sur la purée + de la ciboulette ciselée + piment d'Espelette + sel + poivre. Mélanger. Parsemer de 50 g de parmesan râpé et servir avec 100 g de roquette.

☐ **Brandade de cabillaud**

4 pavés de cabillaud, 400 g de pommes de terre, 100 g de roquette, 2 gousses d'ail, thym, laurier, ciboulette, piment d'Espelette, 65 cl de lait, 50 g de parmesan, gros sel, sel, poivre.

Servir avec 12 tranches de magret de canard fumé dégraissées + du cerfeuil.

☐ **Céleri rémoulade au magret fumé**

½ céleri-rave, 12 tranches de magret de canard fumé, 10 g de moutarde forte, 1 jaune d'œuf, 20 cl d'huile d'arachide, 2 cl de jus de citron, cerfeuil, sel, poivre.

épaisse. Réserver et mettre à refroidir rapidement, au moins 2 h.

☐ **Crème dessert au chocolat blanc**

80 g de chocolat blanc, 50 g de sucre, 35 g de fécule de maïs, 150 g de crème épaisse, 75 cl de lait.

ET AUSSI

LE TRUC DU CHEF

Pour réaliser une quiche au format familial, il vous suffit d'augmenter les quantités de garnitures et d'appareil à votre convenance. Mais il vous faut alors penser à adapter le temps de cuisson.

FÉVRIER 2019

Lundi 4

Risotto rouge à la trévise

15 mn 25 mn

Faire suer 1 oignon émincé + 2 cl d'huile d'olive. Ajouter 300 g de riz à risotto, le nacrer, puis verser 15 cl de vin rouge + 1 l de bouillon de volaille petit à petit. Cuire 18 mn. Hors du feu, ajouter 50 g de beurre doux

Mardi 5

Poulet rôti panzanella

25 mn 10 mn

Dorer 120 g de pain au levain en gros cubes + 2 cl d'huile d'olive. Saler, poivrer. Mélanger avec 1 salade romaine émincée + 30 g de raisins de Corinthe mis à gonfler dans de l'eau et égouttés + 40 g de pignons

Mercredi 6

Carottes râpées, vinaigrette au citron et au cumin

10 mn

Dans 1 bol, mélanger le jus d'1 citron + 1 c. à c. de cumin en poudre + sel + poivre + 5 cl d'huile d'olive. Verser la vinaigrette sur 600 g de carottes râpées. Mélanger.

Jeudi 7

Quiche au thon et aux aubergines

15 mn 40 mn

Faire suer 1 échalote ciselée dans 3 cl d'huile d'olive, puis 2 aubergines en dés + sel + piment d'Espelette et cuire 15 mn. Mélanger 2 œufs + 1 jaune + 15 cl de crème liquide et de lait + sel + piment d'Espelette.

Vendredi 8

Gambas au lait de coco épicé aux deux pommes

20 mn 20 mn

Cuire à l'eau salée 500 g de pommes de terre à chair ferme en dés. Égoutter. Mixer ½ oignon blanc + 10 g de gingembre frais + 1 gousse d'ail + ½ bâton de

Samedi 9

Soupe de panais et croûtons épicés

15 mn 20 mn

Dorer 50 g de pain en croûtons dans 1 cl d'huile de tournesol. Hors du feu, ajouter 3 g de curry + un peu de beurre + ½ piment rouge en dés + sel. Faire suer 2 échalotes émincées dans 15 g de beurre fondu

Dimanche 10

Crème brulée au caramel

15 mn 40 mn 1 h 30

Dans 1 casserole, faire caraméliser 130 g de sucre. Incorporer 25 g de beurre demi-sel + 40 cl de crème liquide. Laisser tiédir. Fouetter 5 jaunes d'œufs + 65 g de sucre + la sauce caramel. Filtrer. Verser dans

52

+ de parmesan râpé. Poêler 1 salade trévise émincée + 3 cl d'huile d'olive. La mélanger au riz. Verser 5 cl de vin rouge dans la poêle, remuer, verser sur le riz, mélanger et servir.

☐ Risotto rouge à la trévise

300 g de riz à risotto, 20 cl de vin rouge, 1 salade trévise, 1 oignon, 1 l de bouillon de volaille, 50 g de beurre doux, 50 g de parmesan râpé, 5 cl d'huile d'olive, sel, poivre.

---

de pin grillés. Poêler 2 gousses d'ail + 1 échalote émincées + 1 cl d'huile d'olive. Débarrasser dans 1 bol. Ajouter 2 cl de vinaigre d'alcool blanc + 2 c. à s. de jus de poulet + 3 cl d'huile. Verser sur la salade. Mélanger et servir avec 1 poulet fermier rôti en morceaux.

☐ Poulet rôti panzanella

1 poulet fermier rôti avec jus, 120 g de pain au levain, 1 salade romaine, 2 gousses d'ail, 1 échalote, 40 g de pignons de pin, 30 g de raisins de Corinthe, 2 cl de vinaigre d'alcool blanc, 6 cl d'huile d'olive, fleur de sel, poivre.

Servir très frais avec du persil ciselé + fleur de sel.

☐ Carottes râpées, vinaigrette au citron et au cumin

600 g de carottes, 1 citron, persil, 1 c. à c. de cumin en poudre, 5 cl d'huile d'olive, fleur de sel, sel, poivre.

Découper 4 cercles dans 1 pâte brisée. Foncer 4 moules beurrés. Répartir 130 g de thon en boîte émietté + les aubergines + l'appareil à flan. Enfourner 20-25 mn à 180 °C.

☐ Quiche au thon et aux aubergines

1 pâte brisée, 130 g de thon en boîte, 2 aubergines, 1 échalote, 2 œufs, 1 jaune d'œuf, 15 cl de lait, 15 cl de crème liquide, 3 cl d'huile d'olive, 5 g de beurre doux, piment d'Espelette, sel.

---

citronnelle + 1 étoile de badiane + 3 g de curry + 40 cl de lait de coco non sucré. Filtrer et réchauffer. Mélanger 16 gambas fraîches décortiquées + 3 g de curry + sel. Verser dans la sauce, cuire 2 mn, ajouter ½ pomme Granny Smith en dés et arrosée du jus d'½ citron vert. Servir avec de la coriandre.

☐ Gambas au lait de coco épicé aux deux pommes

16 gambas fraîches, 40 cl de lait de coco non sucré, 10 g de gingembre frais, 6 g de curry, ½ bâton de citronnelle, 1 étoile de badiane, 500 g de pommes de terre à chair ferme, ½ pomme Granny Smith, ½ oignon blanc, 1 gousse d'ail, coriandre, ½ citron vert, sel.

+ sel. Ajouter 1 gousse d'ail hachée + du thym. Cuire 1 mn, puis ajouter 400 g de panais en cubes. Cuire 2 mn. Verser 4 cl de lait. Porter à ébullition. Mixer et servir avec les croûtons.

☐ Soupe de panais et croûtons épicés

400 g de panais, 2 échalotes, 1 gousse d'ail, 50 g de pain, ½ piment rouge, 3 g de curry, 15 g de beurre, 4 cl de lait, thym, 1 cl d'huile de tournesol.

---

des ramequins. Enfourner 40 mn à 120 °C. Laisser refroidir et réserver au frais 1 h 30 avant de les saupoudrer de 30 g de cassonade et de les caraméliser au chalumeau. Servir aussitôt.

☐ Crème brulée au caramel

195 g de sucre, 40 cl de crème liquide, 25 g de beurre demi-sel, 5 jaunes d'œufs, 30 g de cassonade.

ET AUSSI

FÉVRIER 2019

Lundi 11

Spaghettis italiens au poulet, basilic et potiron à la bresaola

15 mn 20 mn

Cuire 200 g de spaghettis. Dans 1 wok, colorer 4 suprêmes de poulet en cubes + sel dans 3 cl d'huile d'olive. Débarrasser. Faire suer ½ oignon émincé

Mardi 12

Pavés de bœuf et semoule fine de chou-fleur

20 mn 10 mn

Poêler 2 oignons nouveaux émincés dans 20 g de beurre fondu + sel. Ajouter ½ chou-fleur en fleurettes réduit en grosse semoule. Cuire 5 mn en mélangeant.

Mercredi 13

Œufs pochés au vinaigre de Xérès

10 mn 5 mn 5 mn

Porter à ébullition 25 cl de bouillon de bœuf + 10 cl de vinaigre de Xérès + ½ botte de basilic effeuillée. Faire infuser 5 mn. Casser 4 œufs dans 4 ramequins. Verser 1 par 1 dans le bouillon. Cuire 3 mn. Servir les œufs

Jeudi 14

Blinis façon croque

10 mn 10 mn

Couper 4 tranches de jambon blanc en 4. Mixer 2 jaunes d'œufs + 65 g d'emmental râpé + 30 g de parmesan râpé + 5 cl de crème liquide. Saler et poivrer. Étaler la préparation obtenue sur 4 blinis. Répartir

Vendredi 15

Cabillaud vapeur et panais confit

15 mn 15 mn

Cuire 2 panais coupés en gros tronçons + sel pendant 10 mn à la vapeur, puis les colorer dans 20 g de beurre fondu. Cuire 4 pavés de cabillaud 6 mn à la vapeur. Ajouter 1 pistil de safran. Servir avec les panais + du

Samedi 16

Crème de céleri-rave au poivre long

20 mn 15 mn

Dans 1 casserole, faire suer 1 échalote ciselée dans 10 g de beurre doux fondu + 1 grain de poivre long. Ajouter 165 g de céleri-rave en dés + de l'eau à hauteur. Cuire 15 mn. Ajouter 5 cl de crème liquide. Mixer.

Dimanche 17

Bread pudding

15 mn 45 mn

Déposer dans 1 moule beurré 215 g de pain en petits morceaux + 50 g de raisins secs noirs. Faire chauffer 1 l de lait + 1 c. à s. de vanille liquide + 100 g de cassonade + 5 g de cannelle moulue. Mélanger,

L'atelier des Chefs

LE TRUC DU CHEF

Si vous ne trouvez pas de Bresaola et que vous en avez besoin pour réaliser une recette, vous pouvez tout à fait la remplacer par du jambon de Parme ou du chorizo.

+ 130 g de potiron en cubes + sel. Déglacer avec 3 cl de vin blanc sec, puis 3 cl d'eau + 5 cl de crème liquide. Cuire 5 mn. Ajouter la viande + 20 g de bresaola en morceaux + du basilic ciselé. Servir avec les pâtes égouttées + 40 g d'éclats de châtaignes cuites.

☐ Spaghettis italiens au poulet, basilic et potiron à la bresaola

200 g de spaghettis, 4 suprêmes de poulet, 130 g de potiron, ½ oignon, basilic, 20 g de bresaola, 5 cl de crème liquide, 3 cl de vin blanc sec, 40 g de châtaignes cuites, 3 cl d'huile d'olive, sel.

Ajouter 3 cl de jus de citron + du persil ciselé. Cuire 4 pavés de bœuf 4 à 6 mn dans 3 cl d'huile d'olive. Ajouter 10 g de beurre + thym + 1 gousse d'ail + fleur de sel + poivre. Servir avec la semoule de chou-fleur.

☐ Pavés de bœuf et semoule fine de chou-fleur

4 pavés de bœuf, ½ chou-fleur, 2 oignons nouveaux, 1 gousse d'ail, persil, thym, 30 g de beurre, 3 cl de jus de citron, 3 cl d'huile d'olive, fleur de sel, sel, poivre.

---

pochés + le bouillon réduit + 4 tranches de pain.

☐ Œufs pochés au vinaigre de Xérès

4 œufs, 25 cl de bouillon de bœuf, 10 cl de vinaigre de Xérès, ½ botte de basilic, 4 tranches de pain, sel, poivre.

---

1 morceau de jambon + la crème + 4 blinis + la crème. Enfourner 8 mn à 200 °C.

☐ Blinis façon croque

8 blinis, 4 tranches de jambon blanc, 65 g d'emmental râpé, 30 g de parmesan râpé, 5 cl de crème liquide, 2 jaunes d'œufs, sel, poivre.

---

cerfeuil + fleur de sel.

☐ Cabillaud vapeur et panais confit

4 pavés de cabillaud, 2 panais, 1 pistil de safran, cerfeuil, 20 g de beurre, fleur de sel, sel.

Rectifier l'assaisonnement, filtrer et servir.

☐ Crème de céleri-rave au poivre long

165 g de céleri-rave, 1 échalote, 1 grain de poivre long, 10 g de beurre doux, 5 cl de crème liquide, sel.

---

retirer du feu. Battre 4 œufs + 50 g de beurre fondu + le lait chaud. Verser dans le moule. Saupoudrer de cannelle. Enfourner 45 mn à 1 h à 180 °C.

☐ Bread pudding

215 g de pain, 1 l de lait, 50 g de beurre doux, 4 œufs, 100 g de cassonade, 1 c. à s. de vanille liquide, 5 g de cannelle moulue, 50 g de raisins secs noirs.

55

ET AUSSI

FÉVRIER 2019

Lundi 18

Coquillettes'n'cheese

15 mn – 20 mn

Cuire 200 g de coquillettes, selon le temps du paquet moins 1 mn. Égoutter. Dans 1 casserole, fouetter 40 g de farine + 40 g de beurre fondu. Verser 40 cl de lait + 10 g de moutarde. Faire épaissir en fouettant.

Mardi 19

Fricassée de poulet au vin jaune et poêlée de champignons des bois

15 mn – 25 mn

Colorer 4 cuisses de poulet désossées et coupées en morceaux dans 2 cl d'huile d'olive + romarin. Saler. Ajouter 2 cl de vin jaune + 20 cl d'eau + 10 cl de crème

Mercredi 20

Salade de gambas et vinaigrette orange-moutarde

15 mn – 10 mn

Faire réduire 10 cl de jus d'orange. Verser dans 1 bol + 5 g de moutarde aigre-douce + sel + poivre + 8 cl d'huile d'olive en filet. Fouetter et ajouter 2 cl de vinaigre

Jeudi 21

Pizza aux oignons confits et aux câpres

20 mn – 35 mn

Dans 1 poêle, faire suer 4 oignons émincés dans 2 cl d'huile d'olive. Ajouter 1 gousse d'ail hachée + du romarin. Cuire 15 mn à couvert, poivrer et laisser

Vendredi 22

Merlu à la palermitaine

15 mn – 20 mn

Cuire à l'eau 500 g de pommes de terre à chair fondante. Dans 1 casserole, faire fondre 12 anchois à l'huile égouttés + 3 cl d'huile d'olive. Étaler sur 4 pavés de merlu. Saupoudrer de 65 g de chapelure + du romarin.

Samedi 23

Croquettes aux champignons et aux épinards

30 mn – 25 mn

Cuire à l'eau salée 400 g de pommes de terre à chair farineuse. Les écraser en purée. Poêler 60 g d'épinards en branches + 1 peu de beurre + 200 g de champignons

Dimanche 24

Reine de Saba

20 mn – 45 mn

Faire fondre au bain-marie 85 g de chocolat noir + 2 g de café soluble. Incorporer 80 g de beurre en morceaux. Ajouter 50 g de sucre + 2 jaunes d'œufs + 50 g de farine. Mélanger, puis incorporer 2 blancs

L'atelier des Chefs

LE TRUC DU CHEF

Il est préférable d'utiliser des cuisses de poulet plutôt que des filets lorsqu'une recette implique de les cuire longtemps. En effet, elles se dessèchent moins à la cuisson.

Mélanger un peu de sauce + 1 œuf battu. Verser dans la sauce. Ajouter 265 g de Cheddar vieux. Mélanger. Saler, poivrer. Ajouter les coquillettes. Réchauffer et bien mélanger.

□ Coquillettes'n'cheese

200 g de coquillettes, 265 g de Cheddar vieux, 40 g de beurre, 1 œuf, 40 g de farine, 40 cl de lait, 10 g de moutarde, sel, poivre.

---

liquide. Cuire 20 mn. Verser 1 cl de vin jaune. Dorer 80 g de foie gras cru en cubes + sel + 1 échalote ciselée, puis 265 g de morilles en rondelles + 260 g de girolles. Saler. Cuire 5 mn et servir la viande + la sauce.

□ Fricassée de poulet au vin jaune et poêlée de champignons des bois

4 cuisses de poulet, 3 cl de vin jaune, 265 g de morilles, 260 g de girolles, 1 échalote, romarin, 80 g de foie gras cru, 10 cl de crème liquide, 2 cl d'huile d'olive, sel.

---

de vin blanc. Poêler 12 gambas décortiquées 2 mn/côté + 2 cl d'huile. Saler, poivrer et retirer du feu. Servir avec 4 sucrines coupées en 4 + les quartiers d'1 orange et de 2 citrons verts + 12 pétales de tomates confites + la vinaigrette.

□ Salade de gambas et vinaigrette orange-moutarde

12 gambas décortiquées, 4 sucrines, 1 orange, 2 citrons verts, 12 pétales de tomates confites, 10 cl de jus d'orange, 5 g de moutarde aigre-douce, 10 cl d'huile d'olive, 2 cl de vinaigre de vin blanc, sel, poivre.

---

refroidir. Étaler 100 g de purée de tomates sur 1 pâte à pizza. Répartir les oignons + 30 g de câpres au vinaigre + 100 g de parmesan râpé. Enfourner 15 à 20 mn à 200 °C.

□ Pizza aux oignons confits et aux câpres

1 pâte à pizza, 4 oignons, 30 g de câpres au vinaigre, 100 g de purée de tomates, 1 gousse d'ail, romarin, 100 g de parmesan râpé, 2 cl d'huile d'olive, sel, poivre.

Enfourner 7 mn à 220 °C. Ajouter du persil ciselé + le jus d'1 citron. Verser 1 cl d'huile d'olive. Servir avec les pommes de terre en rondelles saupoudrées de fleur de sel + persil ciselé + le jus d'1 citron.

□ Merlu à la palermitaine

4 pavés de merlu, 65 g de chapelure, 12 anchois à l'huile, 500 g de pommes de terre à chair fondante, 2 citrons, romarin, persil, 4 cl d'huile d'olive, fleur de sel.

---

hachés. Saler et poivrer. Cuire quelques minutes. Porter à ébullition 16 cl de lait + 30 g de beurre + sel. Ajouter 50 g de farine. Mélanger rapidement. Faire dessécher 2 mn. Verser dans 1 bol et ajouter 1 œuf. Mélanger aux légumes. Frire 2-3 mn des boulettes de pâte dans 65 cl d'huile de friture.

□ Croquettes aux champignons et aux épinards

200 g de champignons, 60 g d'épinards en branches, 400 g de pommes de terre à chair farineuse, 30 g de beurre, 16 cl de de lait, 1 œuf, 50 g de farine, 65 cl d'huile de friture, sel, poivre.

---

en neige. Verser dans 1 moule. Enfourner 45 mn à 150 °C. Démouler et laisser refroidir. Déguster avec 10 cl de crème liquide entière + 20 g de sucre glace montés en chantilly + 65 g de chocolat noir fondu.

□ Reine de Saba

150 g de chocolat noir, 50 g de sucre, 70 g de farine, 2 g de café soluble, 100 g de beurre, 2 œufs, 10 cl de crème liquide entière, 20 g de sucre glace.

FÉVRIER-MARS 2019

Lundi 25

Spaghettis au blé complet et sauce endives/oranges

25 mn 15 mn

Faire suer 2 endives émincées dans 2 cl d'huile d'olive + sel + les jus et zestes de 2 oranges. Mixer avec 50 g de yaourt à la grecque + 2 g de curry doux + le

Mardi 26

Fajitas de canard confit

20 mn 15 mn

Poêler la chair de 2 cuisses de canard confites désossées en morceaux + sel + piment d'Espelette. Débarrasser. Faire suer 2 poivrons rouges + 1 échalote émincés. Ajouter 1 gousse d'ail hachée + la viande.

Mercredi 27

Velouté de carottes au lait de coco

25 mn 35 mn

Faire suer 1 oignon blanc + 400 g de carottes émincés + 3 g de beurre fondu + sel. Ajouter de la coriandre ciselée + 1 c. à c. de curcuma moulu. Mélanger. Verser 50 cl de bouillon de volaille + 20 cl de lait de coco non

Jeudi 28

Quiche au curry, poulet et ananas

20 mn 40 mn

Cuire à blanc 1 pâte feuilletée 10 mn à 180 °C. Laisser refroidir. Poêler 2 blancs de poulet en dés + 2 cl d'huile d'olive + sel. Faire suer 3 mn ½ oignon + ½ poivron rouge émincés + sel, puis 100 g de petits pois surgelés

Vendredi 1

Pavés de bar, purée de patates douces au gingembre et à la coriandre

15 mn 20 mn

Cuire à l'eau bouillante salée 400 g de patates douces rouges + 100 g de pommes de terre à chair farineuse en cubes. Égoutter et les mixer avec 5 cl de crème

Samedi 2

Crème de panais, œufs pochés et cerfeuil tubéreux au balsamique

20 mn 30 mn

Faire suer 2 échalotes émincées + 30 g de beurre + sel. Cuire 3 mn. Ajouter 400 g de panais en dés + eau à hauteur. Cuire 20 mn. Remuer régulièrement.

Dimanche 3

Panna cotta au cacao et nougatine aux cacahuètes

20 mn 10 mn 2 h

Porter à ébullition 20 cl de crème liquide entière + 65 g de sucre + 5 g de cacao en poudre non sucré. Hors du feu, ajouter 2 feuilles de gélatine ramollies et

L'atelier des Chefs

LE TRUC DU CHEF

Quand vous cuisinez des endives, et si la recette vous le permet, pensez à la pomme pour atténuer leur amertume. Le sucre qu'elle contient naturellement permet d'équilibrer les goûts.

☐ Spaghettis au blé complet et sauce endives/oranges

200 g de spaghettis au blé complet, 2 endives, 2 oranges, 2 g de curry doux, 50 g de yaourt à la grecque, 2 pommes Golden, 65 g de cerneaux de noix, 65 g de mimolette, 2 cl d'huile d'olive, sel, poivre.

jus de cuisson petit à petit. Saler et poivrer. Cuire 200 g de spaghettis au blé complet. Égoutter et les mélanger à la sauce + 2 pommes Golden en bâtonnets + 65 g de cerneaux de noix concassés. Parsemer de 65 g de mimolette en copeaux et servir.

☐ Fajitas de canard confit

4 tortillas de blé, 2 cuisses de canard confites, 2 poivrons rouges, 2 avocats, 1 tomate, 2 sucrines, 1 échalote, 1 gousse d'ail, 50 g de crème épaisse, 10 cl de lait, 3 gouttes de Tabasco, 4 cl d'huile d'olive, piment d'Espelette, sel.

Mélanger. Mixer 2 avocats + 10 cl de lait + sel + piment d'Espelette + 3 gouttes de Tabasco. Ajouter 1 tomate en dés. Réchauffer 4 tortillas de blé dans 4 cl d'huile d'olive. Étaler dessus 50 g de crème épaisse mélangée à 2 sucrines émincées, puis les garnitures. Rouler et déguster.

☐ Velouté de carottes au lait de coco

600 g de carottes, 1 oignon blanc, 20 cl de lait de coco non sucré, 50 cl de bouillon de volaille, 5 g de beurre demi-sel, 3 g de beurre, 30 g de noix de coco râpée, 1 c. à c. de curcuma moulu, coriandre, sel, poivre.

sucré. Laisser mijoter 25 mn. Mixer. Saler et poivrer. Réaliser des petites billes dans 2 carottes. Les cuire 6 mn à l'eau bouillante salée, les poêler dans 5 g de beurre demi-sel, puis les rouler dans 30 g de noix de coco râpée. Réaliser des brochettes et servir avec le velouté.

☐ Quiche au curry, poulet et ananas

1 pâte feuilletée, 2 blancs de poulet, 300 g d'ananas, 100 g de petits pois surgelés décongelés, ½ poivron rouge, ½ oignon, 20 g d'amandes effilées, 2 œufs, 1 jaune d'œuf, 10 cl de lait de coco non sucré, 5 cl de crème liquide, 2 cl d'huile d'olive, 3 g de curry, sel, poivre.

décongelés. Saler, poivrer et laisser refroidir. Battre 2 œufs + 1 jaune + sel + 3 g de curry. Ajouter 10 cl de lait de coco non sucré + 5 cl de crème liquide petit à petit. Verser sur le fond de tarte + la garniture + 300 g d'ananas en dés + 20 g d'amandes effilées. Enfourner 20 à 25 mn à 180 °C.

☐ Pavés de bar, purée de patates douces au gingembre et à la coriandre

4 filets de bar, 400 g de patates douces rouges, 100 g de pommes de terre à chair farineuse, 30 g de gingembre frais, ½ botte de coriandre, 5 cl de crème liquide, 3 cl d'huile d'olive, piment d'Espelette, sel, poivre.

liquide chaude + 30 g de gingembre frais en morceaux + ½ botte de coriandre effeuillée + sel + poivre. Saisir 4 filets de bar côté peau + sel + piment d'Espelette dans 3 cl d'huile d'olive. Les retourner. Cuire 2 mn et servir avec la purée.

☐ Crème de panais, œufs pochés et cerfeuil tubéreux au balsamique

400 g de panais, 2 échalotes, 4 œufs, 100 g de cerfeuil tubéreux, 40 g de beurre, 5 cl de crème liquide, 6 cl de vinaigre balsamique, 6 cl de vinaigre d'alcool blanc, sel, poivre.

Ajouter 5 cl de crème liquide. Faire bouillir et mixer. Saler et poivrer. Cuire jusqu'à évaporation 100 g de cerfeuil tubéreux en brunoise + 10 g de beurre + 6 cl de vinaigre balsamique + sel + poivre + eau à hauteur. Casser 4 œufs dans 4 ramequins et les cuire 1 par 1 dans de l'eau frémissante + 6 cl de vinaigre d'alcool blanc jusqu'à coagulation du blanc. Servir avec les légumes.

☐ Panna cotta au cacao et nougatine aux cacahuètes

40 cl de crème liquide entière, 2 feuilles de gélatine, 130 g de sucre, 5 g de cacao en poudre non sucré, 30 g de cacahuètes, menthe.

essorées + 20 cl de crème liquide entière. Bien mélanger. Répartir dans 4 verrines. Mettre 2 h au frais. Dans 1 poêle, faire fondre à sec 65 g de sucre. Ajouter 30 g de cacahuètes concassées, mélanger et verser entre 2 feuilles de silicone. Étaler immédiatement au rouleau et laisser refroidir. Servir avec la panna cotta + de la menthe.

MARS 2019

Lundi 4

Nouilles carbonara

10 mn 10 mn

Poêler 200 g de lardons. Ajouter 2 échalotes en petits cubes et faire suer 3 mn. Verser 20 cl de crème liquide. Faire réduire d' ⅓. Cuire 300 g de nouilles japonaises 1 mn de moins que le temps indiqué sur le paquet.

Mardi 5

Fricassée de canard confit et topinambours au persil

15 mn 15 mn

Effilocher 3 cuisses de canard confites réchauffées. Poêler 800 g de topinambours en cubes dans 3 cl d'huile d'olive + 25 g de beurre + 1 gousse d'ail écrasée

Mercredi 6

Endives à l'orange

10 mn 30 mn

Cuire à l'eau salée 8 endives. Égoutter et les disposer dans 1 plat à gratin. Verser 4 cl d'huile d'olive + 20 cl de vin blanc sec. Parsemer de 2 g de mélange 5 épices + le zeste de 2 oranges + sel + poivre. Enfourner

Jeudi 7

Croque-monsieur à l'italienne

10 mn 5 mn

Toaster 8 tranches de pain de mie. En déposer 4 sur 1 plaque. Les garnir de 2 mozzarellas tranchées + basilic ciselé + 2 tomates en lamelles + poivre + 2 cl d'huile d'olive en filet + 4 tranches de jambon

Vendredi 8

Brandade de saumon à l'orientale

25 mn 20 mn

Cuire à l'eau salée 300 g de pommes de terre + 4 carottes + 2 fenouils en morceaux. Écraser le tout avec 5 cl de crème liquide. Cuire 4 pavés de saumon 10 mn dans 30 cl de lait frémissant + 1 l d'eau. Ajouter

Samedi 9

Julienne de carottes au miel de fleurs sauvages

20 mn 10 mn

Presser ½ citron et prélever ses zestes. Les blanchir 3 fois dans 1 casserole d'eau bouillante. Caraméliser 30 g de miel 2 mn. Ajouter 10 g de beurre. Déglacer

Dimanche 10

Tartelettes au citron

30 mn 30 mn 45 mn

Mélanger 100 g de sucre glace + 150 g de beurre. Ajouter 1 œuf + 250 g de farine + 100 g d'amandes en poudre. Faire 1 boule. Mettre 15 mn au frais. L'étaler, foncer 4 moules. Remettre au frais 30 mn. Enfourner

L'atelier des Chefs

LE TRUC DU CHEF

Pensez à utiliser la graisse de vos confits de canard pour cuire les accompagnements. Elle leur donnera plus de goût que du beurre ou de l'huile. De même, vous pouvez conserver le gras du foie gras pour vos cuissons diverses.

60

Égoutter et les mélanger à la sauce. Saler, poivrer, ajouter 4 jaunes d'œufs 1 par 1 + 65 g de parmesan râpé.

☐ Nouilles carbonara

300 g de nouilles japonaises, 200 g de lardons, 2 échalotes, 20 cl de crème liquide, 65 g de parmesan râpé, 4 jaunes d'œufs, sel, poivre.

+ sel. Couvrir. Cuire 8 mn. Ajouter 1 échalote ciselée. Cuire 1 mn. Ajouter du persil ciselé + le canard. Poivrer et servir.

☐ Fricassée de canard confit et topinambours au persil

3 cuisses de canard confites, 800 g de topinambours, 1 échalote, 1 gousse d'ail, persil, 25 g de beurre, 3 cl d'huile d'olive, sel, poivre.

20 mn à 200 °C. Parsemer les endives de menthe, de coriandre et de persil hachés.

☐ Endives à l'orange

8 endives, 2 oranges, 20 cl de vin blanc sec, 2 g de mélange 5 épices, menthe, coriandre, persil, 4 cl d'huile d'olive, sel, poivre.

cru. Recouvrir avec les 4 tranches de pain restantes. Enfourner 5 mn à 180 °C en position chaleur tournante.

☐ Croque-monsieur à l'italienne

8 tranches de pain de mie, 4 tranches de jambon cru, 2 mozzarellas, 2 tomates, basilic, 2 cl d'huile d'olive, poivre.

2 gousses d'ail + thym. Émietter et mélanger à la purée + le zeste en dés de 25 g de citron confit au sel + 10 g d'olives noires hachées + 2 g de cumin moulu + sel + poivre. Servir avec le jus d'1 citron mélangé à 2 gousses d'ail hachées + 1 g de cumin moulu + 2 g de paprika et de curcuma + de la coriandre et du persil ciselés + 5 cl d'huile d'olive.

☐ Brandade de saumon à l'orientale

4 pavés de saumon, 300 g de pommes de terre, 4 carottes, 2 fenouils, 4 gousses d'ail, 1 citron, 25 g de citron confit au sel, 10 g d'olives noires, 3 g de cumin moulu, 2 g de paprika et de curcuma, coriandre, persil, thym, 30 cl de lait, 5 cl de crème liquide et d'huile d'olive, sel, poivre.

avec le jus de citron. Ajouter 500 g de carottes coupées en julienne. Cuire 8 mn. Assaisonner de sel et de poivre. Servir avec du persil ciselé.

☐ Julienne de carottes au miel de fleurs sauvages

500 g de carottes, 30 g de miel, ½ citron, persil, 10 g de beurre, sel, poivre.

20 mn à 180 °C. Dans 1 casserole, faire fondre 125 g de beurre + le jus de 2 citrons. Dans 1 bol, fouetter 3 œufs + 150 g de sucre. Verser le beurre fondu, remettre dans la casserole et faire épaissir 3 mn. Verser sur la pâte cuite et mettre au frais.

☐ Tartelettes au citron

2 citrons, 250 g de farine, 150 g de sucre, 100 g de sucre glace, 100 g d'amandes en poudre, 275 g de beurre, 4 œufs.

ET AUSSI

MARS 2019

Lundi 11

Risotto nature

20 mn 15 mn

Dans 1 cocotte, faire suer ½ oignon émincé dans 4 c d'huile d'olive + sel. Ajouter 200 g de riz rond, mélanger puis déglacer avec 5 cl de vin blanc sec et ajoute 60 cl d'eau au fur et à mesure. Le riz doit cuire 15 mn

Mardi 12

Suprêmes de pintade et fricassée de crosnes

20 mn 20 mn

Poêler 4 suprêmes de pintade + 4 cl d'huile d'olive + sel + poivre. Déposer sur 1 plaque. Enfourner 8 mn à 200 °C. Dans la même poêle, cuire 1 échalote ciselée

Mercredi 13

Céleri rémoulade citronné

15 mn

Dans 1 bol, mélanger 1 jaune d'œuf + 10 g de moutarde forte + 10 g de moutarde à l'ancienne. Saler, poivrer. Ajouter 20 cl d'huile d'arachide en filet. Monter en mayonnaise et ajouter le jus d'½ citron. Mélanger à

Jeudi 14

Quiche au saumon, pommes de terre et brocoli

20 mn 45 mn 15 mn

Foncer 1 moule beurré avec 1 pâte brisée. Mettre au frais 15 mn. Blanchir 2 mn à l'eau salée 200 g de pommes de terre à chair ferme en gros cubes. Égoutter

Vendredi 15

Crevettes à la crème et carottes sucrées-salées

15 mn 15 mn

Dans 1 casserole, mettre 1 botte de carottes fanes taillées en biseaux + 30 g de beurre + 3 g de sucre + de l'eau à mi-hauteur + sel. Couvrir et cuire jusqu'à

Samedi 16

Purée de panais

10 mn 10 mn

Dans 1 casserole, cuire à l'eau salée et à petits bouillons 3 panais coupés en petits dés. Égoutter. Mixer. Saler, poivrer. Rectifier la texture avec 40 g de beurre

Dimanche 17

Mousse au chocolat vegan

20 mn

Faire fondre au bain-marie 200 g de chocolat noir. Monter en neige 35 cl de jus d'1 boîte de pois chiches. Ajouter 20 g de sucre glace et fouetter 1 mn. L'incorporer au chocolat fondu. Dans 1 poêle, caraméliser 5 c. à s.

l'atelier des Chefs

LE TRUC DU CHEF

Le secret du risotto, c'est une technique de cuisson et un type de riz. Choisissez absolument un riz rond qui libère énormément d'amidon, du riz arborio ou carnaroli, par exemple.

62

Ajouter 30 g de parmesan râpé + 10 g de beurre. Bien mélanger et servir.

1 mn. Déglacer avec 5 cl de vin rouge. Faire réduire de moitié, puis fouetter en ajoutant 10 g de beurre. Blanchir à l'eau salée 300 g de crosnes. Faire suer 1 échalote ciselée + 10 g de beurre fondu. Ajouter 65 g de champignons de Paris émincés. Cuire 1 mn, puis les crosnes égouttés + sel + poivre. Faire revenir 1 mn. Ajouter du persil ciselé et servir.

400 g de céleri-rave taillé en fins bâtonnets. Rectifier l'assaisonnement et servir.

et rafraîchir. Poêler les fleurettes d'½ brocoli + sel + 2 cl d'huile d'olive. Ajouter de l'eau à mi-hauteur. Cuire jusqu'à évaporation. Mélanger 10 cl de crème liquide + 10 cl de lait + 2 œufs + 1 jaune d'œuf + sel + poivre + muscade râpée. Répartir sur la pâte les légumes + 2 pavés de saumon sans peau en morceaux + le mélange liquide. Parsemer de 25 g d'emmental râpé. Enfourner 30 mn à 200 °C.

absorption du liquide. Poêler 100 g de crevettes crues décortiquées dans 5 cl d'huile d'arachide. Ajouter 2 oignons en dés. Mélanger. Verser 10 cl de crème liquide. Porter à ébullition. Ajouter les carottes et faire réduire. Saler, poivrer. Mélanger et servir aussitôt.

+ 10 cl de lait. Servir bien chaud.

de sirop d'érable. Ajouter 100 g de noix de cajou. Mélanger. Verser sur 1 feuille de papier cuisson, laisser refroidir, concasser et ajouter à la mousse. Répartir dans des ramequins et mettre au frais.

☐ Risotto nature

200 g de riz rond, 5 cl de vin blanc sec, ½ oignon, 30 g de parmesan râpé, 10 g de beurre, 4 cl d'huile d'olive.

☐ Suprêmes de pintade et fricassée de crosnes

4 suprêmes de pintade, 300 g de crosnes, 65 g de champignons de Paris, 2 échalotes, 5 cl de vin rouge, 20 g de beurre, persil, 4 cl d'huile d'olive, sel, poivre.

☐ Céleri rémoulade citronné

400 g de céleri-rave, 1 jaune d'œuf, 10 g de moutarde forte, 10 g de moutarde à l'ancienne, ½ citron, 20 cl d'huile d'arachide, sel, poivre.

☐ Quiche au saumon, pommes de terre et brocoli

1 pâte brisée, 2 pavés de saumon sans peau, 200 g de pommes de terre à chair ferme, ½ brocoli, 10 cl de crème liquide et de lait, 2 œufs, 1 jaune d'œuf, 25 g d'emmental râpé, 5 g de beurre, muscade râpée, 2 cl d'huile d'olive, sel, poivre.

☐ Crevettes à la crème et carottes sucrées-salées

100 g de crevettes crues décortiquées, 10 cl de crème liquide, 1 botte de carottes fanes, 2 oignons, 30 g de beurre, 3 g de sucre, 5 cl d'huile d'arachide, sel, poivre.

☐ Purée de panais

3 panais, 40 g de beurre, 10 cl de lait, sel, poivre.

☐ Mousse au chocolat vegan

200 g de chocolat noir, 35 cl de jus d'1 boîte de pois chiches, 20 g de sucre glace, 100 g de noix de cajou, 5 c. à s. de sirop d'érable.

MARS 2019

Lundi 18

Pommes de terre rôties et farcies

20 mn · 50 mn

Faire rôtir 4 pommes de terre Bintje sur 1 lit de gros sel 45 mn à 180 °C. Les couper en 2 et retirer la chair sans abîmer la peau. Faire bouillir 100 g de beurre + 50 cl de crème liquide. Ajouter la chair des pommes

Mardi 19

Tartare de veau selon Hugo Desnoyer

30 mn

Dégraisser et tailler au couteau 600 g de noix de veau en petit dés. Ajouter de la ciboulette ciselée + 1 échalote + le vert d'1 oignon nouveau émincés + le jus d'1 citron

Mercredi 20

Brouillade d'œufs aux champignons

15 mn · 20 mn

Poêler 300 g de champignons de Paris en lamelles + 2 cl d'huile d'olive. Saler, poivrer. Fouetter 8 œufs + sel + poivre. Faire fondre 40 g de beurre. Ajouter les œufs. Les cuire quelques minutes en mélangeant.

Jeudi 21

Petits roulés ricotta-roquette

15 mn · 15 mn

Tartiner 1 pâte feuilletée de 130 g de ricotta. Ajouter 8 tranches fines de chorizo + 8 feuilles de roquette + du basilic + 30 g de tomme de brebis râpée + poivre. Rouler en serrant bien. Couper des tranches d'1 cm

Vendredi 22

Tajine minute de poisson et de coquillages

15 mn · 10 mn

Dans 1 cocotte, faire suer 1 oignon émincé + 1 cl d'huile d'olive. Ajouter 2 carottes en fines rondelles + 2 c. à c. de ras el-hanout + 1 c. à c. de gingembre moulu

Samedi 23

Céleri-branche fondant comme un risotto

15 mn · 20 mn

Faire fondre 50 g de parmesan râpé dans 50 cl de crème liquide. Saler, poivrer. Ajouter 8 branches de céleri coupées en dés. Laisser mijoter 12 mn. Sur

Dimanche 24

Soupe de fraises gariguette, crumble sablé et émulsion vanille

15 mn · 15 mn

Faire mariner 300 g de fraises gariguette coupées en 2 + 5 cl de vinaigre balsamique + 30 g de sucre. Mettre au frais. Mélanger 30 g de farine, de beurre,

L'atelier des Chefs

LE TRUC DU CHEF

Pour vos plats à base de poisson, pensez au tacaud ! C'est un poisson blanc très fin et peu connu. De plus, l'espèce est abondante dans nos océans, alors on en consomme sans modération !

de terre + 150 g de lardons fumés poêlés + de la ciboulette ciselée + 50 g de brie de Meaux en morceaux + sel + poivre + muscade râpée. Mélanger. Farcir les pommes de terre. Parsemer de 50 g de brie en dés. Faire gratiner 4 mn.

☐ Pommes de terre rôties et farcies

4 pommes de terre Bintje, 150 g de lardons fumés, 100 g de Brie de Meaux, 100 g de beurre, 50 cl de crème liquide, ciboulette, muscade râpée, gros sel, sel, poivre.

---

vert. Mélanger et assaisonner juste avant de servir.

☐ Tartare de veau selon Hugo Desnoyer

600 g de noix de veau, 1 échalote, le vert d'1 oignon nouveau, 1 citron vert, ciboulette, 3 cl d'huile d'olive, fleur de sel, poivre.

Ajouter 3 cl de crème liquide, mélanger, puis ajouter les champignons. Servir avec 4 tranches de pain de campagne grillées, arrosées d'1 cl d'huile, frottées avec 1 gousse d'ail et taillées en bâtonnets. Parsemer de ciboulette ciselée.

☐ Brouillade d'œufs aux champignons

8 œufs, 300 g de champignons de Paris, 40 g de beurre, 3 cl de crème liquide, 4 tranches de pain de campagne, 1 gousse d'ail, ciboulette, 3 cl d'huile d'olive, sel, poivre.

---

et les écraser légèrement entre les mains. Déposer les roulés sur 1 plaque recouverte de papier cuisson. Les dorer avec 1 jaune d'œuf. Enfourner 15 mn à 180 °C. Déguster chaud.

☐ Petits roulés ricotta-roquette

1 pâte feuilletée, 130 g de ricotta, 30 g de tomme de brebis, 8 feuilles de roquette, 8 tranches fines de chorizo, basilic, 1 jaune d'œuf, poivre.

+ de curcuma en poudre + 1 bâton de cannelle. Cuire 2 mn. Déglacer avec 25 g de miel + 100 g d'olives vertes. Verser 30 cl d'eau. Faire s'ouvrir 500 g de moules à couvert avec 1 cl d'huile d'olive. Débarrasser, filtrer le jus. Poêler 3 mn 600 g de filet de tacaud côté peau. Dans la cocotte, ajouter le poisson + les moules décortiquées + le jus des moules. Laisser mijoter 5 mn.

☐ Tajine minute de poisson et de coquillages

600 g de filet de tacaud, 500 g de moules, 2 carottes, 1 oignon, 1 citron confit au sel, 2 c. à c. de ras el-hanout et 1 de gingembre moulu et de curcuma en poudre, 1 bâton de cannelle, 100 g d'olives vertes, 25 g de miel, 2 cl d'huile d'olive, sel, poivre.

---

1 plaque recouverte d'1 feuille de papier cuisson, répartir en petits tas 100 g de parmesan râpé. Enfourner 6 mn à 200 °C. Servir le « risotto » de céleri avec les tuiles de parmesan + de la ciboulette.

☐ Céleri-branche fondant comme un risotto

8 branches de céleri, 150 g de parmesan râpé, 50 cl de crème liquide, ciboulette, sel, poivre.

---

de sucre et d'amandes en poudre. Étaler sur 1 feuille de papier cuisson. Enfourner 15 mn à 200 °C. Laisser refroidir. Mélanger les graines d'½ gousse de vanille + 10 cl de crème liquide entière + 15 g de sucre glace. Verser dans 1 siphon. Servir les fraises avec l'émulsion vanillée + quelques brisures de crumble.

☐ Soupe de fraises gariguette, crumble sablé et émulsion vanille

300 g de fraises gariguette, 60 g de sucre, 30 g de farine, 30 g d'amandes en poudre, 15 g de sucre glace, 30 g de beurre, 10 cl de crème liquide entière, ½ gousse de vanille, 5 cl de vinaigre balsamique.

65

ET AUSSI

Lundi **25**

Poulet sweet and sour

20 mn · 10 mn

Poêler 3 suprêmes de poulet en lamelles + 2 cl d'huile d'arachide. Retirer. Faire sauter 1 oignon rouge émincé + 1 poivron jaune en lanières + les dés d'½ ananas + 1 cl d'huile. Saler. Fouetter 3 cl de sauce soja et de

Mardi **26**

Panna cotta au parmesan et croustillant de jambon de Parme

15 mn · 15 mn · 1 h

Placer 2 tranches de jambon de Parme entre 2 plaques garnies de papier cuisson. Enfourner 10 mn à 180 °C. Ôter la plaque du dessus, laisser sécher et les tailler

Mercredi **27**

Salade fraîche de radis

20 mn

Ôter la tige d'1 botte de radis roses et les couper en 4. Tailler ½ courgette jaune en 2 dans l'épaisseur et émincer en fines lamelles. Couper ½ sucrine en chiffonnade. Prélever le zeste de 30 g de citron

Jeudi **28**

Quiche végétarienne au cumin

25 mn · 50 mn

Cuire à blanc 1 pâte brisée 20 mn à 200 °C. Poêler 3 mn ½ poivron rouge en lanières + 1 carotte en fines rondelles + 100 g de haricots verts coupés en 4 + 3 cl d'huile d'olive + sel + 1 petit verre d'eau. Ajouter

Vendredi **29**

Papillotes de cabillaud aux épinards et aux oignons nouveaux

15 mn · 4 mn

Répartir au centre de 4 carrés de papier cuisson huilés 260 g d'épinards en branches équeutés + 2 oignons nouveaux ciselés + les zestes de 2 citrons + sel

Samedi **30**

Galettes complètes minute

10 mn · 10 mn/galette

Dans une crêpière, faire fondre 5 g de beurre demi-sel. Déposer 1 galette de sarrasin du côté coloré. Parsemer de 50 g de gruyère râpé + 50 g de comté râpé. Poser 1 œuf au centre. Poivrer. Répartir autour de l'œuf

Dimanche **31**

Muffins au chocolat

15 mn · 25 mn

Dans 1 casserole, faire fondre 150 g de beurre + 170 g de sucre. Hors du feu, incorporer 11 g de levure. Dans 1 bol, mélanger 50 g de cacao en poudre non sucré + 300 g de farine. Faire un puits, y casser 2 œufs

L'atelier des Chefs

LE TRUC DU CHEF

Lorsque vous préparez une tarte ou une quiche, rien ne vous empêche d'utiliser une pâte prête à l'emploi. Cependant, pensez toujours à bien la cuire à blanc avant de la garnir.

66

vinaigre de vin blanc + 20 g de ketchup + 20 g de fécule de maïs délayée dans 3 cl de jus d'ananas. Verser sur le poulet +les légumes. Réchauffer. Réhydrater 250 g de nouilles chinoises 6 mn dans de l'eau bouillante. Égoutter. Servir le tout avec 50 g de cacahuètes concassées.

☐ Poulet sweet and sour

3 suprêmes de poulet, 1 poivron jaune, ½ ananas, 1 oignon rouge, 3 cl de sauce soja, de vinaigre de vin blanc et de jus d'ananas, 20 g de ketchup et de fécule de maïs, 250 g de nouilles chinoises, 50 g de cacahuètes concassées, 3 cl d'huile d'arachide, sel.

---

en copeaux. Porter à ébullition 20 cl de crème liquide et de lait + du thym + 60 g de parmesan. Chauffer 4 mn. Ajouter 2 feuilles de gélatine ramollies et égouttées. Poivrer, filtrer et verser dans des verres froids. Mettre 1 h au frais. Servir avec les copeaux de jambon + 2 tranches de pain de campagne toastées et coupées en 2 + du thym.

☐ Panna cotta au parmesan et croustillant de jambon de Parme

20 cl de crème liquide, 20 cl de lait, 60 g de parmesan, 2 feuilles de gélatine, 2 tranches de jambon de Parme, 2 tranches de pain de campagne, thym, poivre.

---

confit au sel et le tailler en julienne. Mélanger le tout + du thym citron + 3 cl d'huile d'olive + 2 cl de vinaigre balsamique blanc + fleur de sel + piment d'Espelette. Servir frais.

☐ Salade fraîche de radis

1 botte de radis roses, ½ courgette jaune, ½ sucrine, thym citron, 30 g de citron confit au sel, 3 cl d'huile d'olive, 2 cl de vinaigre balsamique blanc, piment d'Espelette, fleur de sel.

---

100 g de petits pois surgelés. Cuire jusqu'à absorption du liquide. Fouetter 2 œufs + 1 jaune + sel + poivre + 2 g de cumin moulu. Ajouter 10 cl de crème liquide et de lait. Mélanger. Disposer les légumes sur la pâte. Verser la crème. Enfourner 20 mn à 200 °C. Laisser reposer 5 mn avant de servir.

☐ Quiche végétarienne au cumin

1 pâte brisée, ½ poivron rouge, 100 g de haricots verts, 1 carotte, 100 g de petits pois surgelés, 2 g de cumin moulu, 2 œufs, 1 jaune d'œuf, 10 cl de lait, 10 cl de crème liquide, 3 cl d'huile d'olive, sel, poivre.

+ poivre. Ajouter 4 pavés de cabillaud. Assaisonner et verser 4 cl d'huile d'olive en filet. Fermer hermétiquement les papillotes. Mettre dans 1 plat et cuire 3 à 4 mn au four à micro-ondes à puissance maximale. Servir avec la crème fraîche.

☐ Papillotes de cabillaud aux épinards et aux oignons nouveaux

4 pavés de cabillaud, 260 g d'épinards en branches, 2 oignons nouveaux, 2 citrons, 30 g de crème fraîche épaisse, 4 cl d'huile d'olive, sel, poivre.

---

1 tranche de jambon blanc en lanières. Lorsque le blanc est presque cuit, replier les 4 côtés de la galette et cuire jusqu'à ce que le jaune soit juste pris. Répéter l'opération avec 3 autres galettes. Servir avec 200 g de pousses d'épinard assaisonnées de 3 cl d'huile d'olive + 2 cl de vinaigre d'alcool rouge.

☐ Galettes complètes minute

4 galettes de sarrasin, 4 tranches de jambon blanc, 200 g de gruyère râpé, 200 g de comté râpé, 4 œufs, 20 g de beurre demi-sel, 200 g de pousses d'épinard, 3 cl d'huile d'olive, 2 cl de vinaigre d'alcool rouge, sel, poivre.

---

et fouetter en versant 20 cl de lait + le beurre. Incorporer 3 blancs d'œufs montés en neige + 200 g de pépites de chocolat noir. Verser dans des moules à muffins. Enfourner 20 mn à 180 °C. Laisser refroidir avant de déguster.

☐ Muffins au chocolat

200 g de pépites de chocolat noir, 50 g de cacao en poudre non sucré, 300 g de farine, 170 g de sucre, 11 g de levure, 150 g de beurre, 20 cl de lait, 2 œufs, 3 blancs d'œufs.

ET AUSSI

AVRIL 2019

Lundi **1**

Rouleaux de printemps crabe-avocat

15 mn

Verser 1 cl de sauce soja + 2 cl de vinaigre de riz + 6 cl d'huile de sésame sur 250 g de chair de crabe. Mélanger. Arroser 2 avocats en lamelles du jus d'1 citron vert. Tremper 8 galettes de riz moyennes

Mardi **2**

Spaghettis et boulettes de veau, sauce tomate et basilic

20 mn 20 mn

Mélanger 600 g d'épaule de veau hachée + du persil ciselé + 1 oignon + 1 gousse d'ail ciselés + 2 g de paprika et de curry + sel + piment d'Espelette. Faire

Mercredi **3**

Salade de pommes de terre au saumon fumé et sauce aigrelette

15 mn 10 mn

Cuire à l'eau salée 450 g de pommes de terre primeur. Égoutter, laisser tiédir et les couper en fines rondelles. Dans 1 bol, mélanger 10 cl de crème liquide + le zeste

Jeudi **4**

Quiche au brocoli et au jambon cru

20 mn 50 mn 1 h

Sabler 200 g de farine + 100 g de beurre. Ajouter 1 jaune d'œuf + sel + 2 cl d'eau. Mélanger. Mettre au frais 1 h. Foncer 1 moule beurré. Cuire à blanc 20 mn à 200 °C. Poêler 1 brocoli en fleurettes + sel

Vendredi **5**

Darnes de cabillaud au vin jaune, légumes verts et morilles

10 mn 30 mn

Cuire à l'eau bouillante salée 300 g de haricots verts 10 mn + 150 g de pois gourmands 4 mn. Égoutter. Poêler 4 darnes de cabillaud 1 mn/côté + 2 cl d'huile

Samedi **6**

Poêlée de jeunes carottes et céleri-branche

15 mn 20 mn

Effeuiller ½ céleri-branche. Ciseler les feuilles et émincer la branche. Poêler 8 carottes fanes émincées finement dans 5 cl d'huile d'olive. Saler, mélanger, ajouter les

Dimanche **7**

Compotée de pommes au citron et morceaux de fraises

15 mn 20 mn 15 mn

Dans 1 casserole, mettre 4 pommes en morceaux + le jus d'½ citron vert + 10 cl d'eau + 65 g de sucre. Cuire 20 mn. Écraser à la fourchette. Laisser refroidir.

L'atelier des Chefs

LE TRUC DU CHEF

Plutôt que des nems, vous pouvez préparer des rouleaux de printemps. Ils sont en effet plus light, et, en plus, ils peuvent être réalisés à l'avance, puis conservés au frais.

dans de l'eau. Les déposer côté lisse sur 1 plan de travail. Répartir le crabe sur la partie inférieure + les lamelles d'avocat + 30 g de pousses d'alfalfa. Rabattre les côtés et rouler en serrant bien. Servir bien frais coupés en 2 avec 2 cl de nuoc-mâm + de sauce piment + 1 cl de sauce soja + du cerfeuil.

☐ Rouleaux de printemps crabe-avocat

8 galettes de riz moyennes, 250 g de chair de crabe, 2 avocats, 1 citron vert, 2 cl de sauce soja, 6 cl d'huile de sésame, 2 cl de vinaigre de riz, 30 g de pousses d'alfalfa, 2 cl de nuoc-mâm, 2 cl de sauce piment, cerfeuil.

---

des boulettes. Cuire 320 g de spaghettis. Égoutter et ajouter 1 cl d'huile d'olive. Poêler les boulettes dans 2 cl d'huile d'olive. Faire suer 1 oignon ciselé + thym + laurier. Ajouter 4 tomates en morceaux + 100 g de tomates confites. Déglacer avec 3 cl de vin blanc sec + eau. Faire réduire. Ajouter du basilic ciselé + les pâtes + les boulettes. Réchauffer.

☐ Spaghettis et boulettes de veau, sauce tomate et basilic

320 g de spaghettis, 600 g d'épaule de veau hachée, 4 tomates, 2 oignons, 1 gousse d'ail, 100 g de tomates confites, basilic, persil, thym, laurier, 2 g de paprika et de curry, 3 cl de vin blanc sec et d'huile d'olive, piment d'Espelette, sel.

---

et le jus d'½ citron + de l'aneth ciselé + sel + poivre. Dans des assiettes, répartir les pommes de terre en rosace. Arroser de sauce. Déposer au centre 4 tranches de saumon fumé + 100 g de roquette.

☐ Salade de pommes de terre au saumon fumé et sauce aigrelette

450 g de pommes de terre primeur, 4 tranches de saumon fumé, 100 g de roquette, 10 cl de crème liquide, ½ citron, aneth, sel, poivre.

+ 3 cl d'huile d'olive. Ajouter un peu d'eau. Cuire 5 mn jusqu'à évaporation. Mélanger 20 cl de crème liquide + 1 œuf + 1 jaune + sel + poivre + muscade râpée. Sur la pâte cuite, mettre le brocoli + 6 tranches de jambon cru en lanières + 40 g d'emmental râpé + la crème. Enfourner 25 mn à 180 °C.

☐ Quiche au brocoli et au jambon cru

200 g de farine, 100 g de beurre, 40 g d'emmental râpé, 2 jaunes d'œufs, 1 œuf, 6 tranches de jambon cru, 1 brocoli, 20 cl de crème liquide, muscade râpée, 3 cl d'huile d'olive, sel, poivre.

---

d'olive. Mettre dans 1 plat à four + sel + poivre. Enfourner 8 mn à 200 °C. Dans la même poêle, verser 10 cl de vin jaune, faire bouillir, laisser réduire de moitié et ajouter 200 g de morilles décongelées. Cuire 2 mn. Couper le feu et incorporer 40 g de beurre. Poêler les légumes dans 25 g de beurre fondu. Servir avec le poisson + la sauce.

☐ Darnes de cabillaud au vin jaune, légumes verts et morilles

4 darnes de cabillaud, 10 cl de vin jaune, 300 g de haricots verts, 150 g de pois gourmands, 200 g de morilles décongelées, 65 g de beurre, 2 cl d'huile d'olive, sel, poivre.

---

morceaux de céleri, verser de l'eau à mi-hauteur, couvrir et cuire à couvert jusqu'à évaporation. Ajouter de la ciboulette ciselée + les feuilles de céleri

☐ Poêlée de jeunes carottes et céleri-branche

8 carottes fanes, ½ céleri-branche, 5 cl d'huile d'olive, ciboulette, sel.

Ajouter 165 g de fraises gariguette en quartiers. Répartir dans 4 ramequins et décorer avec de la menthe.

☐ Compotée de pommes au citron et morceaux de fraises

4 pommes, 65 g de sucre, ½ citron vert, 165 g de fraises gariguette, menthe.

ET AUSSI

Lundi 8

Risotto au vin rouge, effiloché de canard en persillade

30 mn 30 mn

Mélanger 1 gousse d'ail hachée + du persil ciselé + ½ oignon émincé + la chair de 2 cuisses de canard confites effilochées. Dans 1 casserole, colorer le confit

Mardi 9

Houmous de betterave, feta et grenade

15 mn

Mixer 170 g de pois chiches en boîte égouttés + ½ betterave cuite en dés + 10 g de tahin + 1 gousse d'ail pelée + le jus d'½ citron + 3 cl d'huile d'olive. Saler.

Mercredi 10

Salade de gambas au sumac

20 mn 5 mn

Mélanger 12 gambas décongelées décortiquées + 3 cl d'huile d'olive + sel + piment d'Espelette. Mettre au frais. Mélanger 130 g de tomates cerises en 4 + 1 concombre en dés + 65 g de radis roses en lamelles

Jeudi 11

Pizza San Daniele

15 mn 15 mn

Étaler 100 g de purée de tomates sur 1 pâte à pizza. Répartir 10 tomates cerises en rondelles + 100 g de jambon cru italien en morceaux + 1 cl d'huile d'olive en filet. Saler, poivrer. Ajouter 1 mozzarella di Bufala

Vendredi 12

Noix de Saint-Jacques poêlées, purée de panais à la vanille et jus d'agrumes

20 mn 25 mn

Faire réduire 10 cl de jus de pamplemousse + de carotte + de raisin + d'orange. Ajouter 5 g de beurre. Faire suer ½ oignon émincé + 1 cl d'huile d'olive. Ajouter 165 g de

Samedi 13

Carottes multicolores glacées, crème de sésame

15 mn 35 mn

Mélanger 2 carottes + 2 carottes violettes taillées en 2 dans la longueur + 1 cl d'huile d'olive + 1 c. à c. de curcuma. Enfourner 20 mn à 200 °C, puis les poêler

Dimanche 14

Angel cake

20 mn 30 mn

Tamiser 50 g de farine + 60 g de sucre. Monter en neige ferme 5 blancs d'œufs + 1 g de crème de tartre + sel + 2 gouttes d'arôme vanille et en ajoutant 60 g de sucre au fur et à mesure. Incorporer le mélange

L'atelier des Chefs

LE TRUC DU CHEF

Pensez au sumac pour assaisonner vos plats. Avec ses arômes acidulés et fruités, c'est une épice qui se marie très bien avec les crustacés et le poisson.

70

+ 2 cl d'huile d'olive + la persillade + poivre. Faire suer ½ oignon émincé + 2 gousses d'ail en chemise + sel + 2 cl d'huile d'olive. Ajouter 200 g de riz Arborio, le nacrer et déglacer avec 10 cl de vin rouge + 65 cl de bouillon de volaille au fur et à mesure, puis 30 g de beurre et de parmesan râpé + sel + piment d'Espelette. Servir avec le confit de canard en persillade.

☐ Risotto au vin rouge, effiloché de canard en persillade

200 g de riz Arborio, 10 cl de vin rouge, 2 cuisses de canard confites, 1 oignon, 3 gousses d'ail, persil, 30 g de beurre et de parmesan râpé, 65 cl de bouillon de volaille, 4 cl d'huile d'olive, piment d'Espelette, sel, poivre.

Enfourner 4 pains pita à 200 °C pour les griller légèrement. Couper les pains en lamelles. Servir avec le houmous + 130 g de feta en dés + les graines d'½ grenade + de la coriandre ciselée.

☐ Houmous de betterave, feta et grenade

½ betterave cuite, 130 g de feta, ½ grenade, ½ citron, 1 gousse d'ail, 170 g de pois chiches en boîte, 10 g de tahin, coriandre, 4 pains pita, 3 cl d'huile d'olive, sel.

+ 2 oignons nouveaux émincés + du persil et de la menthe ciselés. Verser 3 cl de jus de citron + 2 cl d'huile d'olive + 2 gousses d'ail hachées + 2 g de sumac + sel + 2 g de poivre de Jamaïque. Mélanger et servir avec les gambas poêlées 1 mn/côté + 200 g de mâche.

☐ Salade de gambas au sumac

12 gambas décongelées décortiquées, 200 g de mâche, 130 g de tomates cerises, 1 concombre, 65 g de radis roses, 2 oignons nouveaux, 2 gousses d'ail, persil, menthe, 3 g de sumac, 2 g de poivre de Jamaïque, 5 cl d'huile d'olive, 3 cl de jus de citron, piment d'Espelette, sel.

tranchée + du basilic ciselé. Enfourner 15 mn à 210 °C. Parsemer de 30 g de roquette et servir.

☐ Pizza San Daniele

1 pâte à pizza, 100 g de purée de tomates, 10 tomates cerises, 100 g de jambon cru italien, 1 mozzarella di Bufala, 30 g de roquette, basilic, 1 cl d'huile d'olive, fleur de sel, poivre.

panais émincés + 10 cl de crème liquide + 1 verre d'eau + ½ gousse de vanille grattée + ses graines. Cuire 20 mn. Mixer. Poêler 2 mn/côté 12 noix de Saint-Jacques + 1 cl d'huile d'olive. Saler, poivrer et ajouter 5 g de beurre. Servir la purée de panais à la vanille + les noix de Saint-Jacques + le jus d'agrumes.

☐ Noix de Saint-Jacques poêlées, purée de panais à la vanille et jus d'agrumes

12 noix de Saint-Jacques, 165 g de panais, ½ oignon, 10 cl de crème liquide, ½ gousse de vanille, 10 cl de jus de pamplemousse, de carotte, de raisin, d'orange, 10 g de beurre, 2 cl d'huile d'olive, sel, poivre.

avec 20 g de beurre fondu. Mélanger 20 g de noix de cajou et de noisettes + 30 g de flocons d'avoine + 3 cl d'huile d'olive + 2 c. à c. de curry + fleur de sel. Étaler sur 1 plaque. Enfourner 15 mn. Mixer 30 g de tahin + le jus d'1 citron + 200 g de yaourt à la grecque. Saler. Napper les carottes de sauce + de granola émietté.

☐ Carottes multicolores glacées, crème de sésame

2 carottes, 2 carottes violettes, 2 c. à c. de curry et 1 de curcuma, 200 g de yaourt à la grecque, 20 g de beurre, 30 g de flocons d'avoine, 20 g de noix de cajou et de noisettes, 30 g de tahin, 1 citron, 4 cl d'huile d'olive, fleur de sel.

farine-sucre. Verser dans 1 moule cheminée à bords très hauts non graissé. Enfourner 25-30 mn à 190 °C. Démouler sur 1 assiette. Laisser refroidir complètement avant de servir.

☐ Angel cake

120 g de sucre, 50 g de farine, 5 blancs d'œufs, 1 g de crème de tartre, 2 gouttes d'arôme vanille, sel.

ET AUSSI

L'atelier des Chefs

LE TRUC DU CHEF

Pour réussir parfaitement la cuisson de vos viandes, pensez à utiliser une sonde. Elle vous permet en effet de mesurer la température au cœur des aliments très facilement.

Lundi 15

Spaghettinis aux palourdes et au chorizo

30 mn · 20 mn

Cuire 320 g de spaghettinis. Égoutter et verser 1 cl d'huile d'olive. Dans 1 wok, faire suer ½ branche de céleri en dés + 1 échalote ciselée + 40 g de chorizo

Mardi 16

Rôti de dindonneau aux agrumes

20 mn · 55 mn

Prélever les segments + le jus de 2 oranges + 2 pamplemousses pelés. Dans 1 cocotte, colorer 500 g de rôti de dindonneau 2 mn + 3 cl d'huile d'olive. Ajouter 30 g de beurre + 2 échalotes ciselées + ail

Mercredi 17

Poulet parmigiana

20 mn · 30 mn

Poêler 4 suprêmes de volaille + sel + poivre dans 2 cl d'huile d'olive. Faire de même avec 1 aubergine taillée en tranches fines ainsi que 2 courgettes en fines rondelles. Enfourner la viande 20 mn à 200 °C. Répartir

Jeudi 18

Gratin de pommes de terre et de céleri-rave

20 mn · 1 h

Dans 1 casserole, porter à ébullition 30 cl de lait + 20 cl de crème liquide + ail + thym + laurier + sel + poivre. Ajouter 150 g de céleri-rave en lamelles. Cuire

Vendredi 19

Pavés de merlu à la provençale, polenta aux herbes et aux olives

10 mn · 20 mn

Dans 1 casserole, porter à ébullition 60 cl de lait + sel. Verser 120 g de polenta précuite et fouetter jusqu'à épaississement. Hors du feu, ajouter 10 cl de crème

Samedi 20

Croques mozzarella et bresaola

20 mn · 10 mn

Répartir dans 7 bacs d'eau glacée salée ½ carotte, ½ fenouil, ½ navet, ½ carotte jaune, ½ carotte violette, 4 radis rose + ½ radis noir émincés. Recouvrir 4 tranches de pain de mie de 160 g de mozzarella + 100 g de

Dimanche 21

Pâques

Mousse de fraises à la menthe

20 mn · 5 mn · 4 h

Couper en petits morceaux 250 g de fraises. Mixer avec des feuilles de menthe. Verser dans 1 casserole + 60 g de sucre et laisser cuire. Hors du feu, ajouter 3 feuilles de gélatine ramollies et essorées. Mélanger

fort en brunoise + thym dans 2 cl d'huile d'olive. Ajouter et faire s'ouvrir à couvert 400 g de palourdes + 5 cl de vin blanc sec + sel + piment d'Espelette. Ajouter 80 g de mascarpone + les pâtes. Réchauffer et servir avec de la sauge ciselée.

☐ Spaghettinis aux palourdes et au chorizo

320 g de spaghettinis, 400 g de palourdes, 40 g de chorizo fort, ½ branche de céleri, 1 échalote, sauge, thym, 80 g de mascarpone, 5 cl de vin blanc sec, 3 cl d'huile d'olive, piment d'Espelette, sel.

+ thym + laurier + sel. Déglacer avec 5 cl de vin blanc sec. Faire réduire. Ajouter le jus et les segments d'agrumes. Couvrir et enfourner 50 mn à 180 °C. Dans 1 poêle, caraméliser 40 g de sucre. Déglacer avec 4 cl de vinaigre de vin rouge. Ajouter les jus et zestes de 2 oranges. Laisser réduire. Ajouter 10 cl de fond de veau et réchauffer.

☐ Rôti de dindonneau aux agrumes

500 g de rôti de dindonneau, 4 oranges, 2 pamplemousses, 2 échalotes, ail, thym, laurier, 30 g de beurre, 40 g de sucre, 10 cl de fond de veau, 5 cl de vin blanc sec, 4 cl de vinaigre de vin rouge, 3 cl d'huile d'olive, sel.

---

dessus les lamelles d'aubergines + 100 g de mozzarella tranchée + 50 g de parmesan râpé. Faire gratiner 5 mn. Servir avec les courgettes + du basilic ciselé.

☐ Poulet parmigiana

4 suprêmes de volaille, 50 g de parmesan râpé, 100 g de mozzarella, 2 courgettes, 1 aubergine, basilic, 6 cl d'huile d'olive, sel, poivre

---

10 mn. Égoutter en gardant la sauce. Cuire 650 g de pommes de terre à chair fondante en lamelles 10 mn dans la même sauce. Égoutter. Monter les légumes en alternance dans 4 moules individuels. Verser un peu de sauce + 20 g de parmesan râpé. Enfourner 40 mn à 180 °C.

☐ Gratin de pommes de terre et de céleri-rave

650 g de pommes de terre à chair fondante, 150 g de céleri-rave, 30 cl de lait, 20 cl de crème liquide, 20 g de parmesan râpé, ail, thym, laurier, sel, poivre.

---

liquide + du persil + de la ciboulette ciselés + 100 g d'olives noires coupées en 4. Saler et poivrer. Réchauffer 400 g de pavés de merlu à la provençale selon les instructions du paquet. Servir avec la polenta.

☐ Pavés de merlu à la provençale, polenta aux herbes et aux olives

400 g de merlu à la provençale, 120 g de polenta précuite, 60 cl de lait, 10 cl de crème liquide, 100 g d'olives noires, persil, ciboulette, sel, poivre.

---

bresaola tranchés + 4 tranches de pain de mie. Les poêler 5 mn/côté dans 20 g de beurre fondu. Les couper en 2 triangles. Servir avec les légumes égouttés + 320 g de mesclun + 12 tomates cerises en 4 + 2 cl de vinaigre de framboise + 5 cl d'huile d'olive.

☐ Croques mozzarella et bresaola

8 tranches de pain de mie, 160 g de mozzarella, 100 g de bresaola, ½ carotte, ½ fenouil, ½ navet, ½ carotte jaune, ½ carotte violette, 4 radis roses, ½ radis noir, 320 g de mesclun, 12 tomates cerises, 5 cl d'huile d'olive, 2 cl de vinaigre de framboise, 20 g de beurre.

---

et laisser refroidir avant d'incorporer 20 cl de crème liquide entière montée en chantilly. Répartir dans 4 verrines et mettre au frais 4 h minimum.

☐ Mousse de fraises à la menthe

250 g de fraises, menthe, 60 g de sucre, 3 feuilles de gélatine, 20 cl de crème liquide entière.

Lundi 22 — Lundi de Pâques

Risotto aux gambas, citronnelle et lait de coco

15 mn · 35 mn

Faire suer 1 mn ½ oignon ciselé + 5 g de bâton de citronnelle émincée + sel dans 1 cl d'huile d'olive. Ajouter 200 g de riz Carnaroli et le nacrer. Déglacer

Mardi 23

Porc au caramel chinois

15 mn · 1 h · 20 mn

Faire mariner 20 mn 400 g d'échine de porc en lamelles + 5 cl de nuoc-mâm + 4 cl de sauce soja + 5 g de gingembre frais râpé + 2 cl d'huile d'arachide + 1 gousse d'ail hachée + 3 g de mélange 5 épices + ½ oignon

Mercredi 24

Velouté de petits pois frais et croûtons à la mimolette

20 mn · 20 mn

Dans 1 cocotte, faire suer 2 oignons nouveaux émincés + sel + poivre dans 2 cl d'huile d'olive. Ajouter 600 g de petits pois frais écossés + 50 cl de bouillon de

Jeudi 25

Quiche rouge et salade de mâche

20 mn · 40 mn

Cuire à blanc 1 pâte brisée 10 mn à 180 °C. Cuire 10 mn à l'eau bouillante salée 2 poivrons rouges en lanières. Égoutter et mixer. Fouetter 2 œufs + 1 jaune + le coulis de poivrons + 15 cl de lait + 10 cl de crème

Vendredi 26

Pavés de cabillaud en vapeur de couscous

20 mn · 20 mn

Faire suer 1 mn ½ oignon émincé + 3 cl d'huile d'olive. Ajouter 1 carotte en lamelles + sel. Cuire 2 mn en mélangeant. Ajouter 1 navet en cubes + laurier

Samedi 27

Mini-tomates farcies au crabe

25 mn

Réaliser 1 mayonnaise avec 5 g de moutarde forte + 1 jaune d'œuf + 15 cl d'huile d'arachide en filet. Saler, poivrer et ajouter le jus d'½ citron. Mettre au frais. Couper le chapeau de 8 tomates cocktail de 50 g, les

Dimanche 28

Flan pâtissier à la noix de coco

20 mn · 45 mn · 2 h

Foncer 1 moule à tarte beurré avec 150 g de pâte feuilletée. Mettre au frais. Porter à ébullition 40 cl de lait de coco non sucré + 30 cl de crème liquide + 1 gousse de vanille fendue et grattée. Mélanger

L'atelier des Chefs

LE TRUC DU CHEF

Le piment d'Espelette est idéal pour relever vos plats avec subtilité. Plus doux que le piment de Cayenne, il se marie notamment très bien avec l'acidité de la tomate.

avec 5 cl de vin blanc sec, puis ajouter 10 cl de lait de coco non sucré + 50 cl d'eau petit à petit, puis 20 g de beurre et de parmesan râpé + de la coriandre ciselée. Poêler 3 mn 16 gambas décongelées décortiquées dans 1 cl d'huile d'olive + fleur de sel + poivre. Servir chaud.

☐ Risotto aux gambas, citronnelle et lait de coco

200 g de riz Carnaroli, 16 gambas décongelées décortiquées, ½ oignon, 5 g de bâton de citronnelle, coriandre, 20 g de beurre, 20 g de parmesan râpé, 10 cl de lait de coco non sucré, 5 cl de vin blanc sec, 2 cl d'huile d'olive, fleur de sel, poivre.

émincé. Dans 1 cocotte, faire suer ½ oignon émincé + 1 cl d'huile d'arachide. Ajouter et saisir la viande. Dans 1 casserole, faire caraméliser 65 g de sucre + 2 cl d'eau. Verser sur la viande, mélanger, ajouter 30 cl d'eau. Faire mijoter 1 h. Servir aussitôt.

☐ Porc au caramel chinois

400 g d'échine de porc, 5 cl de nuoc-mâm, 4 cl de sauce soja, 3 g de mélange 5 épices, 65 g de sucre, 1 oignon, 1 gousse d'ail, 5 g de gingembre frais, 3 cl d'huile d'arachide, sel, poivre.

volaille. Cuire 15 mn. Ajouter 10 cl de crème liquide. Porter à ébullition, mixer et filtrer. Servir avec 2 tranches de pain de mie dorées et taillées en dés + 50 g de mimolette vieille en copeaux.

☐ Velouté de petits pois frais et croûtons à la mimolette

600 g de petits pois frais écossés, 2 oignons nouveaux, 50 cl de bouillon de volaille, 10 cl de crème liquide, 2 tranches de pain de mie, 50 g de mimolette vieille, 2 cl d'huile d'olive, sel, poivre.

liquide + sel + poivre. Verser sur la pâte + 15 pétales de tomates confites. Enfourner 10 mn à 180 °C. Répartir 100 g de tomates cerises en les enfonçant. Cuire 8 mn. Servir avec 150 g de mâche assaisonnée de 2 cl de vinaigre de Xérès + 5 cl d'huile d'olive.

☐ Quiche rouge et salade de mâche

1 pâte brisée, 2 poivrons rouges, 100 g de tomates cerises, 15 pétales de tomates confites, 150 g de mâche, 2 œufs, 1 jaune d'œuf, 15 cl de lait, 10 cl de crème liquide, 5 cl d'huile d'olive, 2 cl de vinaigre de Xérès, sel, poivre.

+ 1 gousse d'ail écrasée + sel. Cuire 1 mn, puis 3 g de concentré de tomates + 2 g de ras el-hanout et de graines de cumin. Mélanger. Verser de l'eau à hauteur. Faire bouillir, couvrir, cuire 5 mn. Ajouter 1 courgette en dés, porter à ébullition et cuire 4 pavés de cabillaud 8 mn avec la vapeur. Servir avec 200 g de semoule moyenne gonflée à l'eau bouillante + 2 cl d'huile d'olive.

☐ Pavés de cabillaud en vapeur de couscous

4 pavés de cabillaud, 200 g de semoule moyenne, 1 courgette, 1 carotte, 1 navet, ½ oignon, 1 gousse d'ail, laurier, 3 g de concentré de tomates, 2 g de ras el-hanout, 2 g de graines de cumin, 5 cl d'huile d'olive, sel.

évider et les faire dégorger tête en bas sur du papier absorbant. Mélanger 100 g de chair de crabe + la mayonnaise + 1 avocat en dés + 1 blanc d'oignon nouveau émincé + de la ciboulette ciselée. Farcir les tomates et servir.

☐ Mini-tomates farcies au crabe

8 tomates cocktail de 50 g, 100 g de chair de crabe, 5 g de moutarde forte, 1 jaune d'œuf, ½ citron, 1 avocat, 1 blanc d'oignon nouveau, ciboulette, 15 cl d'huile d'arachide, sel, poivre.

5 œufs + 150 g de sucre + 60 g de noix de coco râpée + 120 g de fécule de maïs + le lait bouillant. Remettre à cuire 2 mn en remuant jusqu'à épaississement. Verser sur la pâte. Enfourner 40 mn à 180 °C. Servir froid.

☐ Flan pâtissier à la noix de coco

150 g de pâte feuilletée, 60 g de noix de coco râpée, 40 cl de lait de coco non sucré, 30 cl de crème liquide, 5 œufs, 150 g de sucre, 120 g de fécule de maïs, 1 gousse de vanille, 20 g de beurre.

Lundi 29

Truites grillées aux aromates

15 mn 15 mn

Écailler et vider 4 truites, puis les saler et les poivrer. Les farcir avec 1 gousse d'ail écrasée + du thym + du laurier. Cuire au barbecue 7-8 mn/côté, pour que la

Mardi 30

Poulet rôti fumé

15 mn 20 mn

Badigeonner 1 poulet blanc de 1,3 kg avec 2 cl d'huile d'olive. Le farcir avec 150 g de lardons + 2 feuilles de laurier. Poivrer. Le déposer dans 1 plat, saler et cuire 20 mn en

Mercredi 1

Fête du Travail

Médaillons de veau au miel et printanière de légumes

20 mn 10 mn

Colorer 4 médaillons de veau dans 20 g de beurre fondu, puis poêler 2 mn/côté. Retirer. Faire suer 1 oignon ciselé + sel. Ajouter 1 c. à s. de miel, faire

Jeudi 2

Quiche aux tomates cerises et à la ricotta

15 mn 45 mn

Foncer 1 moule beurré avec 1 pâte brisée. Cuire à blanc 20 mn à 200 °C. Poêler 1 mn 200 g de lardons fumés. Mélanger 15 cl de crème liquide + 65 g de ricotta

Vendredi 3

Crunchy gambas, pois chiches sautés et houmous de fèves

20 mn 20 mn

Cuire 3 mn à l'eau bouillante salée 250 g de fèves écossées surgelées. Égoutter, rafraîchir et mixer avec 1 gousse d'ail pelée + le jus d'1 citron + 25 g de tahin

Samedi 4

Macédoine de légumes

25 mn 10 mn

Couper 400 g de navet long + 300 g de céleri-rave + 2 carottes en petits dés + 130 g de haricots verts en tronçons d'1 cm. Cuire à l'eau bouillante salée les carottes + navets 1 mn, ajouter le céleri + les haricots

Dimanche 5

Cheesecake à la fraise

15 mn 5 mn 3 h

Placer 4 cercles en inox autour de 4 sablés au chocolat au lait. Répartir sur les parois 165 g de fraises coupées en 4 et couper le reste en dés. Porter à ébullition 6 cl d'eau + 50 g de sucre + le zeste et jus d'½ citron. Hors

L'atelier des Chefs

LE TRUC DU CHEF

Grand classique de la cuisine française, la macédoine de légumes se décline facilement au gré des saisons. En plus de varier les goûts, cette habitude permet de préserver la planète !

chair reste moelleuse.

☐ **Truites grillées aux aromates**

4 truites, 1 gousse d'ail, thym, laurier, sel, poivre.

mode Crisp. Dégraisser le jus de poulet avant de servir.

☐ **Poulet rôti fumé**

1 poulet blanc de 1,3 kg, 150 g de lardons, 2 feuilles de laurier, 2 cl d'huile d'olive, sel, poivre.

caraméliser, puis 2 cl de vinaigre de framboise et laisser réduire. Ajouter a viande, réchauffer 5 mn. Servir avec 2 boîtes de printanière de égumes réchauffées + de la menthe hachée.

☐ **Médaillons de veau au miel et printanière de légumes**

4 médaillons de veau, 2 boîtes de printanière de légumes, 1 oignon, 1 c. à s. de miel, menthe, 20 g de beurre, 2 cl de vinaigre de framboise, sel, poivre.

+ 1 œuf + 1 jaune + sel + poivre + muscade râpée. Sur la pâte cuite, disposer les lardons + 200 g de tomates cerises coupées en 2 + 25 g d'emmental râpé. Verser l'appareil à flan. Enfourner 25 mn à 180 °C.

☐ **Quiche aux tomates cerises et à la ricotta**

1 pâte brisée, 200 g de tomates cerises, 200 g de lardons fumés, 65 g de ricotta, 15 cl de crème liquide, 1 œuf, 1 jaune d'œuf, 25 g d'emmental râpé, 5 g de beurre, muscade râpée, sel, poivre.

+ 25 cl d'huile d'olive. Poêler 250 g de pois chiches en boîte égouttés + 1 cl d'huile d'olive 5 mn + 200 g de pousses d'épinard. Cuire 5 mn. Saler et pimenter. Tailler 4 feuilles de brick en bandes de 6 cm. Entourer 16 gambas décortiquées et les poêler 2 mn/face. Arroser du jus d'1 citron vert. Servir avec les pois chiches + le houmous + de la coriandre.

☐ **Crunchy gambas, pois chiches sautés et houmous de fèves**

4 feuilles de brick, 16 gambas décortiquées, 250 g de pois chiches en boîte et de fèves écossées surgelées, 200 g de pousses d'épinard, 1 gousse d'ail, 1 citron, 1 citron vert, 25 g de tahin, coriandre, 26 cl d'huile d'olive, piment d'Espelette, sel.

verts, cuire 2 mn, puis ajouter 130 g de petits pois frais écossés. Cuire 4 mn, égoutter et rafraîchir. Monter en mayonnaise 1 jaune d'œuf + 5 g de moutarde + sel + poivre + 10 cl d'huile de tournesol en filet. Ajouter les légumes et mélanger.

☐ **Macédoine de légumes**

400 de navet long, 300 g de céleri-rave, 130 g de haricots verts, 130 g de petits pois frais écossés, 2 carottes, 1 jaune d'œuf, 5 g de moutarde, 10 cl d'huile de tournesol, sel, poivre.

du feu, incorporer 1 feuille de gélatine ramollie et essorée. Verser sur 400 g de fromage à la crème + les dés de fraises. Répartir dans les cercles. Mettre au frais 3 h.

☐ **Cheesecake à la fraise**

165 g de fraises, 4 sablés au chocolat au lait, 400 g de fromage à la crème, 50 g de sucre, 1 feuille de gélatine, ½ citron.

ET AUSSI

Lundi **6**

Riz sauté aux légumes et aux lardons

10 mn 30 mn

Cuire dans 30 cl d'eau salée 200 g de riz basmat 15 mn à couvert jusqu'à absorption de l'eau. Ébouillante 5 mn 100 g de petits pois surgelés. Égoutter et rafraîchir Poêler 100 g de lardons 2 mn, ajouter ½ oignon e

Mardi **7**

Wok de bœuf au sésame, légumes de saison

20 mn 10 mn

Dans 1 wok, saisir 4 pavés de bœuf en lamelles de 2 cm d'épaisseur + 2 cl d'huile d'olive. Retirer. Ajoute 2 carottes en lanières + le blanc d'½ botte d'oignons

Mercredi **8**

Victoire de 1945

Salade de lentilles, courgettes grillées et feta à la menthe

10 mn 40 mn

Cuire 240 g de lentilles vertes à l'eau 30 mn après ébullition. Égoutter et rincer. Poêler ½ carotte + 2 branches de céleri ciselées dans 2 cl d'huile d'olive

Jeudi **9**

Burgers de poulet grillé à l'avocat, salade de tomates cerises

20 mn 15 mn

Poêler 2 filets de poulet + 2 cl d'huile d'olive. Enfourner 10 mn à 200 °C et les trancher. Mélanger 2 avocats écrasés + le jus d'½ citron + 65 g de crème fraîche

Vendredi **10**

Pavés de cabillaud braisés, petits légumes et orge perlé

20 mn 40 mn 15 mn

Tremper 200 g d'orge perlé 15 mn dans de l'eau. Égoutter et cuire à l'eau salée 20 mn. Égoutter et ajouter 1 cl d'huile d'olive + de la coriandre ciselée.

Samedi **11**

Verrines de légumes façon thaï

20 mn 5 mn

Mixer ½ branche de citronnelle + ½ piment oiseau + 5 g de miel + 2 cl d'huile de sésame + 2 cl de sauce soja. Filtrer et ajouter le zeste et jus d'½ citron vert. Dans 1 wok, faire sauter 2 mn 130 g de pois gourmands

Dimanche **12**

Salade de fruits frais au basilic

15 mn

Mélanger 2 pêches + 2 abricots + 130 g de fraises coupés en petits dés + 65 g de framboises + 65 g de cerises coupées en 2 + du basilic ciselé + 10 cl de jus

L'atelier des Chefs

LE TRUC DU CHEF

Pour que vos lentilles soient bien fondantes, pensez à ne les saler qu'en fin de cuisson. Sinon, elles resteront dures.

78

½ poivron rouge émincés + sel + poivre. Cuire 3 mn. Ajouter ½ courgette en dés, cuire 2 mn et incorporer le riz + les petits pois. Réchauffer et servir.

☐ **Riz sauté aux légumes et aux lardons**

200 g de riz basmati, 100 g de petits pois surgelés, ½ courgette, ½ poivron rouge, ½ oignon, 100 g de lardons, sel, poivre.

nouveaux émincés + 1 verre d'eau. Saler, poivrer, couvrir et cuire 2 mn. Ajouter 130 g de pousses de soja + 65 g de pois gourmands + sel. Cuire 3 mn. Ajouter 5 g de graines de sésame blanc + le bœuf. Ôter du feu. Assaisonner de fleur de sel + 2 cl d'huile de sésame. Servir avec les pétales de 2 fleurs de capucine.

☐ **Wok de bœuf au sésame, légumes de saison**

4 pavés de bœuf, 5 g de graines de sésame blanc, 130 g de pousses de soja, 65 g de pois gourmands, 2 carottes, ½ botte d'oignons nouveaux, 2 cl d'huile de sésame, 2 cl d'huile d'olive, 2 fleurs de capucine, sel, fleur de sel, poivre.

Ajouter aux lentilles + fleur de sel + poivre + le zeste et jus d'½ citron. Faire griller 2 courgettes coupées en lamelles de 5 mm et huilées. Servir avec les lentilles + 200 g de feta émiettée + de la menthe ciselée.

☐ **Salade de lentilles, courgettes grillées et feta à la menthe**

240 g de lentilles vertes, 2 courgettes, ½ carotte, 2 branches de céleri, ½ citron, 200 g de feta, menthe, 5 cl d'huile d'olive, fleur de sel, poivre.

+ 25 g de moutarde Savora + 2 cl d'huile d'olive + sel + poivre. Toaster 4 pains à hamburger coupés en 2. Répartir 4 c. de sauce + 130 g de sucrine en chiffonnade + le poulet + ½ concombre en rondelles + 4 tranches de cheddar rouge. Servir avec 20 tomates cerises coupées en 2 + 2 cl de réduction de vinaigre balsamique + 1 cl d'huile d'olive.

☐ **Burgers de poulet grillé à l'avocat, salade de tomates cerises**

4 pains à hamburger, 2 filets de poulet, 2 avocats, 5 cl d'huile d'olive, 130 g de sucrine, ½ concombre, 20 tomates cerises, ½ citron, 65 g de crème fraîche, 4 tranches de cheddar rouge, 25 g de moutarde Savora, 2 cl de réduction de vinaigre balsamique, sel, poivre.

Poêler ½ botte de carottes fanes coupées en biseaux + 8 mini-navets en 4 + 20 g de beurre fondu. Ajouter sel + ½ c. à c. de sucre + 25 cl d'eau. Couvrir d'1 rond de papier cuisson et cuire jusqu'à absorption de l'eau. Poêler 4 pavés de cabillaud + 20 g de beurre demi-sel fondu. Verser 20 cl de bouillon de légumes chaud, cuire 5 mn et servir avec l'orge.

☐ **Pavés de cabillaud braisés, petits légumes et orge perlé**

4 pavés de cabillaud, ½ botte de carottes fanes, 8 mini-navets, 200 g d'orge perlé, 20 g de beurre, 20 g de beurre demi-sel, 20 cl de bouillon de légumes, ½ c. à c. de sucre, coriandre, 1 cl d'huile d'olive, sel.

coupés en biseaux + 2 cl d'huile d'arachide. Ajouter 130 g de pousses de soja + 10 radis roses + 100 g de tomates cerises coupées en 4 + la sauce. Cuire 2 mn. Verser dans des verrines. Parsemer de 10 g de graines de sésame dorées.

☐ **Verrines de légumes façon thaï**

130 g de pois gourmands, 130 g de pousses de soja, 100 g de tomates cerises, 10 radis roses, ½ citron vert, ½ branche de citronnelle, ½ piment oiseau, 2 cl d'huile d'arachide, 10 g de graines de sésame dorées, 5 g de miel, 2 cl d'huile de sésame, 2 cl de sauce soja, sel, poivre.

d'orange. Servir bien frais.

☐ **Salade de fruits frais au basilic**

2 pêches, 2 abricots, 130 g de fraises, 65 g de framboises, 65 g de cerises, 10 cl de jus d'orange, basilic.

MAI 2019

Lundi **13**

Pastasotto aux tomates cerises

15 mn 20 mn

Faire suer le blanc de 4 oignons nouveaux émincés + 2 cl d'huile d'olive + sel + thym + romarin. Ajouter 400 g de farfalles, les nacrer 2 mn. Déglacer avec 10 cl de vin blanc sec, cuire 2 mn, verser 60 cl d'eau

Mardi **14**

Boulettes de veau au persil

20 mn 20 mn

Faire suer le blanc de 2 oignons nouveaux en morceaux + sel + 2 cl d'huile d'olive. Ajouter 12 tomates cerises coupées en 4 + 20 g de sucre. Cuire 2 mn. Ajouter 400 g de petits pois frais écossés + ½ botte de carottes

Mercredi **15**

Salade de pommes de terre *prima verde*

20 mn 25 mn

Cuire 650 g de pommes de terre à chair ferme en morceaux 12 mn dans de l'eau bouillante salée. Laisser tiédir. Cuire 8 mn à l'eau salée ½ botte d'asperges

Jeudi **16**

Castellanes en salade aux légumes de printemps

20 mn 20 mn

Mariner le blanc de 4 oignons nouveaux + 2 gousses d'ail émincés dans 5 cl d'huile d'olive + le jus et zeste d'½ citron vert. Cuire 400 g de castellanes 12 mn dans

Vendredi **17**

Filets de sole à l'estragon

20 mn 15 mn

Faire sauter 2 courgettes en brunoise dans 3 cl d'huile d'olive. Ajouter 265 g de tomates cerises coupées en 4. Saler, poivrer. Déposer quelques feuilles d'estragon sur 12 filets de sole. Rouler et fermer avec un cure-dents.

Samedi **18**

Salade de pommes de terre printanière, sauce au yaourt

20 mn 15 mn

Couper en morceaux réguliers 500 g de pommes de terre primeur lavées. Les cuire à l'eau salée 15 mn dès reprise de l'ébullition. Laisser tiédir. Dans 1 bol, mélanger

Dimanche **19**

Fraises à la confiture de lait façon « dulce de leche »

20 mn 2 h 15

Dans 1 grande casserole, porter à ébullition 50 cl d'eau + 250 g de sucre + 40 g de lait en poudre + 1 gousse de vanille fendue en 2 et grattée. Laisser frémir 2 h 15

LE TRUC DU CHEF

Pour rehausser le goût de toutes vos sauces tomates, vous pouvez y incorporer de la purée de tomates confites en cours de cuisson.

80

et cuire 9 mn. Ôter thym + romarin. Ajouter 165 g de tomates cerises coupées en 4. Cuire 3 mn. Servir avec 65 g de parmesan en copeaux + le vert des oignons ciselé + fleur de sel + piment d'Espelette.

☐ Pastasotto aux tomates cerises

400 g de farfalles, 165 g de tomates cerises, 4 oignons nouveaux, 10 cl de vin blanc sec, 65 g de parmesan, romarin, thym, 2 cl d'huile d'olive, piment d'Espelette, fleur de sel, sel.

---

fanes en biseaux + sel. Cuire 2 mn. Faire bouillir 50 cl de bouillon de légumes chaud, faire réduire entièrement. Ajouter le vert des oignons. Mélanger 450 g de veau + persil hachés + sel + poivre + 30 g de chapelure trempée dans 3 cl de lait + 30 g de parmesan râpé. Faire des boulettes. Les poêler dans 2 cl d'huile, couvrir et cuire 8 mn.

☐ Boulettes de veau au persil

450 g de veau haché, 30 g de chapelure, 3 cl de lait, 30 g de parmesan râpé, persil, 400 g de petits pois frais écossés, ½ botte de carottes fanes, 12 tomates cerises, 2 oignons nouveaux, 20 g de sucre, 50 cl de bouillon de légumes, 4 cl d'huile d'olive, sel, poivre.

---

vertes épointées. Égoutter et les couper en morceaux. Cuire de même 130 g de petits pois frais écossés 6 mn et les égoutter. Dans 1 saladier, mélanger les pommes de terre + les asperges + les petits pois + 3 cl d'huile d'olive + sel. Servir avec 2 cl de réduction de vinaigre balsamique en filet + 100 g de crème fraîche mélangée à 2 cl de jus de citron + sel + poivre + de la ciboulette ciselée.

☐ Salade de pommes de terre *prima verde*

650 g de pommes de terre à chair ferme, 130 g de petits pois frais écossés, ½ botte d'asperges vertes, 100 g de crème fraîche, 2 cl de jus de citron, ciboulette, 3 cl d'huile d'olive, 2 cl de réduction de vinaigre balsamique, sel, poivre.

---

de l'eau bouillante salée. Égoutter. Cuire de même 65 g de petits pois frais écossés + les queues de 12 asperges vertes émincées 3 mn + 100 g de haricots verts en tronçons 5 mn. Mélanger les castellanes avec la marinade d'oignons + les légumes + 130 g de mozzarella tranchée + les feuilles d'½ botte de cresson + du basilic ciselé. Saler et poivrer.

☐ Castellanes en salade aux légumes de printemps

400 g de castellanes, 100 g de haricots verts, 65 g de petits pois frais écossés, 12 asperges vertes, 4 oignons nouveaux, 2 gousses d'ail, ½ botte de cresson, ½ citron vert, 130 g de mozzarella, basilic, 5 cl d'huile d'olive, sel, poivre.

Dans 1 autre poêle, colorer les roulés dans 2 cl d'huile d'olive. Ajouter 10 g de beurre. Cuire 6 mn. Saler, poivrer et servir avec les légumes.

☐ Filets de sole à l'estragon

12 filets de sole, quelques feuilles d'estragon, 265 g de tomates cerises, 2 courgettes, 10 g de beurre, 5 cl d'huile d'olive, sel, poivre.

---

1 yaourt à la grecque + 3 cl de jus de citron + sel + poivre. Dans 1 saladier, mélanger les pommes de terre + 130 g de pousses d'épinard + 4 oignons nouveaux émincés + cerfeuil et coriandre effeuillés. Assaisonner de 3 cl d'huile d'olive + sel. Servir la salade accompagnée de la sauce au yaourt.

☐ Salade de pommes de terre printanière, sauce au yaourt

500 g de pommes de terre primeur, 130 g de pousses d'épinard, 4 oignons nouveaux, cerfeuil, coriandre, 1 yaourt à la grecque, 3 cl de jus de citron, 3 cl d'huile d'olive, sel, poivre.

---

en mélangeant toutes les 10 mn. La confiture est prête quand elle nappe le dos de la cuillère. Mettre au frais. Mélanger 500 g de fraises coupées en 4 + 10 g de sucre glace + 1 cl de vinaigre balsamique blanc. Servir avec la confiture + 9 spéculoos émiettés.

☐ Fraises à la confiture de lait façon « dulce de latte »

500 g de fraises, 10 g de sucre glace, 1 cl de vinaigre balsamique blanc, 250 g de sucre, 40 g de lait en poudre, 1 gousse de vanille, 9 spéculoos.

MAI 2019

Lundi 20

Tagliatelles au thon et aux courgettes

15 mn 7 mn

Porter à ébullition 1 grande quantité d'eau + 20 g de gros sel. Ajouter 250 g de tagliatelles, puis 2 mn avant la fin de la cuisson, ajouter 3 courgettes en dés. Cuire 1 mn et ajouter 150 g de tomates cerises coupées

Mardi 21

Wok de poulet au basilic et riz au jasmin

20 mn 15 mn

Faire cuire à couvert et jusqu'à évaporation 130 g de riz au jasmin dans 25 cl d'eau salée. Dans 1 wok, faire dorer 4 filets de poulet en cubes + 2 cl d'huile d'arachide.

Mercredi 22

Salade de mozzarella pimentée

20 mn 10 mn

Cuire 8 asperges vertes pelées 5 mn à l'eau bouillante salée. Cuire de même 50 g de fèves écossées surgelées 2 mn. Égoutter et rafraîchir. Mixer ½ botte de basilic effeuillée + 1 gousse d'ail hachée + 6 cl d'huile d'olive

Jeudi 23

Pizza au pesto de roquette, tomates cerises et parmesan

15 mn 15 mn 10 mn

Mixer 130 g de roquette + 1 gousse d'ail + 25 g de pignons de pin + 30 g de parmesan râpé + sel + poivre + 4 cl d'huile d'olive. Saler 250 g de tomates cerises

Vendredi 24

Salade de quinoa, gambas et vinaigrette à l'orange

15 mn 10 mn

Cuire 130 g de quinoa blond dans 2 fois son volume d'eau salée. Le faire refroidir avec 1 cl d'huile d'olive. Assaisonner 12 gambas décortiquées de sel + piment

Samedi 25

Roulés jambon-fromage aux herbes fraîches

20 mn

Découper 4 tranches de jambon blanc en rectangles Mélanger 300 g de fromage frais + les chutes de jambon coupées en petits morceaux + de la ciboulette

Dimanche 26

Flans aux cerises

15 mn 20 mn

Fouetter 6 œufs + 75 g de sucre + les graines d'1 gousse de vanille. Ajouter 40 cl de lait. Répartir 200 g de cerises dénoyautées dans 4 ramequins Verser l'appareil à flan et enfourner au bain-marie

LE TRUC DU CHEF

Si vous aimez la mozzarella, essayez donc la mozzarella di bufala. Comme son nom l'indique, elle est élaborée à partir de lait de bufflonne, ce qui lui donne un goût plus prononcé.

en 4. Égoutter. Verser 3 cl d'huile d'olive en filet. Dans 1 casserole, faire bouillir 15 cl de crème liquide. Ajouter 1 boîte de thon émietté + 10 feuilles de basilic ciselées. Verser sur les pâtes et servir.

☐ Tagliatelles au thon et aux courgettes

250 g de tagliatelles, 3 courgettes, 150 g de tomates cerises, 1 boîte de thon, 15 cl de crème liquide, 10 feuilles de basilic, 3 cl d'huile d'olive, 20 g de gros sel.

Ajouter ½ oignon rouge émincé. Cuire 2 mn, puis ajouter 1 gousse d'ail hachée + ½ piment rouge ciselé. Cuire 1 mn. Ajouter 130 g de tomates cerises coupées en 2 + ½ botte d'oignons nouveaux émincés + du basilic ciselé + 2 cl de sauce soja. Servir avec le riz.

☐ Wok de poulet au basilic et riz au jasmin

4 filets de poulet, basilic, 130 g de riz au jasmin, 130 g de tomates cerises, ½ botte d'oignons nouveaux, ½ oignon rouge, 1 gousse d'ail, ½ piment rouge, 2 cl de sauce soja, 2 cl d'huile d'arachide, sel.

+ fleur de sel. Mélanger 100 g de roquette + 350 g de tomates cerises coupées en 2 + 1 échalote ciselée + les asperges + 1 gousse d'ail hachée + les fèves + 1 cl de vinaigre balsamique + 4 cl d'huile d'olive. Ajouter 2 mozzarellas coupées en 4 + ½ piment rouge haché + les zestes d'½ citron + 30 g de pignons de pin torréfiés 5 mn à 180 °C.

☐ Salade de mozzarella pimentée

2 mozzarellas, ½ piment rouge, ½ citron, 100 g de roquette, 8 asperges vertes, 350 g de tomates cerises, 50 g de fèves écossées surgelées, 1 échalote, 2 gousses d'ail, ½ botte de basilic, 30 g de pignons de pin, 10 cl d'huile d'olive, 1 cl de vinaigre balsamique, fleur de sel.

---

coupées en 2. Les faire dégorger 10 mn. Garnir 1 pâte à pizza de pesto de roquette + les tomates + 30 g de parmesan râpé + 2 cl d'huile d'olive en filet. Enfourner 15 mn à 220 °C. Ajouter 1 filet de sauce + 20 g de roquette + poivre. Servir aussitôt.

☐ Pizza au pesto de roquette, tomates cerises et parmesan

1 pâte à pizza, 150 g de roquette, 1 gousse d'ail, 250 g de tomates cerises, 60 g de parmesan râpé, 25 g de pignons de pin, 6 cl d'huile d'olive, sel, poivre.

---

d'Espelette + 1 cl d'huile d'olive. Les poêler 1 mn/côté. Dans 1 casserole, faire réduire 15 cl de jus d'orange, puis le mixer avec 15 cl d'huile d'olive. Verser sur le quinoa + 150 g de tomates cerises coupées en 2 + de la coriandre. Servir avec les gambas.

☐ Salade de quinoa, gambas et vinaigrette à l'orange

130 g de quinoa blond, 12 gambas décortiquées, 150 g de tomates cerises, coriandre, 15 cl de jus d'orange, 7 cl d'huile d'olive, piment d'Espelette, sel.

---

et du persil ciselés. Saler, poivrer. Dans le sens de la longueur, répartir le mélange au centre des tranches de jambon et les rouler. Mettre au congélateur quelques minutes. Les couper en 4, les piquer avec une pique et y enfoncer 16 tomates cerises.

☐ Roulés jambon-fromage aux herbes fraîches

4 tranches de jambon blanc, 300 g de fromage frais, 16 tomates cerises, ciboulette, persil, sel, poivre.

---

20 mn à 180 °C. Laisser refroidir et déguster.

☐ Flans aux cerises

200 g de cerises, 40 cl de lait, 6 œufs, 75 g de sucre, 1 gousse de vanille.

Lundi 27

Conchiglie rigate aux tomates, aubergine, câpres et mozzarella

20 mn 25 mn

Cuire 2 branches de tomates cerises 1 mn au micro-ondes + 2 cl d'huile d'olive. Couper 1 aubergine, 4 tomates + 1 mozzarella en dés. Poêler l'aubergine

Mardi 28

Salade de mâche aux gésiers de canard et croûtons

15 mn 10 mn

Faire dorer quelques minutes 80 g de baguette en dés dans 3 cl d'huile d'olive. Égoutter et saler. Saisir 150 g de gésiers de canard + sel + piment d'Espelette.

Mercredi 29

Lamelles de volaille et échalotes confites en tube

20 mn 15 mn

Poêler 2 filets de poulet salés dans 1 cl d'huile d'olive + 1 cl d'eau et cuire à couvert 10 mn. Laisser refroidir et couper en fines tranches. Dans 1 casserole, cuire

Jeudi 30 *Ascension*

Pizza margherita à la tomate fraîche

10 mn 20 mn

Sur 1 pâte à pizza au levain, étaler 50 g de purée de tomates. Répartir 100 g de tomates cerises en tranches + 120 g de mozzarella séchée râpée. Parsemer de fleur

Vendredi 31

Salade niçoise au thon

20 mn 5 mn

Dans 1 grande assiette, disposer 100 g de fèves écossées + 2 cœurs de laitue + 1 poivron rouge en lanières + 6 artichauts poivrade tranchés et arrosés du jus d'½ citron + 5 radis roses + 2 tomates coupées

Samedi 1

Gigot d'agneau au thym

20 mn 1 h 15 mn

Saler et poivrer 650 g de gigot d'agneau paré. Enfourner 35 mn à 220 °C. Le retourner. Ajouter 10 cl de bouillon de volaille + 8 cl de vin blanc sec + thym. Cuire 25 mn. Laisser reposer hors du four à couvert 15 mn. Faire

Dimanche 2

Sorbet minute de framboises au thym

5 mn 5 mn 20 mn

Dans 1 casserole, porter à ébullition 10 cl d'eau + 100 g de sucre + 3 branches de thym jusqu'à obtention d'un sirop. Laisser refroidir. Filtrer et verser sur 350 g de framboises surgelées afin d'obtenir la texture d'un

L'atelier des Chefs

LE TRUC DU CHEF

Lorsque vous garnissez vos pizzas, ne répartissez pas vos herbes fraîches avant la cuisson. À la sortie du four, la chaleur suffira à exalter idéalement leurs parfums.

6 mn + 2 cl d'huile d'olive. Ajouter les tomates. Cuire 5 mn. Cuire 500 g de conchiglie rigate 11 mn dans de l'eau bouillante salée. Égoutter. Les ajouter aux légumes + 18 pétales de tomates confites + 30 g d'olives vertes coupées en 4 + 10 g de câpres hachées + poivre. Servir avec la mozzarella + les tomates cerises + 30 g de roquette + 6 feuilles de basilic.

☐ Conchiglie rigate aux tomates, aubergine, câpres et mozzarella

500 g de conchiglie rigate, 4 tomates, 1 aubergine, 30 g d'olives vertes, 10 g de câpres, 1 mozzarella, 18 pétales de tomates confites, 2 branches de tomates cerises, 30 g de roquette, 6 feuilles de basilic, 4 cl d'huile d'olive, fleur de sel, poivre.

Mélanger 5 g de moutarde + 3 cl de vinaigre de vin rouge + 10 cl d'huile d'arachide. Saler, poivrer. Verser sur 200 g de mâche. Ajouter les gésiers. Parsemer de ciboulette ciselée + les croûtons.

☐ Salade de mâche aux gésiers de canard et croûtons

200 g de mâche, 150 g de gésiers de canard, 80 g de baguette, 5 g de moutarde, ciboulette, 10 cl d'huile d'arachide, 3 cl de vinaigre de vin rouge, 3 cl d'huile d'olive, piment d'Espelette, sel, poivre.

---

5 mn 10 g de beurre fondu + 10 g de sucre + 2 échalotes émincées + 1 gousse d'ail + 20 g de raisins secs blonds. Recouvrir 4 tortillas de blé de ce chutney + ½ laitue en chiffonnade + le poulet. Poivrer, rouler et couper en biseaux.

☐ Lamelles de volaille et échalotes confites en tube

4 tortillas de blé, 2 filets de poulet, 2 échalotes, 1 gousse d'ail, 10 g de beurre, 10 g de sucre, ½ laitue, 20 g de raisins secs blonds, 1 cl d'huile d'olive, sel, poivre.

---

de sel. Enfourner 20 mn à 220 °C. Parsemer de basilic ciselé et servir aussitôt.

☐ Pizza margherita à la tomate fraîche

1 pâte à pizza au levain, 100 g de tomates cerises, 50 g de purée de tomates, 120 g de mozzarella séchée râpée, basilic, fleur de sel.

---

en 4 + ½ concombre + 1 oignon rouge émincés + 75 g d'olives noires. Arroser de 6 cl d'huile d'olive et assaisonner de fleur de sel. Servir avec 2 pavés de thon rouge poêlés dans 2 cl d'huile d'olive.

☐ Salade niçoise au thon

100 g de fèves écossées, 2 cœurs de laitue, 1 poivron rouge, 6 artichauts poivrade, 2 tomates, ½ concombre, 5 radis roses, 75 g d'olives noires, 1 oignon rouge, 2 pavés de thon rouge, ½ citron, 8 cl d'huile d'olive, fleur de sel.

---

suer 2 oignons en julienne + 5 g de moutarde douce + le jus de cuisson et faire mijoter quelques minutes. Filtrer et servir avec le gigot d'agneau.

☐ Gigot d'agneau au thym

650 g de gigot d'agneau paré, thym, 2 oignons, 5 g de moutarde douce, 10 cl de bouillon de volaille, 8 cl de vin blanc sec, sel, poivre.

---

sorbet. Mettre au congélateur.

☐ Sorbet minute de framboises au thym

350 g de framboises surgelées, 3 branches de thym, 100 g de sucre.

JUIN 2019

Lundi 3

Penne, légumes du soleil et chèvre frais

20 mn — 25 mn

Tailler en petits dés 2 courgettes + ½ aubergine + 2 tomates + 100 g de chèvre frais. Cuire les feuilles d'½ botte de cresson 5 mn à l'eau bouillante. Égoutter.

Mardi 4

Aiguillettes de canard aux cerises

15 mn — 5 mn

Poêler 20 aiguillettes de canard 1 mn/face dans 4 cl d'huile d'olive. Retirer. Ajouter 2 échalotes ciselées + fleur de sel et faire suer 1 mn. Ajouter 30 g de miel + 400 g de cerises dénoyautées coupées en 2. Saler,

Mercredi 5

Filet mignon au miel et au vinaigre balsamique

10 mn — 5 mn

Faire mariner 600 g de filet mignon de porc détaillé en tronçons + 1 cl de vinaigre balsamique + 2 c à s. de miel + sel + poivre. Déposer la viande dans le plat Crisp

Jeudi 6

Cake aux légumes verts

15 mn — 45 mn

Poêler 2 courgettes en petits dés 1 mn dans 2 cl d'huile d'olive. Cuire 100 g de fèves + 100 g de petits pois frais écossés 2 mn à l'eau bouillante salée. Égoutter et rafraîchir. Mélanger 100 g de farine + 5 g de levure

Vendredi 7

Accras de poisson, sauce chien

20 mn — 10 mn

Pocher 300 g de cabillaud 10 mn dans de l'eau frémissante. Égoutter, émietter et ajouter du persil ciselé + 1 piment sans ses graines. Mélanger 300 g de farine + 1 l d'eau en filet. Ajouter le poisson + 5 g

Samedi 8

Terrine de chèvre à la ciboulette

20 mn — 3 h

Faire chauffer 6,5 cl de crème liquide. Ajouter 3 feuilles de gélatine ramollies et essorées. Bien mélanger. Fouetter 265 g de chèvre frais + 100 g de fromage blanc + 4 cl d'huile d'olive + piment d'Espelette. Saler

Dimanche 9

Pentecôte

Sorbet aux griottes

10 mn — 5 mn

Porter à ébullition 18 cl d'eau + 80 g de sucre + 65 g de sirop de glucose. Laisser refroidir. Incorporer 60 cl de purée de griottes. Faire prendre en sorbetière et

l'atelier des Chefs

LE TRUC DU CHEF

La gélatine est très utile pour raffermir les préparations. Mais, attention, lorsqu'on l'intègre à un liquide, il ne faut pas la faire bouillir, sinon elle perd de son pouvoir gélifiant.

86

Mixer avec 10 cl d'huile d'olive + sel + poivre. Cuire 400 g de penne 11 mn dans de l'eau bouillante salée. Faire suer ½ oignon émincé 2 mn + 1 cl d'huile d'olive. Ajouter l'aubergine, cuire 3 mn, puis les courgettes, cuire 3 mn. Mélanger avec les tomates + le chèvre + les pâtes égouttées. Saler, poivrer. Servir avec le coulis de cresson.

☐ Penne, légumes du soleil et chèvre frais

400 g de penne, 2 courgettes, ½ aubergine, 2 tomates, ½ oignon, ½ botte de cresson effeuillée, 100 g de chèvre frais, 10 cl + 1 cl d'huile d'olive, sel, poivre.

---

poivrer et servir.

☐ Aiguillettes de canard aux cerises

20 aiguillettes de canard, 400 g de cerises dénoyautées, 2 échalotes, 30 g de miel, 4 cl d'huile d'olive, fleur de sel, poivre.

---

et faire cuire 5 mn en mode Crisp.

☐ Filet mignon au miel et au vinaigre balsamique

600 g de filet mignon de porc, 2 c. à s. de miel, 1 cl de vinaigre balsamique, sel, poivre.

+ 2 œufs. Verser 10 cl de lait + 4 cl d'huile d'olive. Saler, poivrer, mélanger. Ajouter les légumes. Mélanger et verser dans 1 moule à cake. Enfourner 30-40 mn à 210 °C.

☐ Cake aux légumes verts

100 g de fèves écossées, 100 g de petits pois frais écossés, 2 courgettes, 100 g de farine, 5 g de levure, 2 œufs, 10 cl de lait, 6 cl d'huile d'olive, sel, poivre.

---

de levure + le jus d'1 citron vert. Faire frire des petites cuillères de pâte. Égoutter. Mélanger 1 oignon blanc émincé + 2 gousses d'ail hachées + 4 cives vertes d'oignon ciselées + 10 cl d'huile d'olive + 10 g de pâte de piment + 10 cl d'eau chaude + 1 piment + le jus d'1 citron vert + sel + poivre. Servir avec les accras.

☐ Accras de poisson, sauce chien

300 g de cabillaud, 300 g de farine, 5 g de levure, 2 citrons verts, 2 piments, 1 oignon blanc, 2 gousses d'ail, 4 cives vertes d'oignon, persil, 10 g de pâte de piment, 10 cl d'huile d'olive, sel, poivre.

---

et poivrer. Ajouter la crème + de la ciboulette ciselée. Mélanger et verser dans 1 moule à cake chemisé de papier cuisson. Presser et mettre au frais 3 h minimum.

☐ Terrine de chèvre à la ciboulette

265 g de chèvre frais, 100 g de fromage blanc, 6,5 cl de crème liquide, 3 feuilles de gélatine, ciboulette, 4 cl d'huile d'olive, piment d'Espelette, fleur de sel, poivre.

---

déguster aussitôt.

☐ Sorbet aux griottes

60 cl de purée de griottes, 80 g de sucre, 65 g de sirop de glucose.

87

JUIN 2019

Lundi **10** Lundi de Pentecôte

Macaronis aux aubergines

15 mn 10 mn

Couper 150 g de tomates cerises en 2 + ½ aubergine en petits dés + des feuilles de basilic en lamelles. Cuire 320 g de macaronis. Dans 1 poêle, faire suer ½ oignon ciselé +5 cl d'huile d'olive. Ajouter les aubergines.

Mardi **11**

Quasi de veau au chorizo, oignons nouveaux et tomates cerises

20 mn 20 mn 5 mn

Inciser 4 quasi de veau et y insérer 8 tranches de chorizo. Les poêler dans 4 cl d'huile d'olive. Saler. Déposer sur 1 plaque. Enfourner 10 mn à 200 °C. Laisser

Mercredi **12**

Salade d'asperges grillées, jambon de Parme et truite fumée

15 mn 10 mn

Cuire 20 asperges vertes pelées 3 mn sur un grill. Hors du feu, ajouter 5 cl d'huile d'olive + 3 cl de vinaigre balsamique + fleur de sel. Couper 10 tranches de

Jeudi **13**

Clafoutis de légumes croquants et fromage blanc à l'estragon

20 mn 50 mn

Tailler 80 g de tomates cerises + ½ poivron rouge + ½ poivron jaune en dés. Déposer dans 1 plat à four. Fouetter 2 œufs + 20 cl de crème liquide + 10 g de

Vendredi **14**

Filets de daurade laqués au sirop d'érable

20 mn 10 mn

Cuire à l'eau bouillante 800 g de haricots verts + 3 g de bicarbonate de sodium. Égoutter et rafraîchir. Ajouter 1 oignon rouge ciselé + 3 cl d'huile d'olive + 2 cl de

Samedi **15**

Semoule aux légumes et au cumin

15 mn 10 mn

Faire gonfler à couvert 500 g de semoule moyenne dans le même volume d'eau chaude salée. Couper 1 courgette + 1 carotte + 1 poivron rouge en petits dés. Dans 1 plat à four, mettre 2 cl d'huile d'olive + 4 c. à c.

Dimanche **16**

Tartes fines sablées aux fraises et aux pistaches

30 mn 20 mn 30 mn

Au robot, mélanger 40 g de sucre glace + 250 g de farine + 125 g de beurre. Ajouter les graines d'1 gousse de vanille + 10 g de pistaches émondées + 5 cl de lait

L'atelier des Chefs

LE TRUC DU CHEF

Pour réussir une cuisson au gril, prenez le temps de bien préchauffer votre four. Pour votre santé, néanmoins, veillez à ne pas consommer trop régulièrement des aliments cuits à aussi haute température.

Déglacer avec 5 cl eau. Cuire 3 mn, saler, poivrer et ajouter les tomates + 30 g d'olives noires dénoyautées + le basilic. Cuire 1 mn. Ajouter les pâtes égouttées + 130 g de copeaux de parmesan. Réchauffer 1 mn. Servir avec 12 feuilles de roquette.

☐ Macaronis aux aubergines

320 g de macaronis, ½ aubergine, 150 g de tomates cerises, ½ oignon, feuilles de basilic, 30 g d'olives noires dénoyautées, 130 g de copeaux de parmesan, 12 feuilles de roquette, 5 cl d'huile d'olive, sel, poivre.

---

reposer 5 mn. Faire revenir 10 tomates cerises dans 10 g de miel d'acacia + 3 g de graines de coriandre + 3 cl de vinaigre balsamique blanc. Cuire jusqu'à évaporation 10 cl d'eau + 3 g de sucre + 5 g de beurre + sel + 12 oignons nouveaux. Servir les légumes + le veau.

☐ Quasi de veau au chorizo, oignons nouveaux et tomates cerises

4 quasi de veau, 8 tranches de chorizo, 10 tomates cerises, 12 oignons nouveaux, 10 g de miel d'acacia, 3 g de graines de coriandre, 5 g de beurre, 3 g de sucre, 4 cl d'huile d'olive, 3 cl de vinaigre balsamique blanc, sel.

---

jambon de Parme en 2 et entourer les asperges. Dans 1 poêle, faire fondre 30 g de parmesan râpé en petits tas. Servir les asperges + les tuiles de parmesan émiettées + 6 tranches de truite fumée en lamelles + la vinaigrette.

☐ Salade d'asperges grillées, jambon de Parme et truite fumée

20 asperges vertes, 10 tranches de jambon de Parme, 6 tranches de truite fumée, 30 g de parmesan, 5 cl d'huile d'olive, 3 cl de vinaigre balsamique, fleur de sel.

---

farine + 10 cl de lait + sel + poivre + muscade râpée. Verser sur les légumes en mélangeant. Enfourner 50 mn à 180 °C. Mélanger 100 g de fromage blanc + sel + poivre + 2 g d'estragon séché. Servir avec le clafoutis tiède.

☐ Clafoutis de légumes croquants et fromage blanc à l'estragon

80 g de tomates cerises, ½ poivron rouge, ½ poivron jaune, 2 œufs, 20 cl de crème liquide, 10 cl de lait, 10 g de farine, 100 g de fromage blanc, 2 g d'estragon séché, muscade râpée, sel, poivre.

---

vinaigre de framboise + sel. Mélanger. Fouetter 1 cl d'huile d'olive + 1 c. à s. de sirop d'érable et badigeonner 4 filets de daurade. Saler, mettre sur 1 plaque. Enfourner 6 mn en position grill. Servir le tout + 30 g d'amandes effilées grillées à sec.

☐ Filets de daurade laqués au sirop d'érable

4 filets de daurade, 1 c. à s. de sirop d'érable, 800 g de haricots verts, 1 oignon rouge, 30 g d'amandes effilées, 3 g de bicarbonate de sodium, 4 cl d'huile d'olive, 2 cl de vinaigre de framboise, sel, poivre.

---

de cumin moulu + les légumes. Saler, poivrer. Enfourner 6 mn à 200 °C. Ajouter la semoule, enfourner 5 mn, puis 50 g de raisins secs noirs. Rectifier l'assaisonnement et servir.

☐ Semoule aux légumes et au cumin

500 g de semoule moyenne, 1 courgette, 1 carotte, 1 poivron rouge, 50 g de raisins secs noirs, 4 c. à c. de cumin moulu, 2 cl d'huile d'olive, sel, poivre.

+ 1 jaune d'œuf. Mélanger. Former 1 boule. Mettre au frais 30 mn. Étaler la pâte sur 5 mm d'épaisseur. Couper 6 disques, les déposer sur 1 plaque. Enfourner 20 mn à 180 °C. Étaler 50 g de confiture de fraises réchauffée. Disposer 500 g de fraises coupées + 10 g de pistaches.

☐ Tartes fines sablées aux fraises et aux pistaches

500 g de fraises, 50 g de confiture de fraises, 20 g de pistaches émondées, 250 g de farine, 40 g de sucre glace, 125 g de beurre, 5 cl de lait, 1 jaune d'œuf, 1 gousse de vanille.

89

Lundi 17

Moules au pesto et jambon grillé

15 mn 10 mn

Dans 1 casserole, faire suer ½ oignon émincé dans 2 cl d'huile d'olive. Ajouter 600 g de moules. Déglacer avec 10 cl de vin blanc sec et les faire s'ouvrir à couvert. Filtrer, garder le jus, décortiquer les moules et garder

Mardi 18

Brochettes de veau torsadées, parmesan et estragon

10 mn 5 mn

Ébouillanter 1 mn 8 oignons nouveaux coupés en 2. Réaliser des brochettes en alternant 2 escalopes de veau coupées en fines et longues lanières + les oignons.

Mercredi 19

Salade de tagliatelles de concombre au citron jaune et poisson croustillant

25 mn 5 mn

Paner 4 filets de sole en aiguillettes dans 100 g de farine, puis dans 2 œufs battus et 100 g de chapelure. Frire le poisson dans 25 cl d'huile de colza. Égoutter.

Jeudi 20

Tartelettes aux tomates et à la moutarde

20 mn 15 mn 5 mn

Foncer 4 moules à tartelette rectangulaires avec 200 g de pâte feuilletée. Piquer les fonds avec 1 fourchette. Répartir 4 c. à s. de moutarde forte

Vendredi 21

Summer bowl aux gambas, pêches et verveine

20 mn 10 mn 5 mn

Faire mariner 5 mn 12 gambas décortiquées dans 1 c. à c. de curcuma moulu + 1 cl d'huile d'olive + poivre. Les poêler dans 1 cl d'huile. Saler. Cuire 400 g de

Samedi 22

Soupe froide de courgettes et de tomates

15 mn 15 mn

Dans 1 cocotte, faire suer ½ oignon blanc ciselé dans 2 cl d'huile d'olive. Ajouter 4 courgettes jaunes en petits dés + 1 tomate en cubes + 65 cl de bouillon de

Dimanche 23

Clafoutis aux cerises

20 mn 40 mn 30 mn

Mélanger 20 g d'amandes en poudre + 65 g de farine + 60 g de sucre. Faire un puits et y casser 4 œufs. Fouetter, puis ajouter 10 cl de lait + 10 cl de crème liquide. Laisser reposer 30 mn. Verser 265 g de cerises

L'atelier des Chefs

LE TRUC DU CHEF

Pensez à l'huile de coco pour remplacer l'huile d'olive. Malgré sa forte teneur en acides gras saturés, elle aurait un effet protecteur sur le cœur et les artères. De plus, elle peut se cuire à haute température sans se dénaturer (contrairement à l'huile de noix, par exemple).

es coques. Mixer ½ botte de basilic effeuillée + 1 gousse d'ail + 20 g de pignons de pin + 20 g de parmesan râpé + 6 cl d'huile d'olive + sel + poivre. Saisir 4 tranches de jambon cru en julienne à la plancha. Ajouter les moules et servir dans leurs coques.

Colorer les brochettes 2 mn/face dans 2 cl d'huile d'olive. Saler et poivrer. Hors du feu, parsemer de 25 g de parmesan râpé + d'estragon haché.

Couper 1 concombre en tagliatelles avec 1 économe, saler. Mélanger le zeste et jus d'1 citron + sel + poivre + 5 cl d'huile d'olive. Verser sur le concombre + ciboulette ciselée. Servir avec les croustillants de poisson.

+ 120 g de gruyère râpé. Mettre au frais. Faire dégorger 400 g de tomates cerises coupées en 2 avec du sel, puis les déposer sur les fonds de tartes + 2 cl d'huile d'olive en filet. Enfourner 15 mn à 200 °C. Laisser reposer 5 mn. Parsemer d'origan, poivrer et démouler.

mélange de céréales. Égoutter. Tailler 2 courgettes jaunes + 2 carottes jaunes en tagliatelles + 2 pêches blanches en lamelles. Cuire les courgettes + sel 45 s au micro-ondes. Dans 1 bol, disposer les céréales + les légumes + les pêches. Verser 3 cl d'huile de coco mélangée au jus de 2 citrons + sel + 4 feuilles de verveine ciselées. Parsemer de 20 g de graines de sésame doré + 4 feuilles de verveine.

volaille + 1 gousse d'ail en chemise écrasée + 3 g de curcuma moulu + 1 g de coriandre moulue + poivre. Laisser mijoter. Hors du feu, ajouter 1 yaourt velouté. Mixer et servir avec de la coriandre fraîche.

dans 1 moule beurré et fariné. Verser la pâte. Enfourner 40 mn à 180 °C. Laisser refroidir et démouler. Saupoudrer de 15 g de sucre glace juste avant de servir.

☐ Moules au pesto et jambon grillé

600 g de moules, ½ botte de basilic, ½ oignon, 1 gousse d'ail, 20 g de pignons de pin, 20 g de parmesan râpé, 4 tranches de jambon cru, 10 cl de vin blanc sec, 8 cl d'huile d'olive, sel, poivre.

☐ Brochettes de veau torsadées, parmesan et estragon

2 escalopes de veau, 8 oignons nouveaux, 25 g de parmesan râpé, estragon, 2 cl d'huile d'olive, sel, poivre.

☐ Salade de tagliatelles de concombre au citron jaune et poisson croustillant

1 concombre, 1 citron, 4 filets de sole, 2 œufs, 100 g de farine, 100 g de chapelure, 25 cl d'huile de colza, 5 cl d'huile d'olive, ciboulette, sel, poivre.

☐ Tartelettes aux tomates et à la moutarde

200 g de pâte feuilletée, 400 g de tomates cerises, 4 c. à s. de moutarde forte, 120 g de gruyère râpé, 2 cl d'huile d'olive, origan, sel, poivre.

☐ Summer bowl aux gambas, pêches et verveine

12 gambas décortiquées, 2 pêches blanches, 2 courgettes jaunes, 2 carottes jaunes, 2 citrons, 8 feuilles de verveine, 400 g de mélange de céréales, 20 g de graines de sésame doré, 1 c. à c. de curcuma moulu, 3 cl d'huile de coco, 2 cl d'huile d'olive, sel, poivre.

☐ Soupe froide de courgettes et de tomates

4 courgettes jaunes, 1 tomate, ½ oignon blanc, 1 gousse d'ail, 1 yaourt velouté, 3 g de curcuma moulu, 1 g de coriandre moulue, coriandre fraîche, 65 cl de bouillon de volaille, 2 cl d'huile d'olive, sel, poivre.

☐ Clafoutis aux cerises

265 g de cerises, 65 g de farine, 60 g de sucre, 20 g d'amandes en poudre, 15 g de sucre glace, 4 œufs, 10 cl de lait, 10 cl de crème liquide.

ET AUSSI

JUIN 2019

Lundi 24

Omelette espagnole

5 mn 15 mn

Cuire 250 g de cubes de pommes de terre surgelés
8 mn en mode Crisp dans 1 plat Crisp. Ajouter 1 oignon
émincé. Cuire 5 mn. Mélanger. Fouetter 4 œufs + 5 c
de lait. Saler, poivrer. Verser sur les pommes de terre

Mardi 25

Hachis parmentier, salsa mangue/feta

25 mn 55 mn

Poêler 400 g de bœuf haché + 2 cl d'huile + 1 échalote
ciselée + 2 gousses d'ail en 2 + du basilic + de la sauge
ciselés + laurier + sel + poivre. Ajouter 1 verre d'eau
Cuire à couvert 30 mn. Ôter laurier + ail. Réduire en

Mercredi 26

Gaspacho de laitue

20 mn

Mixer les feuilles d'½ laitue + ½ concombre en dés + le
zeste et jus d'½ citron + 2 bottes de coriandre effeuillées
+ menthe + 5 cl d'eau + sel + poivre. Filtrer. Servir avec

Jeudi 27

Tarte aux légumes verts cuits et crus

20 mn 30 mn 30 mn

Foncer 4 moules à tartelette rectangulaires avec
1 pâte feuilletée coupée en 4. Mettre au frais 30 mn
Cuire à blanc 15 mn à 180 °C. Cuire à l'eau bouillante
salée 8 mn 100 g de haricots verts + 4 asperges vertes

Vendredi 28

Langoustines, asperges vertes, agrumes et noisettes

25 mn 10 mn

Poêler 12 langoustines décortiquées + sel 2 mn dans
1 cl d'huile d'olive. Tailler 8 asperges vertes pelées
en 3. Poêler les queues 5 mn dans 1 cl d'huile d'olive

Samedi 29

Légumes d'été grillés, sauce chimichurri

20 mn 45 mn

Couper 1 poivron rouge en 4 + 1 courgette + 1 aubergine
en lamelles. Ébouillanter 3 mn 3 mini-fenouils + le poivron
rouge. Rafraîchir. Griller tous les légumes salés + poivrés

Dimanche 30

Salade de fruits d'été

15 mn 5 mn 30 mn

Porter à ébullition 10 cl d'eau + 30 g de sucre. Laisser
refroidir. Couper 4 abricots + 2 pêches + 2 nectarines
en quartiers + ½ melon en cubes. Mettre le tout dans
1 saladier. Verser le sirop froid. Mettre au frais au moins

L'atelier des Chefs

LE TRUC DU CHEF

Il n'est pas nécessaire d'éplucher les asperges vertes. Contrairement aux asperges blanches, elles sont peu fibreuses et auront moins cette texture filandreuse, désagréable en bouche.

Cuire 3 mn en mode Crisp. Servir chaud ou froid.

☐ Omelette espagnole

250 g de cubes de pommes de terre surgelés, 1 oignon, 4 œufs, 5 cl de lait, sel, poivre.

---

purée 800 g de pommes de terre cuites + 15 cl de lait + 40 g de beurre chauds. Répartir la viande dans des moules + 1 couche de purée + 65 g de parmesan râpé. Enfourner 15 mn à 210 °C. Servir avec 40 g de feta en dés + 10 g d'amandes grillées + 1 mangue en cubes + 1 échalote + de la ciboulette ciselée + 3 cl d'huile d'olive.

☐ Hachis parmentier, salsa mangue/feta

800 g de pommes de terre, 400 g de bœuf haché, 2 échalotes, 2 gousses d'ail, basilic, sauge et laurier, 1 mangue, 40 g de feta, 15 cl de lait, 65 g de parmesan râpé, 40 g de beurre, 10 g d'amandes grillées, 3 cl d'huile d'olive, 2 cl d'huile, ciboulette, sel, poivre.

---

65 g de fromage blanc + des feuilles de coriandre.

☐ Gaspacho de laitue

½ laitue, ½ concombre, ½ citron, 2 bottes de coriandre effeuillées, menthe, 65 g de fromage blanc, sel, poivre.

épointées, puis 4 mn 65 g de pois gourmands + 65 g de petits pois surgelés. Les mélanger à 65 g de roquette + 2 cl d'huile d'olive + sel + poivre. Mélanger 130 g de mascarpone + 20 pétales de tomates confites en dés + du basilic ciselé + sel + poivre. Garnir les fonds de tarte du mélange + les légumes + 30 g de parmesan en copeaux.

☐ Tarte aux légumes verts cuits et crus

1 pâte feuilletée, 100 g de haricots verts, 65 g de pois gourmands, 65 g de petits pois surgelés, 65 g de roquette, 4 asperges vertes, 130 g de mascarpone, 20 pétales de tomates confites, basilic, 30 g de parmesan en copeaux, 2 cl d'huile d'olive, sel, poivre.

+ thym + sel. Émincer les têtes à la mandoline et faire mariner avec 1 cl d'huile d'olive + sel. Prélever les segments d'½ pomelo + ½ citron vert pelés. Couper en cubes. Mélanger avec 1 cl d'huile d'olive + 5 g de noisettes concassées + du poivre de Timut.

☐ Langoustines, asperges vertes, agrumes et noisettes

12 langoustines décortiquées, 8 asperges vertes, ½ pomelo, ½ citron vert, 5 g de noisettes, thym, 4 cl d'huile d'olive, poivre de Timut, sel.

---

avec 5 cl d'huile d'olive. Mélanger 3 cl de vinaigre d'alcool rouge + 3 g de paprika + 4 g de piment rouge moulu + 2 gousses d'ail hachées + 5 g d'origan séché + 4 c. à c. de cumin + ½ oignon émincé + 1 tomate en dés + du persil ciselé + 2 cl d'eau. Servir bien frais avec les légumes.

☐ Légumes d'été grillés, sauce chimichurri

1 courgette, 1 aubergine, 1 poivron rouge, 3 mini-fenouils, 1 tomate, ½ oignon, 2 gousses d'ail, 3 cl de vinaigre d'alcool rouge, 5 g d'origan séché, 4 g de piment rouge moulu, 3 g de paprika, 4 c. à c. de cumin, persil, 5 cl d'huile d'olive, sel, poivre.

---

30 mn. Servir avec de la menthe hachée.

☐ Salade de fruits d'été

4 abricots, 2 pêches, 2 nectarines, ½ melon, 30 g de sucre, menthe.

93

ET AUSSI

JUILLET 2019

LE TRUC DU CHEF

Pour faire cuire de la semoule, vous pouvez utiliser toutes sortes de liquides qui lui donneront ainsi des goûts variés et plus ou moins prononcés. Essayez, par exemple, avec un bouillon de légumes ou un jus de tomates légèrement épicé.

Lundi 1

Penne à l'émincé de volaille parfumé à l'huile de safran

20 mn 25 mn

Cuire 250 g de penne 2 mn de moins que la durée prévue. Dans 1 wok, faire sauter 3 mn 2 filets de poulet émincés + 2 cl d'huile d'olive. Retirer et assaisonne

Mardi 2

Côtes de porc à l'ananas

10 mn 10 mn

Cuire 4 côtes de porc 9 mn. Les retirer et laisser repose dans le plat de service. Poêler 100 g d'ananas tranché en boîte. Verser 1 cl de vinaigre balsamique, saler poivrer. Ajouter 4 câpres. Réchauffer 1 à 2 mn en mode

Mercredi 3

Taboulé aux légumes grillés et aux dés de feta

15 mn 5 mn

Verser 24 cl d'eau bouillante salée sur 240 g de semoule moyenne. Couvrir. Faire griller des 2 cotés 1 courgette + 1 aubergine en lamelles. Mélanger le jus d'1 citron

Jeudi 4

Petits cakes aux légumes confits et tomme de Savoie

20 mn 20 mn

Mélanger 100 g de farine + 5 g de levure + 2 œufs + 5 cl d'huile d'olive + sel + 8 cl de lait. Fouetter. Ajouter 85 g de tomme de Savoie en petits dés + 80 g de

Vendredi 5

Chirashis au saumon cru et à l'avocat

30 mn 15 mn 15 mn

Cuire 400 g de riz à sushi bien rincé et égoutté + 44 cl d'eau. Couvrir, porter à ébullition, cuire 12 mn et laisser étuver 15 mn à feu éteint. Dissoudre 10 g de

Samedi 6

Courgettes rondes aux légumes de saison, crumble au vieux parmesan

20 mn 1 h 10 mn

Couper les chapeaux de 4 courgettes rondes. Les vider, saler, poivrer et cuire 30 mn à 160 °C dans 1 plat avec un peu d'eau + 2 cl d'huile d'olive. Dans 1 poêle,

Dimanche 7

Tarte aux framboises fraîches et au chocolat noir

25 mn 15 mn 1 h 30

Garnir 1 moule à tarte d'1 pâte feuilletée. Piquer le fond avec 1 fourchette. Mettre au frais 30 mn. Cuire à blanc 10-15 mn à 180 °C. Laisser refroidir sur 1 grille. Porter

94

de sel + piment d'Espelette + 3 cl d'huile de safran. Faire suer 2 carottes en lamelles + 1 cl d'huile d'olive + sel + 5 cl d'eau. Couvrir et cuire 3 mn. Ajouter 5 mini-fenouils en morceaux + sel + poivre. Cuire 3 mn, puis 65 g de haricots verts et de pois gourmands en biseaux + 5 cl d'eau. Saler, poivrer, cuire 5-8 mn. Ajouter pâtes + viande et cuire 5 mn. Servir avec de l'estragon.

☐ Penne à l'émincé de volaille parfumé à l'huile de safran

250 g de penne, 2 filets de poulet, 5 mini-fenouils, 2 carottes, 65 g de pois gourmands, 65 g de haricots verts, estragon, piment d'Espelette, 3 cl d'huile de safran, 3 cl d'huile d'olive, sel.

Crisp pour déglacer les sucs, en retournant 1 fois les tranches d'ananas. Servir chaud ou froid.

☐ Côtes de porc à l'ananas

4 côtes de porc, 100 g d'ananas tranché en boîte, 4 câpres, 1 cl de vinaigre balsamique, sel, poivre.

+ 5 cl d'huile d'olive. Égrainer la semoule refroidie. Ajouter 1 c. à c. de graines de cumin, mélanger. Verser la vinaigrette, ajouter les légumes + 1 poivron rouge + 2 tomates en petits dés + du persil + menthe ciselés + 200 g de feta en cubes. Mettre au frais jusqu'au moment de servir.

☐ Taboulé aux légumes grillés et aux dés de feta

240 g de semoule moyenne, 1 courgette, 1 aubergine, 2 tomates, 1 poivron rouge, 1 citron, 200 g de feta, 1 c. à c. de graines de cumin, persil, menthe, 5 cl d'huile d'olive, sel.

---

tomates séchées + 4 pimientos + 4 cœurs d'artichaut à l'huile égouttés + de la ciboulette ciselée + 5 g de pignons de pin. Remplir aux ¾ des moules beurrés et farinés. Enfourner 20 mn à 180 °C. Laisser légèrement refroidir avant de démouler.

☐ Petits cakes aux légumes confits et tomme de Savoie

80 g de tomates séchées, 4 cœurs d'artichaut à l'huile, 4 pimientos, 85 g de tomme de Savoie, 100 g de farine, 5 g de levure, 2 œufs, 8 cl de lait, 5 g de pignons de pin, ciboulette, 5 cl d'huile d'olive, sel.

---

sucre + sel dans 4 cl de vinaigre de riz. Verser sur le riz étalé dans 1 plat. Mélanger pour faire refroidir. Disposer sur le riz 500 g de filets de saumon sans peau ni arêtes en lamelles + 2 avocats citronnés en lamelles + 1 quartier de citron. Saupoudrer de 20 g de graines de sésame noir. Servir frais.

☐ Chirashis au saumon cru et à l'avocat

400 g de riz à sushi, 500 g de filets de saumon sans peau ni arêtes, 2 avocats, 2 citrons, 10 g de sucre, 20 g de graines de sésame noir, 4 cl de vinaigre de riz, sel.

---

mettre 65 g de haricots verts + 65 g de pois gourmands en biseaux + 12 asperges vertes pelées. Couvrir d'eau + 5 g de beurre + sel. Cuire 10 mn jusqu'à évaporation. Égoutter. Farcir les courgettes. Mélanger 30 g de beurre, de farine, de parmesan râpé et d'amandes en poudre. Mettre au frais 10 mn. Étaler sur 1 plaque. Enfourner 20 mn à 200 °C. Émietter et servir sur les courgettes.

☐ Courgettes rondes aux légumes de saison, crumble au vieux parmesan

4 courgettes rondes, 65 g de haricots verts, 65 g de pois gourmands, 12 asperges vertes, 35 g de beurre, 30 g de parmesan râpé, 30 g de farine, 30 g d'amandes en poudre, 2 cl d'huile d'olive, sel, poivre.

à ébullition 18 cl de crème liquide. Verser sur 200 g de chocolat noir haché. Fouetter pour homogénéiser. Verser sur le fond de tarte. Disposer 500 g de framboises fraîches sur le dessus. Mettre au frais au moins 1 h.

☐ Tarte aux framboises fraîches et au chocolat noir

1 pâte feuilletée, 500 g de framboises fraîches, 200 g de chocolat noir, 18 cl de crème liquide.

ET AUSSI

JUILLET 2019

Lundi 8

Paella

20 mn / 15 mn

Dans 1 sauteuse, faire suer ½ oignon ciselé + ½ fenouil en dés + 3 cl d'huile d'olive. Ajouter ½ poivron rouge en lanières, faire suer, puis 2 gousses d'ail hachées. Cuire 1 mn. Ajouter 200 g de riz à paella, le nacrer.

Mardi 9

Veau aux légumes glacés, jus de basilic

20 mn / 20 mn

Cuire dans 4 récipients différents ½ navet long, 4 carottes, ½ courgette en bâtonnets + 8 mini-fenouils. Ajouter de l'eau au ⅓ + 40 g de beurre + sel + 4 c. à c.

Mercredi 10

Salade niçoise traditionnelle

25 mn

Couper ½ poivron rouge + ½ poivron jaune pelés en lanières + 2 tomates en 4. Émincer ½ oignon rouge + 1 concombre pelé et épépiné. Peler 65 g de fèves écossées. Parer 4 artichauts poivrade, les trancher

Jeudi 11

Tarte aux tomates cerises, tapenade et pignons de pin

20 mn / 30 mn

Foncer 1 moule à tarte d'1 pâte feuilletée. Replier les bords à l'intérieur du moule. Piquer le fond avec 1 fourchette. Mettre au frais. Couper 20 tomates cerises

Vendredi 12

Mouclade au curry

20 mn / 5 mn

Dans 1 cocotte, faire suer 2 échalotes ciselées + 1 gousse d'ail écrasée + 1 bouquet garni dans 50 g de beurre fondu. Verser 20 cl de vin blanc sec + 1,5 kg de moules de bouchot. Couvrir et faire s'ouvrir

Samedi 13

Riviera de légumes niçois

20 mn / 5 mn

Tailler 1 poivron rouge + ½ poivron jaune + ½ poivron vert pelés + ½ courgette en dés. Émincer 5 oignons nouveaux en gardant le vert. Dans 5 cl d'huile d'olive froide, mettre 2 gousses d'ail hachées + les oignons.

Dimanche 14

Fête nat. française

Tartare de fraises à l'estragon frais et poivre de Timut

25 mn / 20 mn / 20 mn

Mélanger 200 g de fraises en petits dés + de l'estragon haché + du poivre de Timut concassé + 20 g de sucre. Mettre au frais 20 mn. Mélanger 20 g de sucre, de

l'atelier des Chefs

LE TRUC DU CHEF

Lorsque vous élaborez un jus (de coquillages, par exemple), veillez à ne pas le faire réduire trop longtemps. En effet, cette opération s'accompagne d'une concentration en sel, et, de plus, un jus trop corsé devient vite immangeable.

96

Verser 5 cl de vin blanc + 2 pistils de safran, puis 30 cl de fumet de poisson chaud au fur et à mesure. Ajouter 30 cl de fumet, rectifier l'assaisonnement. Couvrir. Cuire 5 mn. Ajouter 130 g de moules + 12 gambas décortiquées + 65 g de petits pois surgelés + 200 g de supions. Cuire à couvert 3 mn. Servir avec du persil haché + 1 citron coupé en 4.

de sucre. Couvrir d'1 papier cuisson. Cuire jusqu'à absorption sans coloration. Poêler 4 quasis de veau + 2 cl d'huile d'olive. Déglacer avec 5 cl de vin blanc sec, ajouter ½ verre d'eau, couvrir, cuire 4 mn. Découvrir, faire réduire aux ¾. Ajouter 20 g de beurre. Mixer du persil + du basilic + 10 cl d'huile d'olive. Servir avec la viande + les légumes glacés + poivre.

et les citronner. Dresser tous les légumes dans 1 plat + quelques radis roses + 1 cœur de laitue effeuillé. Parsemer de 50 g d'olives noires + d'oignon émincé. Verser 4 cl d'huile d'olive et assaisonner de fleur de sel.

en 2 + 4 anchois au sel rincés en 3. Étaler 40 g de tapenade noire. Disposer les ½ tomates face coupée vers le haut + les anchois. Parsemer de thym + romarin + 10 g de pignons de pin. Poivrer. Répartir 2 cl d'huile d'olive. Enfourner 30 mn à 180 °C.

les moules 2 mn. Filtrer le jus de cuisson. Le faire réduire d'⅓. Mélanger 5 g de curry + 2 jaunes d'œufs + 100 g de crème épaisse + le jus des moules. Rectifier l'assaisonnement. Verser sur les coquilles pleines réparties dans 1 plat à gratin. Enfourner 4 mn à 200 °C. Servir aussitôt.

Chauffer jusqu'à coloration. Ajouter les poivrons. Cuire 3 mn, puis ajouter la courgette. Cuire 1 mn, puis ajouter du basilic ciselé. Faire refroidir dans 1 assiette. Assaisonner de fleur de sel + piment d'Espelette.

farine, de beurre et d'amandes en poudre. Répartir en gros morceaux sur 1 plaque. Enfourner 20 mn à 180 °C. Faire des boucles avec 30 g de chocolat noir fondu sur 4 assiettes. Mettre au frais. Répartir au centre des assiettes le tartare de fraises égoutté + des morceaux de crumble. Combler les boucles de chocolat avec 100 g de purée de fraises et de mangue.

☐ Paella

200 g de riz à paella et de supions, 130 g de moules, 12 gambas décortiquées, 65 g de petits pois surgelés, ½ fenouil, ½ poivron rouge, ½ oignon, 2 gousses d'ail, 1 citron, persil, 2 pistils de safran, 5 g de paprika fumé, 60 cl de fumet de poisson, 5 cl de vin blanc, 3 cl d'huile d'olive, piment d'Espelette, sel.

☐ Veau aux légumes glacés, jus de basilic

4 quasis de veau, 8 mini-fenouils, 4 carottes, ½ navet long, ½ courgette, 30 g de beurre, 4 c. à c. de sucre, 12 cl d'huile d'olive, 5 cl de vin blanc sec, persil, basilic, sel, poivre.

☐ Salade niçoise traditionnelle

1 cœur de laitue, 65 g de fèves écossées, 2 tomates, 1 concombre, ½ poivron rouge, ½ poivron jaune, ½ oignon rouge, ½ citron, quelques radis roses, 4 artichauts poivrade, 50 g d'olives noires, 4 cl d'huile d'olive, fleur de sel.

☐ Tarte aux tomates cerises, tapenade et pignons de pin

1 pâte feuilletée, 20 tomates cerises, 40 g de tapenade noire, 4 anchois au sel, 10 g de pignons de pin, romarin, thym, 2 cl d'huile d'olive, poivre.

☐ Mouclade au curry

1,5 kg de moules de bouchot, 2 échalotes, 1 gousse d'ail, 5 g de curry, 1 bouquet garni, 100 g de crème épaisse, 50 g de beurre, 2 jaunes d'œufs, 20 cl de vin blanc sec, sel.

☐ Riviera de légumes niçois

1 poivron rouge, ½ poivron jaune, ½ poivron vert, ½ courgette, 5 oignons nouveaux, 2 gousses d'ail, basilic, 5 cl d'huile d'olive, piment d'Espelette, fleur de sel.

☐ Tartare de fraises à l'estragon frais et poivre de Timut

200 g de fraises, estragon, poivre de Timut, 40 g de sucre, 20 g de farine, 20 g d'amandes en poudre, 20 g de beurre, 100 g de purée de mangue, 100 g de purée de fraises, 30 g de chocolat noir.

JUILLET 2019

Lundi 15

Linguines sauce tomate à l'origan, mozzarella et gambas rôties

20 mn 15 mn

Piquer 16 gambas décortiquées par 4 sur 1 pique er bois. Cuire 320 g de linguines al dente. Égoutter et verser 1 cl d'huile d'olive. Poêler les gambas + 2 c

Mardi 16

Carpaccio de bœuf à la sauce ponzu

20 mn 10 mn

Saisir 600 g d'entrecôte salée et poivrée +3 cl d'huile d'arachide 3 mn/côté. Laisser reposer. Éplucher et couper en gros morceaux 4 asperges vertes + 4 champignons de Paris + 1 poivron rouge + ½ oignor

Mercredi 17

Salade de tomates et croûtons de pain

10 mn 5 mn

Dans 1 saladier, mettre 4 tomates coupées en 8. Verser 4 cl d'huile d'olive. Ajouter 12 billes de mozzarella + de la ciboulette ciselée. Couper 150 g de pain en tranches de 2 cm d'épaisseur. Les faire griller

Jeudi 18

Pizza aux courgettes et au jambon cru

15 mn 20 mn

Étaler la pâte d'1 kit pizza avec purée de tomates fraîches sur 1 plaque garnie de papier cuisson. Piquer avec 1 fourchette. Badigeonner de sauce tomate. Garnir de 2 courgettes en rondelles + 1 oignon rouge

Vendredi 19

Filets de bar au basilic, tartare tomate-pastèque

20 mn 15 mn

Inciser la chair de 4 filets de bar à 3 endroits et y insérer du basilic haché. Assaisonner de sel + piment d'Espelette. Poêler côté peau dans 2 cl d'huile d'olive.

Samedi 20

Tian de légumes gratinés à la provençale

20 mn 20 mn

Couper 4 tomates pelées + 1 oignon rouge en rondelles + 1 courgette + 1 aubergine en lamelles. Poêler 2 mn les courgettes dans 1 cl d'huile d'olive. Saler, égoutter.

Dimanche 21

Abricots pochés à la lavande

5 mn 20 mn 2 h

Dans 1 casserole, porter à ébullition 65 cl d'eau + 65 g de cassonade + 30 g de sucre muscovado + 4 g de lavande séchée + 3 g de gingembre moulu + ½ gousse de vanille grattée + 1 grain de poivre long.

LE TRUC DU CHEF

Pour obtenir des croûtons plus goûteux, vous pouvez les frotter avec une gousse d'ail et les arroser d'un peu d'huile d'olive avant de les passer au four.

98

d'huile d'olive + sel + piment d'Espelette. Retirer. Faire suer ½ oignon émincé + 1 gousse d'ail hachée. Ajouter 4 tomates concassées + 1 c. à c. d'origan séché. Cuire 5 mn. Déglacer avec 3 cl de vin blanc sec + 3 cl d'eau + 5 cl de crème liquide. Ajouter sel + piment d'Espelette + les pâtes + ½ mozzarella en cubes + les gambas. Réchauffer. Servir avec du basilic.

☐ Linguines sauce tomate à l'origan, mozzarella et gambas rôties

320 g de linguines, 4 tomates, 1 c. à c. d'origan séché, ½ oignon, 1 gousse d'ail, ½ mozzarella, 16 gambas décortiquées, basilic, 5 cl de crème liquide, 3 cl de vin blanc sec, 3 cl d'huile d'olive, piment d'Espelette, sel.

---

rouge. Mélanger 10 cl d'eau + 1 œuf + 100 g de farine + 3 g de levure. Tremper les légumes et les dorer dans 15 cl d'huile de friture chaude. Mélanger 4 cl de sauce soja + 4 cl de jus de cédrat + 1 cl de saké. Servir le tempura de légumes + la viande émincée en lamelles + la sauce ponzu.

☐ Carpaccio de bœuf à la sauce ponzu

600 g d'entrecôte, 4 asperges vertes, 4 champignons de Paris, 1 poivron rouge, ½ oignon rouge, 100 g de farine, 3 g de levure, 1 œuf, 15 cl d'huile de friture, 4 cl de sauce soja et de jus de cédrat, 1 cl de saké, 3 cl d'huile d'arachide, sel, poivre.

---

2 mn/côté. Servir avec la salade de tomate.

☐ Salade de tomates et croûtons de pain

4 tomates, 12 billes de mozzarella, 150 g de pain, 4 cl d'huile d'olive, ciboulette.

---

en lamelles + 20 g d'olives noires dénoyautées. Ajouter 2 mozzarellas tranchées. Parsemer d'origan séché + sel + poivre. Enfourner 15-20 mn à 220 °C. Après 10 mn de cuisson, ajouter 2 tranches de jambon cru en morceaux. Verser 2 cl d'huile d'olive en filet et servir.

☐ Pizza aux courgettes et au jambon cru

1 kit pizza avec purée de tomates fraîches, 2 courgettes, 1 oignon rouge, 2 tranches de jambon cru, 2 mozzarellas, 20 g d'olives noires dénoyautées, origan séché, 2 cl d'huile d'olive, sel, poivre.

Dès coloration de la chair, les retourner sur 1 plaque. Enfourner 8-10 mn à 200 °C. Mélanger 500 g de pastèque + 6 tomates en dés + 4 cl d'huile d'olive + 2 cl de vinaigre balsamique + piment d'Espelette. Ajouter du persil ciselé + 50 g de pignons de pin torréfiés. Servir avec le poisson.

☐ Filets de bar au basilic, tartare tomate-pastèque

4 filets de bar, 500 g de pastèque, 6 tomates, basilic, persil, 50 g de pignons de pin, 6 cl d'huile d'olive, 2 cl de vinaigre balsamique, piment d'Espelette, sel.

Faire de même avec les aubergines. Répartir en rosace les lamelles de légumes en les intercalant dans 4 moules individuels. Saler, poivrer. Mixer en poudre fine 40 g de chapelure + origan + 2 gousses d'ail hachées + fleur de thym. Parsemer les légumes. Enfourner 15 mn à 200 °C

☐ Tian de légumes gratinés à la provençale

4 tomates, 1 courgette, 1 aubergine, 1 oignon rouge, 2 gousses d'ail, origan, fleur de thym, 40 g de chapelure, 2 cl d'huile d'olive, sel, poivre.

Ajouter 8 abricots. Cuire 20 mn et les laisser refroidir dans le sirop 2 h. Servir les abricots avec le sirop de cuisson.

☐ Abricots pochés à la lavande

8 abricots, 4 g de lavande séchée, 65 g de cassonade, 30 g de sucre muscovado, 3 g de gingembre moulu, ½ gousse de vanille, 1 grain de poivre long.

JUILLET 2019

Lundi 22

Saltimbocca de veau à la mozzarella

20 mn 10 mn

Aplatir finement 4 escalopes de veau. Saler, poivrer. Répartir dessus ½ mozzarella tranchée + 4 feuille de sauge. Rouler, maintenir avec 1 pique en bois. Poêler dans 2 cl d'huile d'olive, puis cuire 4-5 mn. Réserver.

Mardi 23

Ragoût de poulet aux poivrons

30 mn 40 mn

Dans 1 plat, déposer ½ poulet coupé en 4 + 2 poivrons rouges et jaunes en gros morceaux + 2 cl d'huile d'olive + du thym + sel + poivre. Enfourner 40 mn en mode induction. Retourner le poulet à mi-cuisson et ajouter

Mercredi 24

Salade de concombre mariné

10 mn 30 mn 30 mn

Tailler ½ concombre en fines lamelles à l'aide d'une mandoline. Mélanger 6 cl d'huile d'olive + 2 cl de vinaigre balsamique blanc + sel + poivre + de l'aneth ciselé. Verser sur le concombre. Mettre au frais pendant

Jeudi 25

Gaspacho blanc

15 mn

Mettre 4 tranches de pain de mie à tremper dans 13 cl de lait. Mixer 200 g d'amandes entières + le pain de mie + le lait + 1 gousse d'ail dégermée et hachée. Incorporer 2 cl de vinaigre de Xérès + 10 cl d'huile

Vendredi 26

Encornets sautés et riz aux pimientos

20 mn 15 mn 5 mn

Cuire 12 mn à couvert 200 g de riz basmati dans 30 cl d'eau bouillante salée. Laisser étuver 5 mn hors du feu et égrainer. Mixer 6 pimientos épépinés + 15 cl de crème liquide. Mélanger avec le riz. Couper la chair

Samedi 27

Rouleaux de légumes au curry

30 mn 20 mn

Râper ½ courgette + ½ carotte + ½ oignon. Faire revenir dans 10 g de beurre fondu + 1 gousse d'ail hachée + 1 c. à c. de curry. Ciseler 30 g d'épinards, les ajouter aux légumes + sel + poivre. Laisser refroidir. Découper

Dimanche 28

Cake aux framboises

10 mn 45 mn

Dans 1 bol, blanchir 3 œufs + 100 g de sucre en les fouettant. Ajouter 100 g d'amandes en poudre + 175 g de farine + 5 g de levure + 15 cl de lait entier. Incorporer 30 g de beurre fondu + 100 g de framboises. Verser

ET AUSSI

l'atelier des Chefs

LE TRUC DU CHEF

Si vous n'aimez pas la sauge ou que vous n'en avez pas dans vos placards, sachez que vous pouvez aisément la remplacer par du basilic.

100

Déglacer la poêle avec 2 cl de vin blanc sec. Laisser réduire et verser le jus sur la viande. Dans 1 autre poêle, caraméliser 65 g de miel + 3 g de graines de moutarde blonde, de coriandre et de poivre de Sichuan + 1 capsule de cardamome verte. Ajouter 600 g de tomates cerises. Cuire 4-5 mn et déglacer avec 2 cl de vinaigre de tomate.

☐ Saltimbocca de veau à la mozzarella

4 escalopes de veau, ½ mozzarella, 600 g de tomates cerises, 4 feuilles de sauge, 65 g de miel, 3 g de graines de moutarde blonde, de graines de coriandre et de poivre de Sichuan, 1 capsule de cardamome verte, 2 cl de vin blanc sec, de vinaigre de tomate et d'huile d'olive, sel, poivre.

---

10 cl de vin blanc sec.

☐ Ragoût de poulet aux poivrons

½ poulet, 2 poivrons rouges, 2 poivrons jaunes, 10 cl de vin blanc sec, thym, 2 cl d'huile d'olive, sel, poivre.

---

30 mn avant de servir.

☐ Salade de concombre mariné

½ concombre, aneth, 6 cl d'huile d'olive, 2 cl de vinaigre balsamique blanc, sel, poivre.

---

d'olive. Saler, poivrer. Ajuster la consistance en ajoutant 20 cl d'eau progressivement. Filtrer. Mettre au frais. Couper en mouillettes 4 tranches de pain de campagne toastées. Déposer 30 g de raisins secs blonds + 20 g d'amandes effilées sur le gaspacho + les mouillettes.

☐ Gaspacho blanc

200 g d'amandes entières, 4 tranches de pain de mie, 1 gousse d'ail, 13 cl de lait, 10 cl d'huile d'olive, 2 cl de vinaigre de Xérès, 30 g de raisins secs blonds, 20 g d'amandes effilées, 4 tranches de pain de campagne, sel, poivre blanc moulu.

---

de 600 g d'encornets prêts à cuire en carrés de 4 cm. Les quadriller avec 1 couteau. Poêler 1 mn les encornets côté quadrillé + 1 cl d'huile d'olive. Les retourner, ajouter les tentacules + sel + piment d'Espelette. Faire sauter 2 mn. Servir avec le riz + 2 pimientos en lanières + du basilic.

☐ Encornets sautés et riz aux pimientos

600 g d'encornets prêts à cuire, 200 g de riz basmati, 8 pimientos, 15 cl de crème liquide, basilic, 1 cl d'huile d'olive, piment d'Espelette, sel.

---

2 feuilles filo en 4 bandes verticales. Déposer 1 c. de garniture à l'extrémité. Replier les bords et rouler. Déposer sur 1 feuille de cuisson, badigeonner de 2 cl d'huile d'arachide. Enfourner 15 mn à 200 °C. Fouetter 1 yaourt velouté + 1 c. à c. de curry + sel. Servir les rouleaux + la sauce.

☐ Rouleaux de légumes au curry

2 feuilles filo, ½ courgette, ½ carotte, 30 g d'épinards, ½ oignon, 1 gousse d'ail, 2 c. à c. de curry, 10 g de beurre, 1 yaourt velouté, 2 cl d'huile d'arachide, sel, poivre.

---

la préparation dans 1 moule à cake beurré et sucré. Enfourner 45 mn à 180 °C.

☐ Cake aux framboises

100 g de framboises, 175 g de farine, 100 g de sucre, 100 g d'amandes en poudre, 5 g de levure, 30 g de beurre, 15 cl de lait entier, 3 œufs.

ET AUSSI

JUILLET-AOÛT 2019

Lundi 29

Brochettes de kefta et de tomates cerises

20 mn 25 mn

Mélanger 3 g de graines de cumin + 2 g de paprika + 10 g de gingembre frais haché + 1 pistil de safran + ½ citron confit au sel en dés + le jus d'½ citron + de

Mardi 30

Mini-poivrons froids farcis aux pimientos

20 mn 20 mn

Disposer sur 1 plaque 4 mini-poivrons rouges + 4 mini-poivrons verts coupés en 2. Enfourner 15 mn à 180 °C. Mélanger 30 g de pimientos + 30 g de jambon

Mercredi 31

Salade estivale au thon frais

15 mn 30 mn

Poêler 400 g de thon rouge en cubes + 2 cl d'huile d'olive 30 s/côté. Saler, poivrer. Parsemer de 10 g de graines de sésame noir et blanc. Ébouillanter 8 mn 200 g de haricots verts coupés en 3. Rafraîchir. Cuire

Jeudi 1

Pizza aux légumes confits, roquette et parmesan

10 mn 15 mn

Étaler 1 pâte à pizza sur 1 plaque huilée. Piquer le fond avec 1 fourchette. Répartir 50 g de purée de tomates + 8 pétales de tomates confites + 4 artichauts grillés

Vendredi 2

Salade de farfalles au basilic et sardines farcies à la ricotta

20 mn 15 mn

Mélanger 100 g de ricotta + 6 pétales de tomates confites en dés + 1 gousse d'ail ciselée. Poivrer. Déposer un peu de farce sur 4 filets de sardines fraîches en

Samedi 3

Crumble de légumes provençaux

15 mn 25 mn

Poêler 2 courgettes + 1 aubergine en tranches dans 2 cl d'huile d'olive + 1 gousse d'ail + thym + laurier. Saler et poivrer. Disposer dans 1 plat à gratin + 4 tomates en tranches. Sabler grossièrement 65 g

Dimanche 4

Sorbet aux fraises

15 mn 1 h

Mettre dans 1 bol en inox 650 g de fraises coupées en 4 + 100 g de sucre. Placer sur 1 casserole avec 1 fond d'eau et cuire au bain-marie 1 h. Dans 1 autre casserole, porter à ébullition 30 cl d'eau + 60 g de

L'atelier des Chefs

LE TRUC DU CHEF

Lorsque vous épicez vos viandes, et si la recette s'y prête, n'hésitez pas à les faire griller au barbecue ou à la plancha. Ce mode de cuisson permet aux épices de développer plus de parfums.

la coriandre + 3 gousses d'ail pilées avec du sel + 8 cl d'huile d'olive en filet + 300 g de bœuf haché. Former des boulettes. Les piquer sur des brochettes. Faire suer 3 mn ½ oignon émincé + 2 cl d'huile d'olive. Ajouter 200 g de tomates cerises, cuire 10 mn, puis ajouter les brochettes. Cuire 10 mn. Saler, poivrer et servir.

☐ Brochettes de kefta et de tomates cerises

300 g de bœuf haché, 200 g de tomates cerises, ½ oignon, 3 gousses d'ail, ½ citron, ½ citron confit au sel, coriandre, 10 g de gingembre frais, 3 g de graines de cumin, 2 g de paprika, 1 pistil de safran, 10 cl d'huile d'olive, sel, poivre.

---

cru italien en morceaux + 65 g de faisselle + de la ciboulette hachée + sel + poivre. Farcir les mini-poivrons, les arroser de 3 cl d'huile d'olive et enfourner 5 mn. Réserver au frais jusqu'à dégustation.

☐ Mini-poivrons froids farcis aux pimientos

4 mini-poivrons rouges, 4 mini-poivrons verts, 30 g de pimientos, 30 g de jambon cru italien, 65 g de faisselle, ciboulette, 3 cl d'huile d'olive, sel, poivre.

---

400 g de pommes de terre à chair ferme à l'eau salée. Les éplucher et les couper. Cuire 2 œufs à l'eau bouillante 9 mn. Les refroidir, les écaler et les couper en 4. Mélanger les légumes + 200 g de roquette + les œufs + 5 g de moutarde + 5 cl de vinaigre de Xérès + 10 cl d'huile de noix + 1 échalote ciselée. Servir avec le thon coupé en tranches.

☐ Salade estivale au thon frais

400 g de thon rouge et de pommes de terre à chair ferme, 200 g de haricots verts et de roquette, 1 échalote, 2 œufs, 10 g de graines de sésame blanc et de sésame noir, 5 g de moutarde, 10 cl d'huile de noix, 5 cl de vinaigre de Xérès, 2 cl d'huile d'olive, sel, poivre.

---

marinés coupés en 4 + 2 poivrons confits en lanières + 65 g de parmesan râpé. Enfourner 15 mn à 240 °C. Ajouter 65 g de roquette + 20 g de copeaux de parmesan. Servir chaud.

☐ Pizza aux légumes confits, roquette et parmesan

1 pâte à pizza, 8 pétales de tomates confites, 4 artichauts grillés marinés, 2 poivrons confits, 65 g de roquette, 65 g de parmesan râpé, 20 g de copeaux de parmesan, 50 g de purée de tomates, 2 cl d'huile d'olive.

---

portefeuille. Rouler vers la queue, fermer avec 1 pique en bois. Placer dans 1 plat. Verser 1 cl d'huile d'olive. Enfourner 10-12 mn à 220 °C. Cuire 280 g de farfalles. Égoutter, rafraîchir et mélanger avec du basilic ciselé + 12 tomates cerises coupées en 4 + 1 cl de vinaigre balsamique + 3 cl d'huile d'olive + fleur de sel.

☐ Salade de farfalles au basilic et sardines farcies à la ricotta

4 filets de sardines fraîches en portefeuille, 100 g de ricotta, 6 pétales de tomates confites, 1 gousse d'ail, 280 g de farfalles, 12 tomates cerises, basilic, 4 cl d'huile d'olive, 1 cl de vinaigre balsamique, poivre, fleur de sel.

---

de beurre, de parmesan râpé, de farine et de chapelure. En recouvrir les légumes. Enfourner 20 mn à 180 °C.

☐ Crumble de légumes provençaux

2 courgettes, 1 aubergine, 4 tomates, 1 gousse d'ail, thym, laurier, 65 g de beurre, 65 g de parmesan râpé, 65 g de farine, 65 g de chapelure, 2 cl d'huile d'olive, sel, poivre.

---

sirop de glucose + 100 g de sucre. Mixer avec les fraises et faire prendre le sorbet en sorbetière. Verser dans 1 récipient glacé.

☐ Sorbet aux fraises

650 g de fraises, 200 g de sucre, 60 g de sirop de glucose.

ET AUSSI

Lundi 5

Salade de penne au pesto

20 mn 10 mn

Dans 1 poêle, torréfier à sec 30 g de pignons de pin. Dans 1 mortier, mettre les ¾ d'1 botte de basilic effeuillée + 1 gousse d'ail + la ½ des pignons de pin. Piler. Ajouter 30 g de parmesan râpé, puis 5 cl d'huile

Mardi 6

Carpaccio de bœuf en voile de sel et oignons rouges

20 mn 15 mn 15 mn

Dans 1 casserole, faire chauffer 5 cl de vinaigre de Xérès, puis ajouter 2 oignons rouges en rondelles. Laisser mariner 10 mn hors du feu. Ajouter 12 carottes

Mercredi 7

Salade de roquette et crudités

15 mn

Mélanger 65 g de fromage blanc + 2 cl de jus de citron + sel + poivre. Servir avec ½ concombre en fines lamelles mélangé à 130 g de roquette + 165 g de

Jeudi 8

Tatin de tomates cerises, jeunes pousses et jambon cru

25 mn 30 mn

Dans 1 pâte feuilletée, tailler 4 disques un peu + grands que les moules. Dans 1 poêle, chauffer 20 g de miel. Ajouter 400 g de tomates cerises. Cuire jusqu'à ce

Vendredi 9

Truites grillées à l'huile pimentée, écrasé d'aubergines minute

20 mn 20 mn

Poêler 2 aubergines en dés dans 1 cl d'huile d'olive + sel + piment d'Espelette, puis faire compoter 8 mn. Écraser à la fourchette en fin de cuisson. Entailler en

Samedi 10

Poêlée de poivrons traditionnelle

10 mn 25 mn

Faire suer ½ oignon émincé dans 5 cl d'huile d'olive + sel. Ajouter 2 poivrons rouges et jaunes pelés, épépinés et coupés en 2 + sel + 1 gousse d'ail en chemise + thym + laurier. Cuire à couvert 20 mn.

Dimanche 11

Abricots rôtis aux biscuits Amaretti

15 mn 10 mn

Mélanger 4 biscuits Amaretti émiettés + 50 g de pâte d'amande blanche + 1 blanc d'œuf + 20 g de sucre glace. Couper 8 abricots en 2. Farcir chaque ½ abricot de la préparation. Ajouter 2 cl d'huile d'olive,

L'atelier des Chefs

LE TRUC DU CHEF

La peau des poivrons est peu digeste. Si vous n'avez pas d'ustensile adéquat pour les éplucher, vous pouvez les rôtir, puis les placer dans un sac plastique. La peau se décollera alors très aisément.

104

d'olive au fur et à mesure + le reste des pignons. Mettre au frais. Cuire al dente 250 g de penne. Égoutter, rafraîchir. Ajouter le pesto + le reste du basilic ciselé. Saler, poivrer. Servir bien frais.

☐ Salade de penne au pesto

250 g de penne, 30 g de pignons de pin, 1 gousse d'ail, 1 botte de basilic, 30 g de parmesan râpé, 5 cl d'huile d'olive, sel, poivre.

taillées en fines tagliatelles, laisser mariner 5 mn. Émincer très finement 4 pavés de rumsteck. Déposer sur 1 assiette. Répartir les oignons + les carottes. Saler, poivrer. Parsemer de coriandre ciselée. Ajouter 80 g de mâche + 1 cl d'huile d'olive.

☐ Carpaccio de bœuf en voile de sel et oignons rouges

4 pavés de rumsteck, 2 oignons rouges, 12 carottes, 80 g de mâche, coriandre, 5 cl de vinaigre de Xérès, 1 cl d'huile d'olive, sel, poivre.

tomates cerises coupées en 2.

☐ Salade de roquette et crudités

130 g de roquette, 165 g de tomates cerises, ½ concombre, 65 g de fromage blanc, 2 cl de jus de citron, sel, poivre.

que la peau craque. Répartir et tasser légèrement dans les moules. Couvrir avec les fonds de pâte + 1 feuille de papier cuisson + 1 plaque. Enfourner 20-25 mn à 200 °C. Parsemer de fleur de sel + poivre + 100 g de mesclun assaisonné de 2 cl d'huile d'olive + 4 tranches fines de jambon cru en chiffonnade + 20 g de parmesan en copeaux.

☐ Tatin de tomates cerises, jeunes pousses et jambon cru

1 pâte feuilletée, 400 g de tomates cerises, 100 g de mesclun, 4 tranches fines de jambon cru, 20 g de miel, 20 g de parmesan, 2 cl d'huile d'olive, fleur de sel, poivre.

biais la chair de 4 truites et y insérer des brins de thym. Saler les 2 côtés. Disposer dans le ventre 1 gousse d'ail écrasée. Déposer sur 1 plaque. Enfourner 5-6 mn en position grill. Chauffer 5 mn 2 cl d'huile d'olive + 1 piment rouge épépiné. Laisser refroidir. Servir le tout avec du thym.

☐ Truites grillées à l'huile pimentée, écrasé d'aubergines minute

4 truites, 1 piment rouge, 2 aubergines, 4 gousses d'ail, 3 cl d'huile d'olive, thym, piment d'Espelette, sel.

Rectifier l'assaisonnement en sel + piment d'Espelette. Servir bien chaud.

☐ Poêlée de poivrons traditionnelle

2 poivrons rouges, 2 poivrons jaunes, ½ oignon, 1 gousse d'ail, thym, laurier, 5 cl d'huile d'olive, piment d'Espelette, sel.

Enfourner 10 mn à 200 °C.

☐ Abricots rôtis aux biscuits Amaretti

8 abricots, 4 biscuits Amaretti, 50 g de pâte d'amande blanche, 20 g de sucre glace, 1 blanc d'œuf, 2 cl d'huile d'olive.

ET AUSSI

AOÛT 2019

Lundi 12

Salade de riz aux crevettes, mangue et lait de coco

15 mn 10 mn

Cuire 230 g de riz basmati. Égoutter. Dans 1 saladier, mélanger 10 cl de lait de coco non sucré + le zeste et jus d'1 citron vert + sel + 130 g de crevettes cuites

Mardi 13

Brochettes de canard et nectarines au romarin

30 mn 15 mn

Couper 2 filets de canard en gros cubes + 4 nectarines pelées en 8. Piquer sur 4 brins de romarin effeuillés en alternant. Saler, poivrer. Poêler dans 3 cl d'huile

Mercredi 14

Salade d'été à la grecque

20 mn

Mélanger 2 tomates coupées en 4 + ½ poivron vert émincé + ½ concombre pelé et épépiné tranché + sel + poivre + 5 cl d'huile d'olive. Mélanger le jus d'1 citron + sel + poivre + 8 cl d'huile d'olive. Verser sur les

Jeudi 15

Assomption

Raviolis à la vapeur

15 mn 10 mn

Réhydrater 30 g de champignons noirs séchés. Les couper en fines lamelles. Tailler 260 g d'échine de porc en gros morceaux. Hacher grossièrement la viande + 65 g de pousses de bambou + les champignons.

Vendredi 16

Eclade de moules au romarin et salade de pommes de terre

25 mn 25 mn

Cuire 500 g de pommes de terre ratte + 1 gousse d'ail écrasée à l'eau salée. Égoutter, rafraîchir et les couper en tranches avec la peau. Les mélanger à 2 oignons

Samedi 17

Salade de haricots verts à l'échalote, vinaigrette au curry

15 mn 10 mn 1 h

Mélanger avec 1 fourchette 1 c. à c. de moutarde à l'ancienne + 3 cl de vinaigre de vin rouge + sel + 10 cl d'huile d'olive + 2 g de curry + 1 échalote émincée

Dimanche 18

Tartare de pêches au pesto de menthe

20 mn

Dans 1 mortier, piler 13 feuilles de menthe + 40 g d'amandes en poudre. Incorporer 4 cl d'huile d'olive en filet. Tailler 4 pêches pelées en brunoise. Mélanger avec le pesto. Réserver. Torréfier 40 g d'amandes

L'atelier des Chefs

LE TRUC DU CHEF

Si vous décidez de réaliser une polenta pour accompagner votre plat, assaisonnez-la au dernier moment car elle se fige très rapidement.

106

lécortiquées + le riz + 100 g de pousses de soja + de la menthe ciselée + 2 oignons nouveaux émincés + 100 g de mangue en dés. Assaisonner le sel + 2 g de piment rouge moulu. Parsemer de 30 g de cacahuètes concassées. Servir bien frais.

☐ Salade de riz aux crevettes, mangue et lait de coco

230 g de riz basmati, 130 g de crevettes cuites décortiquées, 100 g de mangue, 1 citron vert, 2 oignons nouveaux, 100 g de pousses de soja, 30 g de cacahuètes, 10 cl de lait de coco non sucré, menthe, 2 g de piment rouge moulu, sel.

---

l'olive. Enfourner 3-6 mn à 200 °C. Ajouter 5 g de miel + 1 g de poivre de Sichuan. Déglacer avec 15 cl de jus d'orange. Laisser réduire. Cuire en fouettant 130 g de polenta précuite 5 mn dans 65 cl de lait bouillant + 5 g de gros sel + 25 g de beurre + 5 cl de crème liquide montée en chantilly très froide + le jus et zeste d'½ citron + le zeste d'½ citron confit au sel en dés.

☐ Brochettes de canard et nectarines au romarin

2 filets de canard, 4 nectarines, 4 brins de romarin, 130 g de polenta précuite, 5 g de miel, ½ citron, ½ citron confit au sel, 1 g de poivre de Sichuan, 65 cl de lait, 15 cl de jus d'orange, 25 g de beurre, 5 cl de crème liquide, 3 cl d'huile d'olive, 5 g de gros sel, sel, poivre.

égumes. Ajouter ½ oignon blanc émincé + de la menthe, du basilic et de la coriandre ciselés. Servir sur ½ salade romaine effeuillée. Parsemer de 130 g de feta en cubes assaisonnée + 30 g d'olives noires.

☐ Salade d'été à la grecque

2 tomates, ½ poivron vert, ½ concombre, ½ salade romaine, ½ oignon blanc, 1 citron, 30 g d'olives noires, 130 g de feta, menthe, basilic, coriandre, 13 cl d'huile d'olive, sel, poivre.

Ajouter 65 g de chair de crabe + 2 cl de sauce soja et d'huile de sésame + poivre + sel + 10 g de fécule de maïs délayée dans 0,5 cl d'eau. Mélanger. Déposer 1 c. à s. de farce au milieu de 12 feuilles de pâte à raviole. Rabattre et resserrer la pâte sans la refermer. Cuire à la vapeur 10 mn.

☐ Raviolis à la vapeur

12 feuilles de pâte à raviole, 260 g d'échine de porc, 65 g de chair de crabe, 65 g de pousses de bambou, 30 g de champignons noirs séchés, 10 g de fécule de maïs, 2 cl de sauce soja, 2 cl d'huile de sésame, sel, poivre.

---

rouges + 10 radis roses émincés + 1 botte de ciboulette ciselée + 200 g de crème épaisse + 2 cl de vinaigre d'alcool rouge. Saler, poivrer. Disposer 2 kg de moules debout en les serrant sur 1 plaque recouverte de papier sulfurisé. Répartir les brins effeuillés d'1 botte de romarin. Les allumer au chalumeau. Une fois le feu éteint, enfourner 5 mn à 220 °C. Servir avec la salade de pommes de terre.

☐ Eclade de moules au romarin et salade de pommes de terre

2 kg de moules, 1 botte de romarin, 500 g de pommes de terre ratte, 10 radis roses, 2 oignons rouges, 1 gousse d'ail, 1 botte de ciboulette, 200 g de crème épaisse, 2 cl de vinaigre d'alcool rouge, sel, poivre.

+ de la ciboulette ciselée + 20 g de tomates confites en dés. Mettre au frais 1 h. Ébouillanter 8 mn 500 g de haricots verts. Égoutter, mélanger avec la vinaigrette et servir.

☐ Salade de haricots verts à l'échalote, vinaigrette au curry

500 g de haricots verts, 1 échalote, 20 g de tomates confites, 1 c. à c. de moutarde à l'ancienne, 2 g de curry, ciboulette, 10 cl d'huile d'olive, 3 cl de vinaigre de vin rouge, sel.

---

effilées avec 5 g de beurre. Égoutter. En parsemer les fruits et servir.

☐ Tartare de pêches au pesto de menthe

4 pêches, 13 feuilles de menthe, 40 g d'amandes en poudre, 4 cl d'huile d'olive, 40 g d'amandes effilées, 5 g de beurre.

ET AUSSI

AOÛT 2019

Lundi 19

Orzotto aux tomates cerises rôties et au bacon

15 mn · 20 mn

Enfourner 4 tranches de bacon 10 mn à 210 °C. Réparti 130 g de tomates cerises sur 1 plaque. Arroser d'1 c d'huile d'olive. Enfourner jusqu'à ce que la peau craque

Mardi 20

Bruschettas rafraîchissantes au melon, au concombre et à la menthe

15 mn · 5 mn · 10 mn

Dans 250 g de melon, façonner des billes avec 1 cuillère parisienne. Mélanger 5 g de miel + 1 cl d'huile d'olive + 2 cl de vinaigre balsamique blanc + de la menthe

Mercredi 21

Salade méchouia

15 mn · 15 mn

Griller 4 tomates + 2 poivrons verts sur toutes leurs faces + 2 gousses d'ail. Peler les légumes + l'ail et les hacher finement. Cuire 2 œufs à l'eau bouillante 9 mn. Laisser refroidir, les écaler et les couper en 4. Dans

Jeudi 22

Tartelettes fromagères et radis roses

20 mn · 15 mn · 45 mn

Foncer 4 moules individuels avec 4 fonds de tartelette crus en pâte brisée. Mettre au frais 30 mn. Cuire à blanc 15 mn à 180 °C. Dans 1 saladier, mélanger à la fourchette 1 bûche de chèvre + 15 cl de crème liquide

Vendredi 23

Pavés de saumon à la vapeur de tilleul, sauce raita

20 mn · 10 mn

Poêler 4 mn 200 g de pousses de soja + 3 cl d'huile d'olive. Saler, poivrer. Ajouter de la coriandre ciselée. Assaisonner 4 pavés de saumon de fleur de sel + 3 g

Samedi 24

Tomates farcies aux herbes

15 mn · 20 mn

Faire dégorger 4 tomates coupées en 2 évidées et salées. Mixer 4 tranches de pain de mie grillées + du basilic + du persil + 1 gousse d'ail + 2 cl d'huile d'olive + thym + romarin. Saler et poivrer. Farcir les tomates.

Dimanche 25

Clafoutis aux mirabelles et aux amandes

30 mn · 25 mn · 1 h

Dans 1 saladier, mélanger 20 g d'amandes en poudre + 65 g de farine + 60 g de sucre. Ajouter 4 œufs et fouetter. Incorporer 8 cl de lait et de crème liquide.

LE TRUC DU CHEF

Quand vous préparez des tartelettes, garnissez-les, si possible, au dernier moment, et servez-les très rapidement afin de conserver le croustillant de la pâte.

Dans 1 cocotte, faire suer 1 oignon émincé + 1 cl d'huile d'olive. Ajouter 320 g de pâtes Orzo, mélanger, puis 20 cl de bouillon de volaille. Porter à ébullition, verser 45 cl du bouillon au fur et à mesure + 5 cl de crème liquide + 65 g de parmesan râpé. Mélanger, assaisonner et parsemer de basilic ciselé + de morceaux de bacon + de tomates cerises.

hachée. Ajouter 1 concombre en dés + les billes de melon + 2 g de gingembre frais râpé. Saler, poivrer. Laisser mariner 10 mn. Dorer 4 tranches de pain de chaque côté sous le gril du four. Les tartiner de 30 g de fromage ail et fines herbes. Répartir la garniture, parsemer de fleur de sel et servir.

1 saladier, mettre les légumes + 2 cl de jus de citron + ½ c. à c. de coriandre moulue. Saler, poivrer, mélanger. Émietter 100 g de thon en boîte par-dessus, verser 10 cl d'huile d'olive, décorer avec les quartiers d'œufs + 30 g d'olives noires dénoyautées. Servir bien frais.

+ de la ciboulette et du cerfeuil ciselés. Saler, poivrer. Mettre au frais 15 mn. Garnir les tartes du mélange. Répartir 5 radis roses en rondelles + 100 g de pousses d'épinard + 3 cl d'huile d'olive en filet + 10 g de graines de sésame doré. Servir aussitôt.

de baies roses écrasées. Verser de l'eau + 10 g de feuilles de tilleul séchées dans 1 cuit-vapeur et y cuire le poisson 6 mn à couvert. Mélanger ½ concombre en cubes + ½ oignon blanc émincé + de la menthe hachée + le jus d'½ citron + 2 yaourts nature + 1 cl d'huile d'olive. Servir avec les pousses de soja + le poisson.

Les déposer dans 1 plat. Arroser de 2 cl d'huile d'olive et enfourner 20 mn à 210 °C.

Laisser reposer 1 h. Disposer 265 g de mirabelles dans 4 moules beurrés et farinés. Verser la pâte. Ajouter 35 g d'amandes entières. Enfourner 20-25 mn à 180 °C. Démouler tièdes. Dans 1 poêle, faire caraméliser 65 g de sucre. Ajouter 5 g de beurre + 8 cl de crème liquide petit à petit. Servir avec les clafoutis.

L'atelier des Chefs

COURSES
pour 4 personnes

☐ Orzotto aux tomates cerises rôties et au bacon

320 g de pâtes Orzo, 130 g de tomates cerises, 4 tranches de bacon, 1 oignon, 65 g de parmesan râpé, basilic, 65 cl de bouillon de volaille, 5 cl de crème liquide, 2 cl d'huile d'olive, sel, poivre.

☐ Bruschettas rafraîchissantes au melon, au concombre et à la menthe

4 tranches de pain, 250 g de melon, 1 concombre, menthe, 2 g de gingembre frais, 30 g de fromage ail et fines herbes, 5 g de miel, 2 cl de vinaigre balsamique blanc, 1 cl d'huile d'olive, fleur de sel, sel, poivre.

☐ Salade méchouia

4 tomates, 2 poivrons verts, 2 gousses d'ail, 2 œufs, 100 g de thon en boîte, 30 g d'olives noires dénoyautées, ½ c. à c. de coriandre moulue, 10 cl d'huile d'olive, 2 cl de jus de citron, sel, poivre.

☐ Tartelettes fromagères et radis roses

4 fonds de tartelette crus en pâte brisée, 1 bûche de chèvre, 100 g de pousses d'épinard, 5 radis roses, ciboulette, cerfeuil, 10 g de graines de sésame doré, 15 cl de crème liquide, 3 cl d'huile d'olive, sel, poivre.

☐ Pavés de saumon à la vapeur de tilleul, sauce raita

4 pavés de saumon, 10 g de feuilles de tilleul séchées, 200 g de pousses de soja, 2 yaourts nature, ½ concombre, ½ oignon blanc, ½ citron, coriandre, menthe, 3 g de baies roses, 4 cl d'huile d'olive, fleur de sel, sel, poivre.

☐ Tomates farcies aux herbes

4 tomates, 4 tranches de pain de mie, basilic, persil, thym, romarin, 1 gousse d'ail, 4 cl d'huile d'olive, sel, poivre.

☐ Clafoutis aux mirabelles et aux amandes

265 g de mirabelles, 35 g d'amandes entières, 125 g de sucre, 65 g de farine, 20 g d'amandes en poudre, 4 œufs, 16 cl de crème liquide, 8 cl de lait, 5 g de beurre.

109

ET AUSSI

AOÛT-SEPTEMBRE 2019

Lundi 26

Carpaccio de veau mi-cuit aux légumes croquants

30 mn 15 mn

Couper en petits dés ½ poivron rouge et jaune pelés et épépinés. Émincer finement 2 mini-fenouils. Dans 1 bol, mélanger les légumes + le jus et zeste d'½ citron

Mardi 27

Salade estivale à l'italienne

15 mn 5 mn

Mélanger 2 cl d'huile d'olive + 2 cl de vinaigre balsamique + sel + poivre. Poêler 4 escalopes bolognaises 3 mn/face. Mélanger 300 g de roquette + fleur de sel + poivre. Déposer dans 1 assiette avec

Mercredi 28

Œufs à la coque, mouillettes de tapenade

15 mn 5 mn

Tartiner 2 tranches de pain de mie toastées avec 30 g de tapenade noire + 30 g de tapenade verte. Les couper en bâtonnets et les garnir de 3 pétales de

Jeudi 29

Tartelettes feuilletées d'aubergine et de mozzarella

15 mn 30 mn

Détailler 1 pâte feuilletée en 4 ronds. Déposer sur 1 plaque avec du papier cuisson. Couvrir d'1 deuxième feuille de papier + 1 plaque. Enfourner 15 mn à 200 °C

Vendredi 30

Daurade à l'espagnole à la plancha

20 mn 25 mn

Mélanger 6 gousses d'ail pelées et écrasées + le jus d'½ citron + 4 cl d'huile d'olive + sel + piment d'Espelette. Verser sur 1 daurade écaillée et désarêtée. Dorer 6 gousses d'ail pelées + 4 cl d'huile d'olive. Faire réduire

Samedi 31

Figues farcies aux 2 fromages et jambon cru

15 mn 10 mn

Inciser 4 figues en croix. Écraser 65 g de chèvre frais + 20 g de bleu de Bresse. Saler, poivrer, mélanger. Garnir les figues de la préparation, puis les entourer

Dimanche 1

Poires confites au caramel, véritable chantilly

20 mn 40 mn

Mettre 4 poires pelées dans 30 cl d'eau + le jus d'½ citron. Verser 200 g de sucre en fine couche dans 1 plaque à bords hauts. Enfourner 10 mn à 180 °C en

L'atelier des Chefs

LE TRUC DU CHEF

Pensez à ajouter des fines herbes dans vos salades (de l'estragon et de la ciboulette pour compenser l'amertume de la roquette, par exemple). Elles présentent également de nombreuses vertus médicinales.

non traité + 5 g d'écorce de citron confit + ½ échalote + persil ciselés + 5 cl d'huile d'olive + sel + piment d'Espelette. Couper 300 g de quasi de veau en 4 pavés. Saler. Poêler les 2 faces + 1 cl d'huile d'olive, puis les couper en fines lamelles. Garnir la viande de légumes croquants. Laisser mariner. Servir avec 35 g de copeaux de parmesan + 65 g de roquette.

☐ Carpaccio de veau mi-cuit aux légumes croquants

300 g de quasi de veau, ½ poivron rouge, ½ poivron jaune, 2 mini-fenouils, ½ échalote, ½ citron non traité, persil, 65 g de roquette, 35 g de copeaux de parmesan, 5 g d'écorce de citron confit, 6 cl d'huile d'olive, piment d'Espelette, sel.

200 g de tomates cerises coupées en 2 + les escalopes tranchées + 100 g de copeaux de parmesan + la vinaigrette.

☐ Salade estivale à l'italienne

4 escalopes bolognaises, 300 g de roquette, 200 g de tomates cerises, 100 g de copeaux de parmesan, 2 cl d'huile d'olive, 2 cl de vinaigre balsamique, fleur de sel, sel, poivre.

tomates confites en lanières + de ciboulette ciselée. Ouvrir le haut de 8 coquilles d'œufs. Vider 1 partie du blanc. Assaisonner et ajouter un peu de tapenade. Les poser sur de l'eau frémissante et cuire 4-5 mn. Servir avec les mouillettes.

☐ Œufs à la coque, mouillettes de tapenade

8 œufs, 2 tranches de pain de mie, 30 g de tapenade noire, 30 g de tapenade verte, 3 pétales de tomates confites, brins de ciboulette, sel, poivre.

Retirer la deuxième plaque. Cuire 5 mn. Poêler 4 tranches d'1 aubergine + 2 cl d'huile d'olive. Égoutter et saler. Les répartir dans 4 petits moules à tarte + 4 oignons nouveaux ciselés + 65 g de tomates confites émincées + 165 g de mozzarella tranchée. Enfourner 2 mn sous le gril à 240 °C. Poser les disques de feuilletage sur chaque moule, démouler et servir.

☐ Tartelettes feuilletées d'aubergine et de mozzarella

1 pâte feuilletée, 1 aubergine, 4 oignons nouveaux, 165 g de mozzarella, 65 g de tomates confites, 2 cl d'huile d'olive, sel.

10 cl de vinaigre de cidre, l'ajouter à l'ail doré + 20 g de beurre + le jus d'½ citron. Faire réduire en fouettant. Huiler le poisson. Le saisir 5 mn/face à la plancha. Faire sauter 6 piments doux verts épépinés 5 mn + 2 cl d'huile d'olive + fleur de sel + piment d'Espelette.

☐ Daurade à l'espagnole à la plancha

1 daurade écaillée et désarêtée, 12 gousses d'ail, 6 piments doux verts, 1 citron, 20 g de beurre, 12 cl d'huile d'olive, 10 cl de vinaigre de cidre, piment d'Espelette, sel, fleur de sel.

d'1 tranche de jambon cru. Fermer avec 1 cure-dents. Déposer sur 1 plaque huilée et les arroser de 2 cl d'huile d'olive. Enfourner 10 mn à 150 °C. Servir avec du basilic + 3 g de poivre rouge + piment d'Espelette.

☐ Figues farcies aux 2 fromages et jambon cru

4 figues, 65 g de chèvre frais, 20 g de bleu de Bresse, 4 tranches de jambon cru, basilic, 2 cl d'huile d'olive, 3 g de poivre rouge, piment d'Espelette, sel, poivre.

chaleur pulsée. Ajouter les poires + 1 peu d'eau citronnée. Enfourner 30 mn. Servir les poires refroidies accompagnées de 20 cl de crème liquide entière montée en chantilly avec 10 g de sucre glace + les graines d'½ gousse de vanille.

☐ Poires confites au caramel, véritable chantilly

4 poires, ½ citron, 200 g de sucre, 20 cl de crème liquide entière, 10 g de sucre glace, ½ gousse de vanille.

111

ET AUSSI

LE TRUC DU CHEF

Si vous faites rôtir un poisson, il existe un moyen simple d'en vérifier la cuisson. Observez le liquide qui sort du poisson. S'il est blanc, c'est qu'il commence à s'assécher. Ce liquide est de l'albumine, c'est un bon repère visuel pour savoir si votre poisson est trop cuit.

Lundi 2

Chou-fleur façon riz cantonais

25 mn 10 mn

Fouetter 10 cl d'eau +1 cl de jus de citron vert + se + 2 cl de nuoc-mâm + poivre + 1 c. à s. de miel + 2 c de vinaigre de cidre + piment de Cayenne. Dans 1 wok poêler 1 oignon émincé + 2 gousses d'ail hachées

Mardi 3

Poulet jaune rôti aux figues et à l'orange

10 mn 50 mn 10 mn

Sortir 1 poulet jaune du réfrigérateur 10 mn avant de le cuire. Le farcir d'ail + thym + laurier + 1 c. à s. de gros sel. Le badigeonner de 2 cl d'huile d'arachide

Mercredi 4

Salade pastèque-melon à la mozzarella

20 mn

Tailler en petits dés 600 g de pastèque + ½ melon + 2 mozzarellas. Mélanger le tout avec 2 cl d'huile d'olive + 2 cl de réduction de vinaigre balsamique

Jeudi 5

Quiche roquefort, tomates cerises et noix

15 mn 45 mn

Foncer 1 cercle en inox beurré d'1 pâte brisée. Cuire à blanc 20 mn à 200 °C. Mélanger 15 cl de crème liquide + 1 œuf + 1 jaune d'œuf + sel + poivre + muscade

Vendredi 6

Pavés de cabillaud rôtis, tartare d'algues et mousseline de céleri

20 mn 20 mn

Cuire ½ céleri-rave en dés + 20 cl de lait + 20 cl de crème liquide. Mixer avec 100 g de beurre. Saler, poivrer Poêler 4 pavés de cabillaud côté peau dans 1 cl d'huile

Samedi 7

Crumble de légumes et Kiri

30 mn 1 h

Poêler 1 oignon émincé + 1 gousse d'ail hachée. Ajouter 1 aubergine en cubes. Faire dorer, puis ajouter 1 poivron rouge et 1 vert en lanières + thym + romarin + sel + poivre. Cuire 20 mn. Ajouter 2 courgettes en rondelles

Dimanche 8

Cheesecake framboises-thé vert aux biscuits au citron

20 mn 5 mn 3 h 15

Mélanger 6 Sprits au citron + 165 g de biscuits Petit Beurre réduits en poudre + 65 g de beurre fondu + le zeste d'½ citron non traité. Tasser dans 4 cercles en

+ 150 g de petits pois frais écossés ébouillantés + 2 carottes en dés + 3 cl d'huile de coco. Dans 1 poêle, dorer 1 chou-fleur râpé + 3 cl d'huile de coco. Ajouter 125 g de tofu soyeux en cubes. Verser dans le wok, faire sauter. Ajouter 2 oignons nouveaux + de la coriandre ciselés. Servir avec la sauce.

☐ Chou-fleur façon riz cantonais

1 chou-fleur, 150 g de petits pois frais écossés, 2 carottes, 1 oignon, 2 gousses d'ail, 2 oignons nouveaux, 125 g de tofu soyeux, coriandre, 1 c. à s. de miel, 10 cl de jus de citron vert, 6 cl d'huile de coco, 2 cl de nuoc-mâm et de vinaigre de cidre, piment de Cayenne, sel, poivre.

Saler et poivrer. Dans 1 plat, le poser sur 1 cuisse + 30 g de beurre. Enfourner 15 mn à 220 °C. Retourner sur l'autre cuisse, cuire 15 mn. Mettre sur le dos, ajouter 12 figues incisées en croix + 5 cl de jus d'orange. Cuire 20 mn en arrosant régulièrement. Ajouter les segments de 2 oranges et servir.

☐ Poulet jaune rôti aux figues et à l'orange

1 poulet jaune, 12 figues, 2 oranges, ail, thym, laurier, 30 g de beurre, 5 cl de jus d'orange, 2 cl d'huile d'arachide, 1 c. à s. de gros sel, sel, poivre.

+ piment d'Espelette. Servir avec 130 g de roquette.

☐ Salade pastèque-melon à la mozzarella

600 g de pastèque, ½ melon, 2 mozzarellas, 130 g de roquette, 2 cl de réduction de vinaigre balsamique, 2 cl d'huile d'olive, piment d'Espelette.

---

râpée. Sur le fond de tarte cuit, répartir 200 g de tomates cerises + 100 g de roquefort en dés + 20 g de cerneaux de noix. Verser l'appareil à flan. Enfourner 25 mn à 180 °C.

☐ Quiche roquefort, tomates cerises et noix

1 pâte brisée, 100 g de roquefort, 200 g de tomates cerises, 20 g de cerneaux de noix, 1 œuf, 1 jaune d'œuf, 15 cl de crème liquide, muscade râpée, sel, poivre.

---

d'olive. Enfourner 5-7 mn à 180 °C. Mélanger 1 échalote ciselée + 10 g de câpres hachées + ½ avocat en dés + 30 g de tartare d'algues + 1 cl de sauce d'huître + 2 cl d'huile de noisette. Servir le tout avec des feuilles de shiso rouge.

☐ Pavés de cabillaud rôtis, tartare d'algues et mousseline de céleri

4 pavés de cabillaud, 30 g de tartare d'algues, ½ céleri-rave, ½ avocat, 1 échalote, 100 g de beurre, 20 cl de lait et de crème liquide, 10 g de câpres, feuilles de shiso rouge, 2 cl d'huile de noisette, 1 cl de sauce d'huître et d'huile d'olive, sel, poivre.

+ 5 tomates pelées et épépinées. Mélanger et laisser cuire. Mélanger 150 g de farine + 100 g de beurre et de parmesan. Saler. Mettre les légumes dans 1 plat à gratin + 4 Kiris + le crumble en miettes. Enfourner 20-30 mn à 200 °C.

☐ Crumble de légumes et Kiri

5 tomates, 2 courgettes, 1 aubergine, 1 poivron rouge, 1 poivron vert, 1 oignon, 1 gousse d'ail, 150 g de farine, 100 g de beurre, 100 g de parmesan, 4 Kiris, thym, romarin, 3 cl d'huile d'olive, sel, poivre.

---

inox chemisés de papier cuisson. Mettre au frais 15 mn. Porter à ébullition 6 cl d'eau + 50 g de sucre + 6 g de thé vert en poudre. Hors du feu, ajouter 3 feuilles de gélatine ramollies et essorées. Fouetter, verser sur 400 g de fromage frais, mélanger. Répartir 165 g de framboises sur les biscuits, verser la préparation. Mettre au frais 3 h.

☐ Cheesecake framboises-thé vert aux biscuits au citron

165 g de framboises, 6 g de thé vert en poudre, 6 Sprits au citron, 165 g de biscuits Petit Beurre, 400 g de fromage frais, 65 g de beurre, ½ citron non traité, 50 g de sucre, 3 feuilles de gélatine.

113

ET AUSSI

SEPTEMBRE 2019

Lundi **9**

Cannellonis au fromage de chèvre frais et pesto d'épinard

20 mn 10 mn

Cuire 4 cannellonis al dente. Mélanger à la spatule 100 g de Sainte-Maure frais + 1 échalote ciselée + de la menthe hachée + ½ concombre en dés + 5 g de miel.

Mardi **10**

Tajine d'agneau aux abricots et aux figues

20 mn 50 mn 10 mn

Dans 1 cocotte, dorer 6 mn ½ épaule d'agneau en morceaux. Ajouter 20 g de farine. Mélanger, puis ajouter 20 g de purée de tomates confites + 1 oignon en dés.

Mercredi **11**

Salade d'épinards et de crevettes roses

15 mn

Détailler 1 pomme en lamelles. À l'aide d'un emporte-pièce, y découper de petites étoiles. Dans 1 bol, mélanger 2 cl de jus de citron + sel + poivre + 5 cl

Jeudi **12**

Hamburgers de légumes et cordons-bleus

15 mn 10 mn

Couper 3 courgettes + 2 tomates en rondelles. Poêler les courgettes 3 mn dans 2 cl d'huile d'olive. Dans la même poêle, colorer les tomates. Saler et poivrer. Sur

Vendredi **13**

Boulettes de saumon aux épinards

20 mn 10 mn

Mélanger 400 g de chair de saumon hachée + 2 tranches de pain ramollies et essorées dans 5 cl de lait + 1 œuf + 10 g de gingembre frais râpé + de la coriandre ciselée + le zeste et jus d'1 citron vert non traité + sel. Former

Samedi **14**

Tian de légumes d'automne au romarin

15 mn 25 mn

Tailler 2 tomates Roma + 300 g de topinambours en rondelles + 2 oignons en lamelles + ½ céleri-rave avec 1 emporte-pièce rond. Ébouillanter 3 mn les topinambours

Dimanche **15**

Madeleines aux noix et au miel

15 mn 10 mn 2 h

Faire fondre 135 g de beurre et laisser refroidir. Fouetter 3 œufs + 140 g de sucre. Ajouter 125 g de farine + 5 g de levure. Incorporer le beurre + 5 cl de lait entier. Ajouter 1 c. à s. de miel + 20 g de cerneaux de noix

L'atelier des Chefs

LE TRUC DU CHEF

Pour twister un peu vos vinaigrettes, pensez à y ajouter une touche de gingembre frais haché (avec parcimonie, car ses arômes peuvent rapidement saturer le palais).

114

Saler, poivrer. Farcir les cannellonis avec 1 poche à douille. Mixer 65 g de pousses d'épinard + 1 gousse d'ail pelée + 20 g de pignons de pin + 20 g de parmesan râpé + 3 cl d'huile d'olive + sel + poivre. Servir avec les pâtes + 130 g de mesclun assaisonné.

☐ Cannellonis au fromage de chèvre frais et pesto d'épinard

4 cannellonis, 100 g de Sainte-Maure frais, ½ concombre, 65 g de pousses d'épinard, 1 échalote, 1 gousse d'ail, menthe, 5 g de miel, 20 g de pignons de pin et de parmesan râpé, 130 g de mesclun, 3 cl d'huile d'olive, sel, poivre.

Cuire 3 mn. Saler, poivrer. Ajouter 20 g d'abricots secs et de figues séchées en dés + 5 g de ras el-hanout + 3 g de mélange 4 épices. Verser 1 l d'eau à mi-hauteur. Porter à ébullition. Cuire 40 mn. Faire infuser 5 mn des tiges de coriandre dans de l'eau bouillante + sel + 3 cl d'huile d'olive. Filtrer, verser sur 250 g de semoule moyenne. Couvrir, laisser gonfler 5 mn. Égrainer. Servir avec la viande + feuilles de coriandre.

☐ Tajine d'agneau aux abricots et aux figues

½ épaule d'agneau, 20 g d'abricots secs et de figues séchées, 1 oignon, 20 g de purée de tomates confites, 20 g de farine, 5 g de ras el-hanout, 3 g de mélange 4 épices, 250 g de semoule moyenne, feuilles de coriandre, 3 cl d'huile d'olive, sel, poivre.

d'huile d'olive + de la coriandre ciselée. Dans 1 saladier, mélanger 200 g de pousses d'épinard + les étoiles de pomme + la vinaigrette. Servir aussitôt avec 100 g de crevettes cuites décortiquées.

☐ Salade d'épinards et de crevettes roses

200 g de pousses d'épinard, 100 g de crevettes cuites décortiquées, 1 pomme, coriandre, 5 cl d'huile d'olive, 2 cl de jus de citron, sel, poivre.

1 plaque garnie de papier cuisson, en alternant tomates et courgettes, former 4 ronds de la largeur de 4 cordons-bleus. Poser les cordons bleus dessus. Refaire 1 rosace de légumes. Enfourner les hamburgers 8 mn à 230 °C. Ajouter 1 feuille de laitue au centre de chaque hamburger et servir.

☐ Hamburgers de légumes et cordons-bleus

3 courgettes, 2 tomates, 4 feuilles de laitue, 4 cordons-bleus, 2 cl d'huile d'olive, sel, poivre.

des boulettes de 4-5 cm. Les enfiler par 2 sur 4 piques en bois. Poêler dans 2 cl d'huile d'olive, puis enfourner 5 mn à 220 °C. Faire suer 2 échalotes ciselées + 650 g d'épinards en branches équeutés + 10 g de beurre fondu + sel + poivre. Servir avec le poisson + 30 g de pousses d'épinard + 2 cl de réduction de vinaigre balsamique.

☐ Boulettes de saumon aux épinards

400 g de chair de saumon hachée, 2 tranches de pain, 10 g de gingembre frais, coriandre, 1 citron vert non traité, 1 œuf, 5 cl de lait, 10 g de beurre, 650 g d'épinards en branches, 30 g de pousses d'épinard, 2 échalotes, 2 cl de réduction de vinaigre balsamique et d'huile d'olive, sel, poivre.

+ le céleri. Rafraîchir. Poêler les oignons + 2 gousses d'ail écrasées dans 2 cl d'huile d'olive. Saler, poivrer et huiler les légumes. Dans 4 moules ronds, répartir des couches de légumes en les alternant. Parsemer chaque étage de romarin. Enfourner 20 mn à 180 °C. Servir chaud.

☐ Tian de légumes d'automne au romarin

300 g de topinambours, ½ céleri-rave, 2 tomates Roma, 2 oignons, 2 gousses d'ail, romarin, 6 cl d'huile d'olive, sel, poivre.

concassés. Mélanger. Couvrir. Mettre au frais 1 h. Remplir aux ¾ les moules. Mettre de nouveau au frais 1 h. Enfourner 10-12 mn à 160 °C.

☐ Madeleines aux noix et au miel

20 g de cerneaux de noix, 1 c. à s. de miel, 140 g de sucre, 125 g de farine, 5 g de levure, 135 g de beurre, 3 œufs, 5 cl de lait entier.

115

ET AUSSI

SEPTEMBRE 2019

Lundi 16

Tortiglionis « siciliana »

20 mn 30 mn

Poêler 2 gousses d'ail hachées dans 3 cl d'huile d'olive. Ajouter 3 tomates en dés, cuire 10 mn. Frire 2 aubergines en dés 2 mn dans 65 cl d'huile de friture. Égoutter. Cuire 320 g de tortiglionis 10 mn dans de l'eau bouillante

Mardi 17

Osso bucco à l'orange et polenta moelleuse aux herbes

30 mn 45 mn

Dans 1 cocotte, cuire 2 mn/côté 4 tranches d'osso bucco de veau assaisonnées + 3 cl d'huile d'olive. Ajouter 2 échalotes ciselées + le zeste d'½ orange

Mercredi 18

Salade de coco, harengs et pomme acide

20 mn

Couper 1 pomme Granny Smith en julienne. Arroser du jus d'1 citron. Mélanger 200 g de haricots blancs cuisinés égouttés + 5 cl d'huile d'olive + 3 cl de vinaigre

Jeudi 19

Tartelettes au cresson et au fromage de chèvre

20 mn 40 mn 15 mn

Découper 8 cercles de 12 cm dans 2 pâtes feuilletées. Foncer 8 moules à tartelette. Mettre au frais 15 mn. Piquer les fonds avec 1 fourchette. Cuire à blanc

Vendredi 20

Daurade piquée au romarin et sauce vierge

20 mn 20 mn

Cuire à l'eau salée 200 g de pommes de terre à chair ferme pelées. Égoutter. Insérer 4 brins de romarin dans 4 filets de daurade côté peau. Saler, poivrer. Les

Samedi 21

Tartiflette aux courgettes et au cumin

20 mn 45 mn

Poêler 80 g de lardons fumés avec 10 g de beurre. Ajouter ½ oignon émincé. Cuire 5 mn. Ajouter 5 cl de vin blanc + 2 g de cumin + 1 gousse d'ail hachée. Cuire

Dimanche 22

Tartes aux figues et aux 4 épices

20 mn 30 mn

Mélanger 165 g de farine + 50 g de sucre glace + 115 g de beurre ramolli + 1 jaune d'œuf. Étaler la pâte. Foncer 4 moules à tartelette. Cuire à blanc 12 mn à 180 °C. Fouetter 2 jaunes d'œufs + 20 g de sucre

L'atelier des Chefs

LE TRUC DU CHEF

Lorsqu'une de vos recettes intègre des lardons ou de la poitrine fumée, veillez à réduire les quantités de sel de vos préparations dans la mesure où ces ingrédients en apportent déjà beaucoup.

116

salée. Égoutter. Mélanger avec la sauce tomate + les dés d'aubergines + sel + poivre. Réchauffer. Parsemer de 40 g de ricotta. Servir chaud.

☐ Tortiglionis « siciliana »

320 g de tortiglionis, 3 tomates, 2 aubergines, 2 gousses d'ail, 40 g de ricotta, 65 cl d'huile de friture, 3 cl d'huile d'olive, sel, poivre.

+ 265 g de tomates cerises en 2 + 200 g de champignons de Paris émincés. Verser 5 g de farine, cuire 2 mn. Ajouter le jus d'½ orange. Déglacer avec 10 cl de vin blanc sec. Laisser réduire. Verser 30 cl d'eau. Laisser mijoter 30 mn. Cuire 130 g de polenta précuite + 65 cl de lait bouillant. Ajouter 20 g de beurre + 3 cl de crème + de la coriandre et du persil ciselés + sel.

☐ Osso bucco à l'orange et polenta moelleuse aux herbes

4 tranches d'osso bucco de veau, ½ orange, 265 g de tomates cerises, 200 g de champignons de Paris, 2 échalotes, 5 g de farine, 130 g de polenta précuite, 20 g de beurre, coriandre, persil, 65 cl de lait, 10 cl de vin blanc sec, 3 cl de crème et d'huile d'olive, sel, poivre.

---

de vin blanc. Saler, poivrer. Dans 4 verrines, répartir 1 couche de haricots + 4 filets de hareng taillés en losange + les bâtonnets de pomme. Servir frais.

☐ Salade de coco, harengs et pomme acide

200 g de haricots blancs cuisinés, 4 filets de hareng, 1 pomme Granny Smith, 1 citron, 5 cl d'huile d'olive, 3 cl de vinaigre de vin blanc, sel, poivre.

---

10 mn à 200 °C. Faire suer les feuilles d'1 botte de cresson dans 20 g de beurre fondu. Saler, poivrer. Mélanger ½ bûche de chèvre frais + 20 cl de crème liquide + 2 œufs + poivre. Incorporer le cresson. Verser sur les fonds de pâte. Enfourner 25 mn à 200 °C.

☐ Tartelettes au cresson et au fromage de chèvre

2 pâtes feuilletées, 1 botte de cresson, ½ bûche de chèvre frais, 20 g de beurre, 20 cl de crème liquide, 2 œufs, sel, poivre.

---

cuire 2 mn dans 1 cl d'huile d'olive. Retourner et cuire 2 mn côté chair. Prélever les jus et suprêmes de 2 citrons + 1 citron vert pelés. Mélanger jus + suprêmes + 20 g de pignons de pin + 3 cl d'huile d'olive + sel + poivre. Servir avec le poisson + les pommes de terre.

☐ Daurade piquée au romarin et sauce vierge

4 filets de daurade, 4 brins de romarin, 200 g de pommes de terre à chair ferme, 2 citrons, 1 citron vert, 20 g de pignons de pin, 4 cl d'huile d'olive, sel, poivre.

2-3 mn. Dans 1 plat à gratin, répartir en couches et en alternant 650 g de pommes de terre à chair fondante et 320 g de courgettes coupées en lamelles + l'oignon + les lardons + sel + poivre. Recouvrir d'½ reblochon fermier tranché. Verser 5 cl de lait. Enfourner 30 mn à 180 °C en chaleur pulsée.

☐ Tartiflette aux courgettes et au cumin

650 g de pommes de terre à chair fondante, 320 g de courgettes, ½ oignon, 1 gousse d'ail, 80 g de lardons fumés, ½ reblochon fermier, 10 g de beurre, 5 cl de lait, 5 cl de vin blanc, 2 g de cumin, sel, poivre.

+ 5 g de mélange 4 épices + 20 g de semoule moyenne + 130 g de fromage blanc. Répartir 8 figues épluchées par 2 sur les fonds de tartes. Verser la préparation. Enfourner 15-20 mn à 180 °C.

☐ Tartes aux figues et aux 4 épices

8 figues, 5 g de mélange 4 épices, 165 g de farine, 50 g de sucre glace, 20 g de sucre, 20 g de semoule moyenne, 130 g de fromage blanc, 115 g de beurre, 3 jaunes d'œufs.

SEPTEMBRE 2019

Lundi 23

Émincé de volaille, sauce au riesling

15 mn 20 mn

Dans 1 casserole, saisir 4 filets de poulet avec peau en cubes et assaisonnés dans 2 cl d'huile d'olive. Retirer. Cuire 2 mn 4 oignons nouveaux émincés. Ajouter 200 g de champignons de Paris en lamelles

Mardi 24

Salade de duos, parmesan, tomates et poivrons confits

15 mn 10 mn

Poêler 6 duos panés au poulet fromage + 6 duos panés au jambon fromage 3 mn/côté. Les couper en 2. Servir avec 165 g de poivrons confits + 12 pétales de tomates

Mercredi 25

Salade fraîcheur de quinoa aux lanières de truite fumée

20 mn 20 mn

Cuire 15 mn à l'eau bouillante salée 230 g de quinoa blond. Égoutter. Poêler 1 courgette taillée en tagliatelles dans 2 cl d'huile d'olive. Saler. Dans 1 saladier, mélanger

Jeudi 26

Tarte aux figues, au miel et au canard fumé

15 mn 15 mn 1 h

Étaler 320 g de pâte à pain crue sur 1 plaque. Couvrir. Mettre au frais 1 h. Répartir 8 figues tranchées + 165 g de fromage frais en cubes. Napper de 25 g de

Vendredi 27

Aumônières de gambas et poireaux aux amandes

30 mn 20 mn

Assaisonner 12 gambas décortiquées d'1 cl d'huile d'olive + sel + piment d'Espelette. Poêler 2 mn 3 blancs de poireaux émincés + 1 cl d'huile d'olive,

Samedi 28

Minestrone de légumes au lard fumé

30 mn 25 mn

Couper 130 g de céleri-rave + 120 g de pommes de terre à chair fondante + 1 courgette + 30 g de poitrine de porc en dés + 3 carottes en biseaux + ½ oignon en

Dimanche 29

Tartelettes *pecan pie* au sirop d'érable

20 mn 45 mn

Répartir 1 pâte brisée dans 4 moules à tartelette. Cuire à blanc 8 mn à 180 °C. Fouetter 2 œufs + 80 g de sucre. Incorporer petit à petit 10 g d'amandes en

L'atelier des Chefs

LE TRUC DU CHEF

Encore plus fine et croustillante, vous pouvez remplacer les feuilles de brick par de la pâte filo dans vos recettes. Attention néanmoins, car sa finesse la rend plus fragile et difficile à manipuler.

118

+ sel. Déglacer avec 10 cl de riesling. Laisser réduire de moitié. Verser 5 cl de bouillon de volaille + 5 cl de crème liquide. Cuire 5 mn. Ajouter la volaille, réchauffer 3 mn. Servir avec du persil ciselé.

☐ **Émincé de volaille, sauce au riesling**

4 filets de poulet avec peau, 200 g de champignons de Paris, 4 oignons nouveaux, persil, 10 cl de riesling, 5 cl de bouillon de volaille, 5 cl de crème liquide, 2 cl d'huile d'olive, sel, poivre.

---

confites + 20 g de copeaux de parmesan.

☐ **Salade de duos, parmesan, tomates et poivrons confits**

6 duos panés au poulet fromage, 6 duos panés au jambon fromage, 165 g de poivrons confits, 12 pétales de tomates confites, 20 g de copeaux de parmesan.

---

le quinoa + le jus d'1 citron + la courgette + de la coriandre ciselée + sel + poivre + 1 avocat en lamelles + 4 filets de truite fumée en lanières. Servir frais.

☐ **Salade fraîcheur de quinoa aux lanières de truite fumée**

230 g de quinoa blond, 4 filets de truite fumée, 1 courgette, 1 avocat, 1 citron, coriandre, 2 cl d'huile d'olive, sel, poivre.

---

miel. Saler, poivrer. Enfourner 15 mn à 240 °C. Parsemer de 12 tranches de magret de canard fumé + 30 g de pousses d'épinard + 2 cl d'huile d'olive en filet.

☐ **Tarte aux figues, au miel et au canard fumé**

320 g de pâte à pain crue, 8 figues, 25 g de miel, 12 tranches de magret de canard fumé, 165 g de fromage frais, 30 g de pousses d'épinard, 2 cl d'huile d'olive, sel, poivre.

---

puis cuire 5 mn en mélangeant. Saler, poivrer. Ajouter 40 g d'amandes concassées. Badigeonner 8 feuilles de brick réparties par 2 avec 1 cl d'huile d'olive. Garnir de poireaux + de gambas par 3. Fermer en aumônière avec 1 pique en bois. Enfourner sur 1 plaque 10 mn à 210 °C. Porter à ébullition 30 cl de jus d'orange. Faire réduire de ¾. Ajouter 50 g de beurre, fouetter et servir avec les aumônières.

☐ **Aumônières de gambas et poireaux aux amandes**

8 feuilles de brick, 12 gambas décortiquées, 3 blancs de poireaux, 40 g d'amandes concassées, 50 g de beurre, 30 cl de jus d'orange, 3 cl d'huile d'olive, piment d'Espelette, sel, poivre.

---

lamelles. Poêler l'oignon + 1 gousse d'ail + sel dans 3 cl d'huile d'olive. Ajouter céleri + pommes de terre, cuire quelques minutes, puis les carottes + laurier + le lard. Cuire 2-3 mn. Couvrir d'eau à 1 cm, faire bouillir 2-3 mn. Ajouter 65 g de mini-penne. Cuire 10 mn. Ajouter la courgette, cuire 1 mn.

☐ **Minestrone de légumes au lard fumé**

130 g de céleri-rave, 120 g de pommes de terre à chair fondante, 3 carottes, 1 courgette, ½ oignon, 1 gousse d'ail, 30 g de poitrine de porc, 65 g de mini-penne, laurier, 3 cl d'huile d'olive, sel, poivre.

---

poudre. Verser 50 g de beurre fondu. Ajouter fleur de sel + 120 g de noix de pécan. Répartir sur les fonds de pâte. Enfourner 15 mn à 200 °C, puis 20 mn à 160 °C. Servir avec 5 cl de sirop d'érable en filet.

☐ **Tartelettes *pecan pie* au sirop d'érable**

1 pâte brisée, 120 g de noix de pécan, 80 g de sucre, 10 g d'amandes en poudre, 2 œufs, 50 g de beurre, 5 cl de sirop d'érable, fleur de sel.

ET AUSSI

LE TRUC DU CHEF

Lorsque vous préparez une soupe, faites cuire vos légumes dans un bouillon de bœuf ou de volaille (acheté tout fait ou élaboré par vos soins). Cela lui donnera plus de goût.

Lundi 30

Aubergines à la parmigiana

20 mn · 45 mn

Faire dégorger 2 aubergines émincées dans la largeur et salées. Les essuyer et les enduire de 100 g de farine. Les poêler dans 3 cl d'huile d'olive. Égoutter. Confire 6 tomates en rondelles + 2 cl d'huile d'olive + sel

---

Mardi 1

Boulettes ardennaises de porc à la tomate

20 mn · 15 mn

Mélanger 500 g de chair à saucisse + de la ciboulette ciselée + 1 œuf + 3 g de chapelure + 50 g de parmesan + 1 oignon émincé + sel + poivre. Former des boulettes.

Mercredi 2

Soupe de légumes

15 mn · 25 mn

Couper 320 g de pommes de terre à chair ferme + 2 carottes en petits morceaux + 2 échalotes + 1 poireau en lamelles. Faire revenir les échalotes + le poireau 5 mn dans 2 cl d'huile d'olive. Saler. Ajouter

---

Jeudi 3

Croquants aux figues, poires et gorgonzola

15 mn · 20 mn · 15 mn

Couper 2 poires épépinées en 4 + 60 g de gorgonzola en morceaux. Inciser 4 figues en croix. Fouetter 1 jaune d'œuf + 1 c. à s. d'eau et en badigeonner le pourtour

---

Vendredi 4

Sauté de gambas, pipérade de poivrons au chorizo et piment

20 mn · 25 mn · 10 mn

Couper 50 g de chorizo en dés + 4 poivrons rouges + 2 tomates + 1 botte d'oignons nouveaux en lamelles. Faire suer oignons + chorizo + sel dans 5 cl d'huile

---

Samedi 5

Crème de chou-fleur et foies de volaille

25 mn · 30 mn

Diviser ½ chou-fleur en bouquets et en réserver 1. Dans 1 cocotte, faire suer 1 blanc de poireau émincé + sel dans 20 g de beurre mousseux. Ajouter le chou-

---

Dimanche 6

Carrot cakes aux épices

15 mn · 35 mn

Mélanger 80 g de farine + 50 g de cassonade + 1 c. à c. de levure. Ajouter 2 œufs + ½ yaourt nature. Mélanger. Ajouter 100 g de carottes râpées + 30 g de cerneaux de noix hachés + le zeste d'½ orange + 2 cl d'huile de

120

COURSES
pour 4 personnes

30 mn à 120 °C. Badigeonner 500 g de mozzarella tranchée avec 1 cl d'huile d'olive. Dans 4 cercles huilés, superposer aubergines + tomates + mozzarella + feuilles de basilic. Enfourner 15 mn à 200 °C. Servir tiède.

☐ Aubergines à la parmigiana

2 aubergines, 6 tomates, 500 g de mozzarella, 100 g de farine, basilic, 6 cl d'huile d'olive, sel.

Dorer dans 3 cl d'huile d'olive. Verser 800 g de purée de tomates + 2 morceaux de sucre. Laisser mijoter pour faire réduire. Ajouter 1 c. à s. d'herbes de Provence. Servir avec des pâtes.

☐ Boulettes ardennaises de porc à la tomate

500 g de chair à saucisse, 50 g de parmesan, 3 g de chapelure, 1 œuf, 1 oignon, ciboulette, 800 g de purée de tomates, 2 morceaux de sucre, 1 c. à s. d'herbes de Provence, 3 cl d'huile d'olive, sel, poivre.

les pommes de terre + les carottes. Recouvrir d'eau froide. Cuire 20 mn.

☐ Soupe de légumes

320 g de pommes de terre à chair ferme, 1 poireau, 2 carottes, 2 échalotes, 2 cl d'huile d'olive, sel.

de 4 carrés de pâte feuilletée. Garnir le centre d'1 c. à s. de crème épaisse. Déposer 1 figue dessus + les quartiers de poires autour. Parsemer de gorgonzola. Saler, poivrer. Replier les bords vers le centre, dorer la pâte. Mettre au frais 15 mn. Enfourner 20 mn à 200 °C.

☐ Croquants aux figues, poires et gorgonzola

4 carrés de pâte feuilletée, 4 figues, 2 poires, 60 g de gorgonzola, 4 c. à s. de crème épaisse, 1 jaune d'œuf, sel, poivre.

d'olive. Cuire 2 mn. Ajouter les poivrons + sel + laurier + 1 gousse d'ail + thym. Cuire 10 mn et ajouter les tomates. Cuire 10 mn. Faire mariner 20 gambas décortiquées 10 mn dans 10 cl huile d'olive + 5 g de paprika fumé. Les saisir 1 mn/côté. Assaisonner de piment d'Espelette. Servir avec du persil ciselé.

☐ Sauté de gambas, pipérade de poivrons au chorizo et piment

20 gambas décortiquées, 4 poivrons rouges, 2 tomates, 1 botte d'oignons nouveaux, 50 g de chorizo, 1 gousse d'ail, thym, laurier, persil, 5 g de paprika fumé, piment d'Espelette, 15 cl d'huile d'olive, sel.

fleur, faire suer. Verser 1 l de bouillon de volaille chaud. Porter à ébullition. Cuire 20 mn. Ajouter 15 cl de crème liquide. Mixer. Rectifier l'assaisonnement. Poêler 160 g de foies de volaille + 1 échalote ciselée dans 1 cl d'huile d'olive. Saler. Servir avec la crème et décorer avec le bouquet de chou-fleur réservé + du cerfeuil.

☐ Crème de chou-fleur et foies de volaille

½ chou-fleur, 1 blanc de poireau, 1 échalote, 20 g de beurre, 1 l de bouillon de volaille, 15 cl de crème liquide, 160 g de foies de volaille, cerfeuil, 1 cl d'huile d'olive, sel, poivre.

noix + 2 g de gingembre et cannelle en poudre. Verser dans des moules beurrés. Enfourner 35 mn à 190 °C. Démouler et laisser refroidir. Fouetter 265 g de Philadelphia + 100 g de sucre glace. Verser chaque crème dans 2 poches à douille. Mettre au frais, puis décorer chaque gâteau.

☐ Carrot cakes aux épices

100 g de carottes, 2 g de gingembre et cannelle en poudre, 80 g de farine, 50 g de cassonade, 1 c. à c. de levure, 2 œufs, ½ orange, 30 g de cerneaux de noix, ½ yaourt nature, 265 g de Philadelphia, 100 g de sucre glace, 2 cl d'huile de noix, 20 g de beurre.

121

ET AUSSI

OCTOBRE 2019

Lundi **7**

Nouilles sautées aux gambas

20 mn 15 mn

Couper 650 g de potiron en petits dés + 65 g de pois gourmands + 1 oignon en lamelles + 65 g de shiitakes en 4. Dans 1 wok, cuire 5 mn le potiron + sel + 2 cl d'huile d'olive. Ajouter le zeste et jus d'½ citron vert

Mardi **8**

Omelette au maroilles

15 mn 5 mn

Battre 12 œufs + sel + poivre. Réaliser 2 omelettes avec 40 g de beurre fondu. Répartir au centre 200 g de maroilles coupé en petits cubes + 10 tomates cerises coupées en 4 + de la ciboulette ciselée. Rouler,

Mercredi **9**

Salade de choux crus et de pommes

20 mn

Émincer finement 250 g de chou rouge + 120 g de chou blanc. Couper 10 g de figues sèches + 2 pommes en petits dés. Fouetter 10 g de miel + 10 g de moutarde à l'ancienne + sel + poivre + 3 cl de vinaigre de Xérès

Jeudi **10**

Pizza aux poires et au magret séché

15 mn 15 mn

Mélanger à la fourchette 100 g de roquefort + 15 cl de crème liquide. Étaler en couche fine sur 1 pâte à pizza. Enfourner 10 mn à 220 °C. Faire dorer 2 poires tranchées dans 1 cl d'huile d'olive. Les déposer en rosace sur la

Vendredi **11**

Goujonnette de sole sauce tartare

25 mn 5 mn

Couper 4 filets de sole en lamelles de 1 x 10 cm de long. Les paner dans 100 g de farine, puis 2 œufs et 200 g de chapelure. Les rouler et les frire. Fouetter 1 jaune d'œuf + poivre + sel + 20 g de moutarde forte,

Samedi **12**

Crème de haricots blancs au confit de canard

20 mn 40 mn

Égoutter et rincer 800 g de haricots blancs en boîte. En réserver 1 poignée. Dans 1 cocotte, faire suer 1 blanc de poireau émincé + 2 cl d'huile d'olive. Ajouter

Dimanche **13**

Riz au lait au caramel au beurre salé

20 mn 45 mn

Cuire 30 mn 100 g de riz rond dans 65 cl de lait entier bouillant + 1 gousse de vanille + 30 g de sucre. Mélanger régulièrement. Faire refroidir. Incorporer 15 cl de crème liquide montée en chantilly. Mettre au frais. Porter à

L'atelier des Chefs

LE TRUC DU CHEF

Si les filets de poisson que vous achetez sont un peu sanguinolents, vous pouvez les laisser tremper 15 à 20 minutes dans du lait froid.

+ oignon + pois gourmands. Saler, poivrer. Cuire 2 mn. Ajouter les champignons + 2 cl de sauce soja, de sauce chili et de nuoc-mâm. Cuire 2 mn. Ajouter 200 g de nouilles chinoises cuites à l'eau. Paner 16 gambas décortiquées dans 20 g de farine, puis 2 œufs battus et 25 g de chapelure. Les frire 30 s. Servir le tout avec de la coriandre hachée.

☐ Nouilles sautées aux gambas

200 g de nouilles chinoises, 16 gambas décortiquées, 650 g de potiron, 65 g de pois gourmands, 65 g de shiitakes, 1 oignon, ½ citron vert, coriandre, 2 œufs, 25 g de chapelure, 20 g de farine, 2 cl de sauce soja, 2 cl de sauce chili, 2 cl de nuoc-mâm, 2 cl d'huile d'olive, sel, poivre.

---

couper en 3 et servir.

☐ Omelette au maroilles

12 œufs, 200 g de maroilles, 10 tomates cerises, ciboulette, 40 g de beurre, sel, poivre.

+ 5 cl d'huile d'olive. Mélanger choux + pommes + figues + 10 g de pignons de pin + vinaigrette. Servir bien frais.

☐ Salade de choux crus et de pommes

250 g de chou rouge, 120 g de chou blanc, 2 pommes, 10 g de figues sèches, 10 g de pignons de pin, 10 g de moutarde à l'ancienne, 10 g de miel, 5 cl d'huile d'olive, 3 cl de vinaigre de Xérès, sel, poivre.

---

pâte + 200 g de tranches de magret de canard fumé + 25 g de roquefort émietté + 30 g de cerneaux de noix torréfiés. Enfourner 3 mn. Déposer 50 g de mâche et verser 2 cl d'huile de noix.

☐ Pizza aux poires et au magret séché

1 pâte à pizza, 2 poires, 200 g de tranches de magret de canard fumé, 125 g de roquefort, 15 cl de crème liquide, 30 g de cerneaux de noix, 50 g de mâche, 2 cl d'huile de noix, 1 cl d'huile d'olive.

---

puis verser 25 cl d'huile d'arachide en filet + 1 cl de vinaigre d'alcool blanc. Mélanger la mayonnaise avec 20 g de câpres + 20 g de cornichons hachés + persil et ciboulette ciselés + 1 oignon émincé. Rectifier l'assaisonnement. Servir avec le poisson.

☐ Goujonnette de sole sauce tartare

4 filets de sole, 200 g de chapelure, 100 g de farine, 2 œufs, 1 jaune d'œuf, 20 g de moutarde forte, 1 oignon, ciboulette, persil, 20 g de câpres, 20 g de cornichons, 25 cl d'huile d'arachide, 1 cl de vinaigre d'alcool blanc, sel, poivre.

---

les haricots, faire suer et assaisonner. Verser 2 l de bouillon de volaille. Porter à ébullition. Cuire 15 mn. Mixer. Enfourner 2 cuisses de canard confites 15 mn à 200 °C. Les effilocher. Faire sauter les haricots réservés + 1 cl d'huile d'olive. Servir la soupe + le canard + les haricots sautés + piment d'Espelette.

☐ Crème de haricots blancs au confit de canard

800 g de haricots blancs en boîte, 1 blanc de poireau, 2 cuisses de canard confites, 2 l de bouillon de volaille, 3 cl d'huile d'olive, piment d'Espelette, sel, poivre.

---

118 °C 100 g de sucre + un peu d'eau. Ajouter 30 g d'amandes entières. Les enrober et mélanger pour caraméliser. Ajouter 5 g de beurre. Mélanger. Verser sur 1 plaque. Caraméliser 65 g de sucre. Hors du feu, ajouter 10 g de beurre demi-sel + 10 cl de crème liquide.

☐ Riz au lait au caramel au beurre salé

100 g de riz rond, 65 cl de lait entier, 195 g de sucre, 1 gousse de vanille, 25 cl de crème liquide, 30 g d'amandes entières, 10 g de beurre demi-sel, 5 g de beurre.

Lundi 14

Risotto à la purée de potiron

20 mn 35 mn

Enfourner 20-25 mn à 200 °C 4 petites courges évidées. Couper 1 oignon blanc en petits dés + 300 g de potiron en cubes de 0,5 cm. Dans 1 cocotte, faire suer l'oignon + 2 cl d'huile d'olive + sel. Ajouter le potiron, le colorer

Mardi 15

Irish stew

30 mn 2 h 30

Émincer 2 oignons rouges. Dans 1 casserole, mettre 800 g d'épaule d'agneau en cubes + ail + thym + laurier + 2 carottes en rondelles + eau + sel. Porter à ébullition. Cuire 30 mn. Écumer, égoutter, retailler la viande et

Mercredi 16

Salade de roquefort, pommes et noix

15 mn

Mélanger 3 cl d'huile d'olive et de vinaigre balsamique + 2 cl d'huile de noix. Couper 2 pommes non pelées en 4. Épépiner et couper le tout en fines lamelles. Dresser les pommes sur 200 g de mâche + 65 g de

Jeudi 17

Tartines gourmandes aux œufs mollets et aux poireaux grillés

15 mn 20 mn

Couper 2 poireaux en lamelles + 1 autre en 4 dans la longueur. Faire suer les poireaux émincés + 20 g de beurre demi-sel 10 mn. Saler, poivrer, retirer. Dans la

Vendredi 18

Hachis parmentier de haddock et de saumon

20 mn 30 mn 10 mn

Porter à ébullition 50 cl de lait et d'eau + ail + thym + laurier. Hors du feu, ajouter 300 g de haddock + 300 g de filet de saumon. Couvrir et pocher 10 mn.

Samedi 19

Crème de maïs au chorizo

15 mn 25 mn

Faire suer 1 oignon blanc ciselé + 2 pommes de terre à chair farineuse en cubes + 20 g de beurre fondu. Saler, poivrer. Ajouter 400 g de maïs en grains égoutté. Mélanger. Verser 50 cl de lait + 1 l de bouillon de volaille.

Dimanche 20

Tarte d'automne

30 mn 25 mn

Foncer 1 moule à tarte avec 1 pâte brisée. Piquer le fond avec 1 fourchette. Enfourner 10 mn à 200 °C. Fouetter 135 g de mascarpone + 2 œufs + 50 g d'amandes en poudre + 135 g de crème de marrons

L'atelier des Chefs

LE TRUC DU CHEF

Pour un repas facile et rapide, les tartines salées sont idéales. Elles peuvent être préparées avec ce que vous avez sous la main : un peu de fromage, des légumes frais et une protéine au choix.

et mettre la ½ dans 1 autre casserole. Ajouter 300 g de riz Carnaroli, le nacrer, puis déglacer avec 15 cl de vin blanc sec et ajouter au fur et à mesure 1,5 l de bouillon de légumes. Mélanger 40 g de mascarpone + le reste de potiron + sel + poivre, chauffer, mixer et mélanger au riz + 40 g de mascarpone + 80 g de parmesan. Servir dans les courges.

☐ Risotto à la purée de potiron

300 g de riz Carnaroli, 300 g de potiron, 4 petites courges, 1 oignon blanc, 80 g de mascarpone, 80 g de parmesan, 1,5 l de bouillon de légumes, 15 cl de vin blanc sec, 2 cl d'huile d'olive, sel, poivre.

garder le bouillon. Trancher 500 g de pommes de terre à chair ferme. En répartir 1 couche dans 1 plat + 1 d'agneau + 1 de carottes + 1 d'oignons. Saler, poivrer. Recommencer. Compléter avec du bouillon. Couvrir d'1 feuille de papier cuisson. Enfourner 2 h à 150 °C. Servir avec du persil ciselé.

☐ Irish stew

800 g d'épaule d'agneau, 500 g de pommes de terre à chair ferme, 2 carottes, 2 oignons rouges, ail, thym, laurier, persil, sel, poivre.

cerneaux de noix concassés + 100 g de roquefort en morceaux. Assaisonner de vinaigrette + fleur de sel + poivre.

☐ Salade de roquefort, pommes et noix

200 g de mâche, 100 g de roquefort, 2 pommes, 65 g de cerneaux de noix, 3 cl d'huile d'olive, 3 cl de vinaigre balsamique, 2 cl d'huile de noix, fleur de sel, poivre.

même poêle, faire dorer le poireau en lanières + 2 cl d'huile d'olive. Saler, poivrer. Porter de l'eau à ébullition + 1 cl de vinaigre blanc. Y cuire 4 œufs 5 mn. Les rafraîchir. Écraser 60 g de fromage de chèvre cendré sur 4 tranches de pain de campagne toastées. Ajouter 1 couche de fondue de poireaux + 1 de lanières + les œufs écalés + 15 g de noisettes torréfiées + 200 g de mâche + fleur de sel.

☐ Tartines gourmandes aux œufs mollets et aux poireaux grillés

4 tranches de pain de campagne, 4 œufs, 3 poireaux, 60 g de fromage de chèvre cendré, 20 g de beurre demi-sel, 15 g de noisettes, 200 g de mâche, 2 cl d'huile d'olive, 1 cl de vinaigre blanc, fleur de sel, sel, poivre.

Ôter les peaux + arêtes, émietter et réserver. Ébouillanter 15 mn 500 g de pommes de terre à chair farineuse en morceaux. Égoutter. Ajouter 30 g de beurre + le lait et réduire en purée. Saler, poivrer. Dans 1 plat, déposer 1 couche de purée + 1 de poisson + 1 de purée. Saupoudrer de 50 g de chapelure + 20 g de beurre. Enfourner 15 mn à 200 °C.

☐ Hachis parmentier de haddock et de saumon

500 g de pommes de terre à chair farineuse, 300 g de haddock, 300 g de filet de saumon, ail, thym, laurier, 50 cl de lait, 50 g de beurre, 50 g de chapelure, sel, poivre.

Porter à ébullition, couvrir. Cuire 15 mn. Mixer dans un blender en ajoutant le liquide petit à petit. Rectifier l'assaisonnement. Faire éclater 20 g de pop-corn + 15 cl d'huile d'arachide. Assaisonner de piment d'Espelette. Servir la soupe + le pop-corn + 8 tranches de chorizo poêlées + poivre.

☐ Crème de maïs au chorizo

400 g de maïs en grains, 2 pommes de terre à chair farineuse, 1 oignon blanc, 8 tranches de chorizo, 20 g de beurre, 20 g de pop-corn, 1 l de bouillon de volaille, 50 cl de lait, 15 cl d'huile d'arachide, piment d'Espelette, sel, poivre.

sucrée. Garnir la tarte. Enfourner 10 mn. Enfoncer légèrement dans la pâte 100 g de raisins blancs coupés en 2 et épépinés. Enfourner 5 mn. Servir tiède avec 4 marrons glacés concassés.

☐ Tarte d'automne

1 pâte brisée, 135 g de crème de marrons sucrée, 100 g de raisins blancs, 4 marrons glacés, 135 g de mascarpone, 2 œufs, 50 g d'amandes en poudre.

ET AUSSI

OCTOBRE 2019

Lundi **21**

Gougères au comté

20 mn 25 mn

Dans 1 casserole, porter à ébullition 25 cl de lait + 75 g de beurre + sel + poivre. Hors du feu, incorporer rapidement 150 g de farine. Faire dessécher la pâte sur feu doux en mélangeant. Hors du feu, ajouter

Mardi **22**

Canard confit en pot-au-feu

20 mn 1 h 10 mn

Couper les feuilles de 4 branches de chou kale en chiffonnade + 2 carottes et panais en biseaux + 4 pommes de terre à chair ferme en 4 + 2 poireaux en sifflets. Faire suer carottes + panais + poireaux +

Mercredi **23**

Salade de pousses d'épinard, endives, oranges et comté

20 mn 5 mn

Prélever les segments d'1 orange pelée et récupérer le jus. Presser le jus d'1 autre orange. Dans 1 casserole, porter à ébullition 20 g de miel + 3 g de graines de

Jeudi **24**

Pie croustillant de légumes au curry et à la pâte filo

20 mn 45 mn

Tailler 250 g de potiron + 320 g de céleri-rave en petits dés + 1 courgette en sifflets. Dans 1 poêle, faire sauter le tout + 2 cl d'huile d'olive. Ajouter 3 g de curry + sel

Vendredi **25**

Gaufres de patates douces et fromage frais au curcuma

30 mn 25 mn

Cuire 15 mn à l'eau bouillante salée 200 g de patates douces en cubes. Égoutter et réduire en purée. En prélever 90 g. Porter à ébullition 20 cl de lait + 5 cl

Samedi **26**

Crème de lentilles corail au lait de coco et gambas

15 mn 25 mn

Dans 1 casserole, faire suer 1 blanc de poireau émincé + 1 cl d'huile d'olive. Saler. Ajouter 160 g de lentilles corail. Faire suer, puis ajouter 1 c. à c. de curcuma,

Dimanche **27**

Tarte alsacienne aux poires

25 mn 30 mn 2 h

Mélanger 85 g de sucre glace et de farine + 65 g de beurre. Ajouter 5 cl de lait + 1 œuf. Mettre au frais 2 h. Foncer 1 moule à tarte. Cuire à blanc 15 mn à 200 °C. Mélanger 2 œufs + 1 jaune + 50 g de sucre

L'atelier des Chefs

LE TRUC DU CHEF

Pour obtenir des feuilletés bien dorés sans les dessécher, badigeonnez-les avec du jaune d'œuf. Prenez garde à n'en mettre qu'un peu pour éviter que la dorure ne coule sur la plaque de cuisson.

126

4 œufs 1 par 1, puis 50 g de comté râpé + 100 g de comté en dés + 100 g de crème épaisse. Mettre dans 1 poche à douille. Pocher des choux sur 1 plaque. Dorer avec 1 œuf battu. Enfourner 15-20 mn à 180 °C.

□ Gougères au comté

150 g de comté, 100 g de crème épaisse, 75 g de beurre, 150 g de farine, 25 cl de lait, 5 œufs, poivre, sel.

---

15 g de graisse de canard. Verser 2 l de bouillon de volaille. Porter à ébullition. Cuire 10 mn. Ajouter les pommes de terre + le chou + 4 g de poivre en grains + 10 g de gros sel + 2 g de clous de girofle. Laisser frémir 30 mn. Enfourner 4 cuisses de canard confites 20 mn à 180 °C. Porter à ébullition 25 cl de crème liquide + 20 g de raifort. Faire infuser 10 mn. Mixer. Servir avec le pot-au-feu.

□ Canard confit en pot-au-feu

4 cuisses de canard confites, 4 pommes de terre à chair ferme, 2 carottes, 2 poireaux, 2 panais, 4 branches de chou kale, 15 g de graisse de canard, 20 g de raifort, 25 cl de crème liquide, 2 l de bouillon de volaille, 2 g de clous de girofle, 10 g de gros sel, 4 g de poivre en grains.

---

coriandre. Ajouter le jus d'orange. Laisser réduire 5 mn. Verser dans 1 bol + sel + poivre + 3 cl d'huile d'olive. Mélanger. Verser sur 3 endives émincées + 130 g de pousses d'épinard. Servir avec les segments d'orange + 130 g de comté en dés + la vinaigrette.

□ Salade de pousses d'épinard, endives, oranges et comté

130 g de pousses d'épinard, 3 endives, 2 oranges, 130 g de comté, 20 g de miel, 3 g de graines de coriandre, 3 cl d'huile d'olive, sel, poivre.

+ poivre. Cuire 10 mn. Mélanger 20 g de farine + 20 g de beurre fondu. Ajouter 25 cl de bouillon de légumes petit à petit. Faire épaissir en mélangeant. Ajouter 3 g de cumin moulu + sel + poivre. Verser sur les légumes. Mélanger. Mettre dans 1 moule à tarte. Déposer dessus 4 feuilles de pâte filo froissées taillées en 2. Badigeonner de 20 g de beurre fondu. Enfourner 25 mn à 190 °C.

□ Pie croustillant de légumes au curry et à la pâte filo

4 feuilles de pâte filo, 320 g de céleri-rave, 250 g de potiron, 1 courgette, 3 g de curry, 40 g de beurre, 20 g de farine, 25 cl de bouillon de légumes, 3 g de cumin moulu, 2 cl d'huile d'olive, sel, poivre.

---

d'eau + 115 g de beurre + sel. Laisser tiédir. Mettre 200 g de farine dans 1 saladier. Verser le lait petit à petit, puis les patates douces. Monter 75 g de blanc d'œuf en neige ferme + 20 g de sucre. Incorporer à la pâte. Cuire 5 mn dans le gaufrier. Fouetter 150 g de fromage à la crème + 5 cl de crème liquide + 1 c. à c. de curcuma. Remplir 1 poche à douille. Servir les gaufres avec la crème + ciboulette ciselée.

□ Gaufres de patates douces et fromage frais au curcuma

200 g de patates douces, 200 g de farine, 20 g de sucre, 75 g de blanc d'œuf, 150 g de fromage à la crème, 115 g de beurre, 1 c. à c. de curcuma, 20 cl de lait, 5 cl de crème liquide, ciboulette, sel.

---

mélanger. Verser 1,5 l d'eau. Porter à ébullition. Cuire 10 mn. Ajouter 50 cl de lait de coco non sucré. Cuire 2 mn. Mixer. Rectifier l'assaisonnement. Poêler 20 gambas décortiquées + 1 cl d'huile d'olive. Saler, poivrer et arroser du jus d'1 citron vert. Servir le tout avec 20 g de noix de coco râpée.

□ Crème de lentilles corail au lait de coco et gambas

160 g de lentilles corail, 50 cl de lait de coco non sucré, 20 gambas décortiquées, 1 blanc de poireau, 1 citron vert, 20 g de noix de coco râpée, 1 c. à c. de curcuma, 2 cl d'huile d'olive, sel, poivre.

+ 5 cl de crème liquide et de lait. Disposer sur la pâte 4 poires pelées et coupées en 8. Verser le mélange. Enfourner 15-20 mn à 180 °C. Servir tiède ou froid.

□ Tarte alsacienne aux poires

4 poires, 85 g de farine, 85 g de sucre glace, 50 g de sucre, 65 g de beurre, 3 œufs, 1 jaune d'œuf, 10 cl de lait, 5 cl de crème liquide.

ET AUSSI

LE TRUC DU CHEF

Au lieu de beurrer vos moules à tarte, vous pouvez les recouvrir d'une feuille de papier sulfurisé. Cela vous garantira un démoulage facile, sans apport de matière grasse.

OCTOBRE-NOVEMBRE 2019

Lundi 28

Gnocchis à poêler au pesto rosso

10 mn – 15 mn

Faire fondre 100 g de parmesan râpé dans 20 cl de crème liquide. Fouetter. Faire dorer 400 g de gnocchis à poêler dans 10 g de beurre mousseux. Verser la sauce. Mélanger et réchauffer. Poêler 200 g de tomates

Mardi 29

Cari de volaille

20 mn – 1 h

Couper ½ oignon en petits dés + 4 blancs de poulet en gros dés + 130 g de carottes et de céleri-rave + 4 poireaux en fine julienne. Dans 1 wok, faire suer l'oignon + sel + 1 cl d'huile d'olive. Ajouter la julienne

Mercredi 30

Salade bistrot de pommes de terre au cervelas

20 mn – 10 mn

Cuire à l'eau salée 650 g de pommes de terre à chair ferme en rondelles. Égoutter. Mélanger avec 3 cl de vin blanc sec. Réserver à couvert. Mélanger 10 g de

Jeudi 31

Bavettes à la sauce cacao

15 mn – 15 mn

Faire caraméliser légèrement 2 oignons rouges émincés dans 20 g de beurre mousseux. Saler, poivrer. Saler des 2 côtés 4 bavettes de bœuf. Saisir 3 mn/face dans 1 cl d'huile d'olive. Laisser reposer sous 1 feuille

Vendredi 1 – *Toussaint*

Penne au brocoli, câpres et anchois

10 mn – 10 mn

Cuire 320 g de penne. Dans 1 saladier, mettre ½ brocoli taillé en fleurettes + un peu d'eau + sel. Filmer et cuire 3 mn au micro-ondes à puissance maximale. Mélanger 30 g de câpres hachées + 10 g d'anchois marinés

Samedi 2

Crème de patates douces aux cacahuètes

25 mn – 25 mn – 15 mn

Faire suer 1 oignon et 1 bâton de citronnelle émincés dans 2 cl d'huile d'olive. Saler. Ajouter 400 g de patates douces rouges en cubes. Faire suer. Verser 1 l de

Dimanche 3

Tartelettes aux noix

30 mn – 20 mn – 30 mn

Mélanger 140 g de farine + 10 g de sucre + 65 g de beurre en dés. Effriter du bout des doigts. Ajouter 5 cl d'eau et mélanger sans pétrir. Former 1 boule. Mettre au frais 30 mn. Dans 1 bol, fouetter 2 œufs cerises dans 1 cl d'huile d'olive. Saler, poivrer. Servir les gnocchis enrobés de 200 g de pesto rosso + les tomates cerises + du basilic.

☐ Gnocchis à poêler au pesto rosso

400 g de gnocchis à poêler, 200 g de pesto rosso, 200 g de tomates cerises, 100 g de parmesan râpé, 20 cl de crème liquide, 10 g de beurre, basilic,1 cl d'huile d'olive, sel, poivre.

---

de légumes + sel + poivre. Cuire 5 mn. Saler et poivrer la viande. Poêler dans 2 cl d'huile d'olive et l'ajouter aux légumes. Saupoudrer de 4 g de fécule de maïs + 2 g de curry. Mélanger. Verser 10 cl de vin blanc sec + 20 cl de lait de coco non sucré + 3 gousses d'ail. Mijoter à couvert 45 mn, puis 10 mn à découvert. Servir bien chaud.

☐ Cari de volaille

4 blancs de poulet, 130 g de carottes, 130 g de céleri-rave, 4 poireaux, ½ oignon, 3 gousses d'ail, 4 g de fécule de maïs, 2 g de curry, 20 cl de lait de coco non sucré, 10 cl de vin blanc sec, 3 cl d'huile d'olive, sel, poivre.

---

moutarde forte + 3 cl de vinaigre de vin rouge + poivre + 10 cl d'huile d'olive. Répartir dans 4 assiettes les pommes de terre + 200 g de cervelas pelé en gros morceaux + la vinaigrette. Parsemer d'1 échalote et de persil ciselés + 80 g de cornichons hachés + 2 œufs durs coupés en 4 + 1 pointe de vinaigrette.

☐ Salade bistrot de pommes de terre au cervelas

650 g de pommes de terre à chair ferme, 200 g de cervelas, 2 œufs durs, 1 échalote, persil, 80 g de cornichons, 10 g de moutarde forte, 10 cl d'huile d'olive, 3 cl de vin blanc sec, 3 cl de vinaigre de vin rouge, sel, poivre.

---

de papier aluminium. Déglacer la poêle avec un peu d'eau, décoller les sucs. Verser 30 cl de fond de veau. Porter à ébullition. Faire réduire d'⅓. Ajouter 6 g de chocolat noir, fouetter, saler et poivrer. Servir la viande nappée d'oignons + la sauce à côté.

☐ Bavettes à la sauce cacao

4 bavettes de bœuf, 6 g de chocolat noir, 2 oignons rouges, 20 g de beurre, 30 cl de fond de veau, 1 cl d'huile d'olive, sel, poivre.

---

rincés + le brocoli + 5 cl de crème liquide + 2 cl d'huile d'olive + 50 g de parmesan râpé. Ajouter les pâtes égouttées. Servir aussitôt.

☐ Penne au brocoli, câpres et anchois

320 g de penne, ½ brocoli, 30 g de câpres, 10 g d'anchois marinés, 50 g de parmesan râpé, 5 cl de crème liquide, 2 cl d'huile d'olive, sel.

---

bouillon de légumes chaud. Porter à ébullition. Cuire 15 mn. Mixer. Réserver au chaud. Tremper 300 g de cacahuètes 15 mn dans 30 cl d'eau. Les mixer avec l'eau. Torréfier quelques cacahuètes et les concasser. Servir la soupe avec la crème de cacahuètes + les cacahuètes grillées.

☐ Crème de patates douces aux cacahuètes

400 g de patates douces rouges, 300 g de cacahuètes, 1 oignon, 1 bâton de citronnelle, 1 l de bouillon de légumes, 2 cl d'huile d'olive, sel.

+ 100 g de sucre. Ajouter 15 cl de crème liquide + 140 g de cerneaux de noix réduits en poudre. Mélanger. Foncer 4 moules à tartelette. Verser la crème aux noix. Enfourner 15-20 mn à 180 °C. Laisser tiédir et servir avec 65 g de crème épaisse.

☐ Tartelettes aux noix

140 g de cerneaux de noix, 140 g de farine, 110 g de sucre, 65 g de beurre, 2 œufs, 15 cl de crème liquide, 65 g de crème épaisse.

ET AUSSI

LE TRUC DU CHEF

En cette saison hivernale, pensez au potimarron pour vos recettes. Sa douce saveur sucrée au goût de noisette vous permettra de réaliser des soupes gourmandes. Sa peau peut également être consommée.

NOVEMBRE 2019

Lundi 4

Crozets façon risotto, diots grillés

15 mn 25 mn

Dans 1 wok, faire suer ½ oignon en petit dés dans 1 cl d'huile d'olive + sel. Ajouter 320 g de crozets, les nacrer, puis déglacer avec 5 cl de vin rouge. Ajouter 1 gousse d'ail entière écrasée. Laisser réduire. Verser à hauteur

Mardi 5

Escalopes de veau viennoises

15 mn 15 mn

Paner 4 escalopes très fines de veau dans 100 g de farine + 2 œufs battus + 150 g de chapelure. Les faire dorer dans 50 g de beurre fondu + 3 cl d'huile d'olive. Saler. Enfourner 10 mn à 180 °C. Poivrer. Passer au

Mercredi 6

Soupe de potimarron aux noix

20 mn 40 mn

Tailler en gros cubes 320 g de potimarron + 2 pommes de terre à chair farineuse. Faire revenir le potimarron avec 5 g de beurre fondu + sel. Ajouter les pommes de terre. Verser 45 cl de bouillon de volaille à hauteur

Jeudi 7

Blettes au jus

15 mn 25 mn

Ôter le vert de 500 g de côtes de blettes et effiler les côtes. Couper les blettes en tronçons de 6 cm. Mélanger 20 g de farine + 60 cl d'eau + le jus d'½ citron + 20 g de gros sel. Verser dans 1 cocotte remplie d'eau. Cuire

Vendredi 8

Pavés de saumon à l'unilatéral, sauce hollandaise

15 mn 30 mn

Faire revenir 8 endives émincées + 30 g de beurre fondu. Ajouter le jus et zeste d'1 orange. Cuire à découvert jusqu'à évaporation. Ajouter du romarin

Samedi 9

Crème de lentilles minute

20 mn 35 mn

Émincer 1 échalote + 1 poireau + 1 branche de céleri. Tailler 2 carottes en petits dés. Faire suer les légumes avec 225 g de lentilles en boîte égouttées + 1 cl d'huile d'olive. Verser 1,5 l de bouillon de volaille. Porter à

Dimanche 10

Cookies au beurre de cacahuètes

20 mn 15 mn

Avec 1 mixeur, mélanger 115 g de beurre + 95 g de sucre + 70 g de sucre vergeoise. Ajouter 1 œuf. Mélanger. Tamiser 150 g de farine + 5 g de bicarbonate de sodium + sel et les ajouter en 3 fois au mélange.

60 cl de bouillon de volaille chaud au fur et à mesure. Hors du feu, ajouter 80 g de beaufort en morceaux + 10 g de beurre + de la ciboulette ciselée. Poêler 4 diots dans 1 cl d'huile d'olive. Servir avec les crozets.

☐ Crozets façon risotto, diots grillés

320 g de crozets, 4 diots, ½ oignon, 1 gousse d'ail, 80 g de beaufort, 10 g de beurre, 60 cl de bouillon de volaille, 5 cl de vin rouge, 2 cl d'huile d'olive, ciboulette, sel, poivre.

---

tamis le blanc, puis le jaune d'1 œuf dur. Prélever les suprêmes de 2 citrons et les tailler en 3. Servir les escalopes + les condiments + 20 g de câpres égouttées + un peu du beurre de cuisson.

☐ Escalopes de veau viennoises

4 escalopes très fines de veau, 150 g de chapelure, 100 g de farine, 2 œufs, 1 œuf dur, 50 g de beurre, 2 citrons, 20 g de câpres, 3 cl d'huile d'olive, sel, poivre.

+ muscade râpée + 165 g de noix fraîches concassées. Cuire 30 mn. Mixer avec 5 cl de crème liquide + sel + piment d'Espelette. Servir avec de la coriandre + 2 cl d'huile de noix + ½ c. à c. de graines de coriandre.

☐ Soupe de potimarron aux noix

320 g de potimarron, 2 pommes de terre à chair farineuse, 165 g de noix fraîches, 45 cl de bouillon de volaille, 5 cl de crème liquide, 2 cl d'huile de noix, 5 g de beurre, coriandre, ½ c. à c. de graines de coriandre, muscade râpée, piment d'Espelette, sel.

---

les côtes 10 mn. Blanchir le vert 5 mn à l'eau bouillante salée. Égoutter et rafraîchir. Mélanger côtes + vert et faire revenir dans 30 g de beurre. Verser 15 cl de bouillon de bœuf. Laisser réduire de moitié. Rectifier l'assaisonnement et servir.

☐ Blettes au jus

500 g de côtes de blettes, ½ citron, 20 g de farine, 30 g de beurre, 15 cl de bouillon de bœuf, 20 g de gros sel, sel, poivre.

---

haché. Saler 4 pavés de saumon côté chair et les poêler côté peau 1 mn dans 2 cl d'huile d'olive. Couvrir d'1 feuille de papier aluminium. Cuire 3 mn. Dans 1 casserole, mélanger 2 jaunes d'œufs + un peu d'eau. Cuire en fouettant. Lorsque le sabayon est bien monté, ajouter hors du feu 125 g de beurre clarifié + sel + poivre + le jus d'1 citron. Mélanger et servir avec le saumon + la fondue d'endives.

☐ Pavés de saumon à l'unilatéral, sauce hollandaise

4 pavés de saumon, 8 endives, 1 orange, 1 citron, romarin, 155 g de beurre, 2 jaunes d'œufs, 2 cl d'huile d'olive, sel, poivre.

ébullition. Cuire 15 mn. Avec 1 écumoire, prélever ¼ des légumes + lentilles et réserver. Ajouter 15 cl de crème liquide dans le bouillon, réchauffer. Mixer, remettre dans la casserole avec les légumes et lentilles prélevés. Réchauffer. Servir avec 200 g de lardons fumés poêlés + du persil.

☐ Crème de lentilles minute

225 g de lentilles en boîte, 2 carottes, 1 branche de céleri, 1 poireau, 1 échalote, 200 g de lardons fumés, persil, 1,5 l de bouillon de volaille, 15 cl de crème liquide, 3 cl d'huile d'olive, sel, poivre.

Ajouter 110 g de beurre de cacahuètes. Mélanger, puis incorporer 50 g de cacahuètes concassées. Former des petites boules. Déposer sur 1 plaque recouverte de papier cuisson. Quadriller les cookies avec 1 fourchette farinée. Enfourner 10-15 mn à 180 °C, puis laisser refroidir sur 1 grille.

☐ Cookies au beurre de cacahuètes

110 g de beurre de cacahuètes, 115 g de beurre, 1 œuf, 150 g de farine, 95 g de sucre, 70 g de sucre vergeoise, 5 g de bicarbonate de sodium, 50 g de cacahuètes concassées, sel.

ET AUSSI

Lundi **11**

Armistice de 1918

Fusillis aux cèpes et aux lardons

15 mn | 25 mn

Cuire 400 g de fusillis 11 mn dans de l'eau bouillante salée. Égoutter et les arroser d'1 cl d'huile d'olive. Faire suer 2 échalotes émincées + 2 gousses d'ail hachées + sel 2 mn dans 2 cl d'huile d'olive. Ajouter 200 g de

Mardi **12**

Rôti de porc frotté à l'ail

5 mn | 1 h 20 | 10 mn

Déposer 500 g de rôti de porc dans 1 plat allant au four et le frotter avec ½ tête d'ail. Parsemer de thym + 4 cl d'huile d'olive. Poser la ½ tête d'ail dessus. Enfourner 1 h 20 en arrosant. Saler à mi-cuisson.

Mercredi **13**

Salade de chou blanc, saucisses de Francfort et pignons de pin

15 mn | 10 mn

Mélanger 350 g de chou blanc émincé + 2 cl de vinaigre de vin blanc + 5 g de sucre + 5 cl d'huile d'olive + sel + poivre. Cuire 4 saucisses de Francfort à l'eau

Jeudi **14**

Tarte irlandaise

15 mn | 20 mn | 30 mn

Presser 1 citron et prélever le zeste. Foncer 1 moule à tarte d'1 pâte feuilletée. Cuire à blanc 20 mn à 180 °C. Couper 2 pavés de saumon sans peau en lamelles de 5 mm. Déposer dans 1 plat + le zeste et

Vendredi **15**

Salade d'hiver au potimarron rôti, betteraves et feta

15 mn | 15 mn

Couper ½ potimarron en tranches fines. Déposer sur 1 plaque. Arroser d'1 cl d'huile d'olive, saler. Enfourner 15 mn à 180 °C. Couper en cubes 2 betteraves rouges

Samedi **16**

Cocotte de légumes oubliés

20 mn | 30 mn

Peler 120 g de crosnes blanchis 3 mn à l'eau bouillante salée. Couper 120 g de topinambours, de cerfeuils tubéreux et ½ panais en 4 + 120 g de rutabagas en dés + 65 g de salsifis pelés en fines lamelles. Dans

Dimanche **17**

Petits flans chocolat et noisette

10 mn | 20 mn

Fouetter 4 œufs + 35 g de sucre + les graines d'1 gousse de vanille. Ajouter 65 g de pâte à tartiner chocolatée + 25 cl de lait petit à petit. Répartir l'appareil à flan dans 4 ramequins. Enfourner dans un bain-marie

L'atelier des Chefs

LE TRUC DU CHEF

Si vous utilisez des cèpes surgelés dans une recette, il est préférable de les colorer entiers et encore congelés dans de l'huile d'olive, puis de les couper en morceaux avant de les ajouter au reste des ingrédients.

132

cèpes en morceaux. Cuire 4 mn, puis ajouter 130 g de lardons et cuire 5 mn. Verser les pâtes + ½ salade trévise et de la sauge ciselées + 25 g de parmesan râpé. Mélanger et servir.

☐ Fusillis aux cèpes et aux lardons

400 g de fusillis, 200 g de cèpes, 130 g de lardons, ½ salade trévise, 2 échalotes, 2 gousses d'ail, sauge, 25 g de parmesan râpé, 3 cl d'huile d'olive, sel.

Poivrer, couvrir de papier aluminium et laisser reposer 10 mn. Servir le rôti en tranches.

☐ Rôti de porc frotté à l'ail

500 g de rôti de porc, ½ tête d'ail, thym, 4 cl d'huile d'olive, sel, poivre.

---

frémissante, puis les couper en grosses rondelles. Servir le chou parsemé de morceaux de saucisses + 80 g de pignons de pin torréfiés.

☐ Salade de chou blanc, saucisses de Francfort et pignons de pin

350 g de chou blanc, 4 saucisses de Francfort, 80 g de pignons de pin, 5 g de sucre, 5 cl d'huile d'olive, 2 cl de vinaigre de vin blanc, sel, poivre.

---

la ½ du jus de citron + 2 cl d'huile d'olive + 3 g de baies roses écrasées + sel + poivre. Faire mariner 30 mn. Mélanger 130 g de crème épaisse + l'autre ½ du jus de citron. Garnir le fond de pâte de crème + saumon + marinade + aneth.

☐ Tarte irlandaise

1 pâte feuilletée, 2 pavés de saumon sans peau, 130 g de crème épaisse, 1 citron, 3 g de baies roses, aneth, 2 cl d'huile d'olive, sel, poivre.

---

cuites + 100 g de feta. Fouetter 1 cl de vinaigre balsamique blanc + sel + poivre + 3 cl d'huile de noisette. Servir le potimarron rôti + les dés de betteraves et de feta + les graines d'1 grenade + les suprêmes de 4 clémentines + 200 g de mâche + la vinaigrette.

☐ Salade d'hiver au potimarron rôti, betteraves et feta

½ potimarron, 2 betteraves rouges cuites, 100 g de feta, 200 g de mâche, 4 clémentines, 1 grenade, 3 cl d'huile de noisette, 1 cl de vinaigre balsamique blanc, 1 cl d'huile d'olive, sel, poivre.

---

1 cocotte, faire suer salsifis + sel + 2 cl d'huile d'olive 3 mn. Ajouter 1 verre d'eau, couvrir. Cuire 4 mn. Faire de même pour les rutabagas, le panais + les topinambours. Ajouter le cerfeuil tubéreux + sel. Cuire 5 mn à couvert, puis ajouter les crosnes + 65 g de châtaignes cuites. Cuire 2 mn. Servir avec 10 g d'abricots secs et de figues sèches.

☐ Cocotte de légumes oubliés

120 g de rutabagas, 120 g de topinambours, 120 g de cerfeuils tubéreux, 120 g de crosnes, 65 g de salsifis, ½ panais, 65 g de châtaignes cuites, 10 g d'abricots secs, 10 g de figues sèches, 2 cl d'huile d'olive, sel.

---

20 mn à 180 °C. Laisser refroidir et servir.

☐ Petits flans chocolat et noisette

65 g de pâte à tartiner chocolatée, 25 cl de lait, 4 œufs, 35 g de sucre, 1 gousse de vanille.

ET AUSSI

NOVEMBRE 2019

Lundi **18**

Gratin de pâtes au chèvre, noisettes et mesclun

20 mn 35 mn

Couper 1 aubergine + 1 poivron rouge + 1 courgette en petits dés + 120 g de chèvre frais en cubes + 1 oignon blanc en lamelles. Cuire 250 g de penne rigate. Poêler

Mardi **19**

Rôti de bœuf en cocotte

15 mn 40 mn 10 mn

Dans 1 cocotte, colorer 500 g de rôti de bœuf salé. Retirer et poivrer. Faire suer ½ oignon et ½ carotte émincés + sel dans 4 cl d'huile d'olive. Ajouter ail + thym + laurier et déglacer avec 10 cl d'eau. Porter

Mercredi **20**

Salade d'endives tièdes aux gambas, raifort et noix de pécan

15 mn 5 mn

Poêler 20 gambas décortiquées 2 mn/face dans 2 cl d'huile d'olive. Retirer. Faire sauter 4 endives coupées en bâtonnets 1 mn dans 1 cl d'huile d'olive. Ajouter

Jeudi **21**

Soupe de mini-gnocchis au pesto

15 mn 30 mn

Dans 1 casserole, verser 1,5 l d'eau et ajouter ½ oignon + poivre + ½ carotte en morceaux + thym. Cuire 20 mn, filtrer et réserver le bouillon. Mixer ½ botte de basilic effeuillée + 30 g de parmesan râpé + 10 g de

Vendredi **22**

Quiche à la bière

15 mn 40 mn

Foncer 1 moule à tarte avec 1 pâte brisée. Cuire à blanc 10 mn à 200 °C. Poêler 200 g de lardons fumés 3 mn. Ajouter ½ oignon ciselé. Cuire 1 mn. Déglacer avec 10 cl de bière blonde. Retirer du feu. Fouetter 2 œufs

Samedi **23**

Salade landaise

20 mn 15 mn

Ébouillanter 200 g de haricots verts 8 mn dans de l'eau salée. Rafraîchir à l'eau très froide, égoutter. Mélanger 3 cl de vinaigre de Xérès + sel + poivre + 1 échalote ciselée + 3 cl d'huile de noix et d'huile

Dimanche **24**

Streusel aux noisettes et crème à la cannelle

15 mn 10 mn

Mélanger 65 g de beurre, de farine et de sucre + 35 g de noisettes et d'amandes en poudre + sel. Émietter sur 1 plaque de cuisson. Enfourner 10 mn à 180 °C.

L'atelier des Chefs

LE TRUC DU CHEF

Pour réussir la cuisson de vos rôtis à tous les coups, s'équiper d'un thermomètre de cuisson est une bonne solution. Par exemple, la température idéale pour un rôti de bœuf saignant est de 50 °C à cœur.

134

oignon + sel + 3 cl d'huile d'olive 2 mn. Ajouter poivron + courgettes + ail + thym + laurier. Cuire 4 mn. Assaisonner et ajouter 100 g de noisettes hachées + le chèvre. Mélanger avec les pâtes. Verser dans 1 plat. Mélanger 2 œufs + 15 cl de crème liquide + sel + poivre. Verser dans le plat. Parsemer de 65 g de gruyère râpé. Enfourner 20 mn à 180 °C. Servir avec 120 g de mesclun.

☐ Gratin de pâtes au chèvre, noisettes et mesclun

250 g de penne rigate, 120 g de chèvre frais, 100 g de noisettes hachées, 1 courgette, 1 aubergine, 1 poivron rouge, 1 oignon blanc, 15 cl de crème liquide, 2 œufs, 65 g de gruyère râpé, 120 g de mesclun, ail, thym, laurier, 3 cl d'huile d'olive, sel, poivre.

à ébullition, remettre le rôti, couvrir et cuire 25 à 30 mn. Hors de la cocotte, laisser reposer le rôti sous 1 feuille de papier aluminium 10 mn. Filtrer le jus de cuisson. Servir le rôti en fines tranches.

☐ Rôti de bœuf en cocotte

500 g de rôti de bœuf, ½ carotte, ½ oignon, ail, thym, laurier, 4 cl d'huile d'olive, sel, poivre.

---

5 cl de crème liquide mélangée à 5 g de raifort + fleur de sel + poivre. Servir avec les gambas + de la coriandre ciselée + 40 g de noix de pécan concassées.

☐ Salade d'endives tièdes aux gambas, raifort et noix de pécan

4 endives, 20 gambas décortiquées, 5 g de raifort, 40 g de noix de pécan, coriandre, 5 cl de crème liquide, 3 cl d'huile d'olive, fleur de sel, poivre.

---

pignons de pin. Ajouter 3 cl d'huile d'olive en filet. Mettre au frais. Poêler ½ oignon ciselé + 1 poivron rouge en dés + 1 cl d'huile d'olive. Ajouter 320 g de mini-gnocchis, les nacrer 1 mn. Verser le bouillon. Cuire selon la durée du paquet. Assaisonner avec le pesto. Servir avec 65 g de croûtons de pain + fleur de sel.

☐ Soupe de mini-gnocchis au pesto

320 g de mini-gnocchis, 30 g de parmesan râpé, 10 g de pignons de pin, ½ botte de basilic, 1 poivron rouge, ½ carotte, 1 oignon, thym, 65 g de croûtons de pain, 4 cl d'huile d'olive, fleur de sel, poivre.

+ sel + piment d'Espelette + 10 cl de crème liquide + 130 g de gruyère râpé. Ajouter les lardons + oignon. Verser sur la pâte. Enfourner 25 mn à 200 °C. Servir avec 200 g de mesclun assaisonné de 2 cl d'huile d'olive + piment d'Espelette.

☐ Quiche à la bière

1 pâte brisée, 10 cl de bière blonde, 200 g de lardons fumés, 130 g de gruyère râpé, 2 œufs, ½ oignon, 200 g de mesclun, 10 cl de crème liquide, 2 cl d'huile d'olive, piment d'Espelette, sel.

---

d'olive. Poêler 4 mn 130 g de gésiers de canard + un peu de leur graisse. Dans 1 saladier, mélanger haricots verts + ½ salade frisée + vinaigrette. Disposer dans 4 assiettes. Répartir 100 g de tomates cerises en 2 + les gésiers + 12 tranches de magret fumé + 120 g de foie gras mi-cuit tranché + 30 g de pignons de pin.

☐ Salade landaise

200 g de haricots verts, 100 g de tomates cerises, ½ salade frisée, 1 échalote, 130 g de gésiers de canard, 120 g de foie gras mi-cuit, 12 tranches de magret fumé, 30 g de pignons de pin, 3 cl de vinaigre de Xérès, 3 cl d'huile de noix, 3 cl d'huile d'olive, sel, poivre.

Laisser refroidir. Mélanger 25 cl de crème liquide + 40 g de sucre glace + 5 g de cannelle moulue. Verser dans 1 siphon. Réserver au frais. Servir le streusel émietté sur des fruits + 1 nuage de crème.

☐ Streusel aux noisettes et crème à la cannelle

35 g de noisettes en poudre, 35 g d'amandes en poudre, 65 g de farine, 65 g de sucre, 65 g de beurre, 40 g de sucre glace, 25 cl de crème liquide, 5 g de cannelle moulue, sel.

Lundi 25

Salade de pâtes, de pomme et de fourme d'Ambert aux baies roses

15 mn 10 mn

Cuire 400 g de pâtes trofie. Dans 1 bol, mélanger 3 cl de vinaigre de cidre + sel + 3 g de baies roses + 1 échalote ciselée + 3 cl d'huile d'olive + du cerfeuil

Mardi 26

Parmentier de queue de bœuf aux topinambours

25 mn 3 h 15

Dans 1 marmite, mettre 800 g de queue de bœuf en morceaux + ½ oignon et ½ carotte en cubes + ail + thym + laurier + sel. Verser 2 l de vin rouge et cuire

Mercredi 27

Salade de carottes au jus d'orange et au cumin

10 mn

Couper finement en sifflets 8 carottes fanes pelées. Ajouter de la ciboulette + 2 échalotes ciselées + 5 cl de jus d'orange + le jus d'½ citron vert + sel + poivre

Jeudi 28

Omelette lardons-champignons

15 mn 25 mn

Poêler 120 g de lardons fumés. Retirer et conserver le gras de cuisson. Poêler séparément 120 g de shiitakes, de pleurotes, puis de champignons de Paris. Saler et poivrer. Ajouter 1 échalote ciselée + les lardons,

Vendredi 29

Papillotes de saumon et poireaux au parfum d'orange

15 mn 10 mn

Répartir 4 poireaux en très fines lanières sur 4 grandes feuilles de papier cuisson. Poser dessus 4 pavés de saumon + les tranches d'½ orange + 20 tomates cerises

Samedi 30

Purée de pois chiches à la pâte de sésame

15 mn

Presser le jus de 2 citrons. Mixer 400 g de pois chiches en boîte égouttés + 1 gousse d'ail pelée + le jus de citron + 70 g de pâte de sésame + 3 g de poivre blanc

Dimanche 1

Tarte poires-chocolat

15 mn 30 mn

Foncer 1 moule à tarte avec 1 pâte brisée. Piquer le fond avec 1 fourchette. Mélanger 2 œufs + 15 cl de crème liquide + 100 g de chocolat noir fondu + 65 g de sucre. Ajouter 2 poires coupées en dés. Verser sur

L'atelier des Chefs

LE TRUC DU CHEF

Bien qu'il soit pratique de les trouver en boîte, les champignons sont bien meilleurs lorsqu'ils sont frais. N'hésitez donc pas à adapter vos recettes en fonction des saisons (on trouve différentes variétés de champignons à peu près toute l'année).

haché. Verser sur les pâtes + 120 g de fourme d'Ambert coupée en petits dés + 1 pomme détaillée en cubes.

☐ Salade de pâtes, de pomme et de fourme d'Ambert aux baies roses

400 g de pâtes trofie, 1 pomme, 120 g de fourme d'Ambert, 3 g de baies roses, 1 échalote, cerfeuil, 3 cl de vinaigre de cidre, 3 cl d'huile d'olive, sel.

---

3 h à couvert. Effilocher la viande. Filtrer le vin, faire réduire jusqu'à 15 cl et réchauffer la viande dedans. Dans 1 casserole, faire suer 1 échalote + 2 cl d'huile d'olive. Ajouter 320 g de topinambours en petits cubes + thym + sel. Couvrir d'eau. Cuire 15 mn. Égoutter. Réduire en purée avec 30 g de beurre + 5 cl de lait + sel + poivre. Servir avec 100 g de mesclun.

☐ Parmentier de queue de bœuf aux topinambours

800 g de queue de bœuf, 320 g de topinambours, 100 g de mesclun, ½ carotte, ½ oignon, 1 échalote, ail, thym, laurier, 30 g de beurre, 2 l de vin rouge, 5 cl de lait, 2 cl d'huile d'olive, sel, poivre.

+ 2 g de cumin moulu. Servir avec du cerfeuil.

☐ Salade de carottes au jus d'orange et au cumin

8 carottes fanes, 5 cl de jus d'orange, 2 g de cumin moulu, 2 échalotes, ½ citron vert, ciboulette, cerfeuil, sel, poivre.

---

cuire 1 mn. Fouetter 12 œufs + sel + poivre. Cuire 2 à 3 mn avec 20 g de beurre mousseux. Mélanger avec 1 spatule souple. Ajouter champignons + lardons. Parsemer de persil.

☐ Omelette lardons-champignons

12 œufs, 120 g de lardons fumés, 120 g de shiitakes, 120 g de pleurotes, 120 g de champignons de Paris, 1 échalote, persil, 20 g de beurre, sel, poivre.

+ sel + poivre + 4 cl d'huile d'olive + 20 cl de vin blanc sec. Refermer les papillotes. Enfourner 8 mn à 200 °C. Servir aussitôt.

☐ Papillotes de saumon et poireaux au parfum d'orange

4 pavés de saumon, 4 poireaux, 20 tomates cerises, ½ orange, 20 cl de vin blanc sec, 4 cl d'huile d'olive, sel, poivre.

---

du Penja. Ajouter de l'eau si nécessaire. Rectifier l'assaisonnement. Servir avec 3 cl d'huile d'olive + 5 g de paprika + quelques pois chiches.

☐ Purée de pois chiches à la pâte de sésame

400 g de pois chiches en boîte, 70 g de pâte de sésame, 2 citrons, 1 gousse d'ail, 5 g de paprika, 3 g de poivre blanc du Penja, 3 cl d'huile d'olive.

---

le fond de tarte. Enfourner 30 mn à 180 °C.

☐ Tarte poires-chocolat

1 pâte brisée, 2 poires, 100 g de chocolat noir, 2 œufs, 15 cl de crème liquide, 65 g de sucre.

ET AUSSI

DÉCEMBRE 2019

Lundi 2

Turbot aux pommes de terre et aux olives

20 mn 45 mn

Placer 520 g de pommes de terre à chair fondante en rondelles au fond d'1 plat huilé. Déposer par-dessus 4 darnes de turbot. Saler, poivrer. Ajouter 80 g d'olives

Mardi 3

Canard rôti au miel et à la cannelle

20 mn 1 h

Farcir 1 canard avec les zestes d'½ orange et d'½ citron + romarin + ½ bâton de cannelle. Déposer dans 1 plat + 35 g de carottes et 35 g de céleri-branche en rondelles + ½ oignon blanc + 2 cl d'huile d'olive. Verser 8 cl de

Mercredi 4

Linguines alla vongole

20 mn 30 mn

Dans 1 cocotte, faire suer 2 échalotes ciselées dans 4 cl d'huile d'olive. Verser 20 cl de vin blanc sec. Faire réduire. Ajouter 500 g de palourdes et de moules. Couvrir et laisser s'ouvrir les coquillages. Égoutter,

Jeudi 5

Tartelettes d'épinards au munster et à la noix de muscade

20 mn 30 mn

Cuire à blanc 1 pâte feuilletée entre 2 feuilles de papier cuisson + 2 plaques 15 mn à 200 °C, retirer la plaque et le papier du dessus, puis poursuivre la cuisson

Vendredi 6

Pavés de cabillaud en croûte de sel, d'épices et d'agrumes

20 mn 35 mn 5 mn

Zester ½ citron vert + ½ orange et presser l'orange. Mélanger 335 g de gros sel + 1 blanc d'œuf + 5 g de baies roses et de poivre noir + 2 étoiles de badiane

Samedi 7

Wok de betteraves, pomme et châtaignes

15 mn 15 mn

Ébouillanter ½ chou romanesco en fleurettes 3 mn à l'eau salée. Râper en julienne 2 betteraves chioggia + 1 carotte. Tailler 1 pomme Golden en dés + 100 g de

Dimanche 8

Riz au lait à la mangue

15 mn 30 mn 1 h

Faire tremper 60 g de raisins secs blonds dans 2 cl de rhum + 100 g de riz Carnaroli dans de l'eau chaude. Porter à ébullition 65 cl de lait + 65 g d'écorces d'orange + sel + ½ gousse de vanille fendue en 2 et grattée.

L'atelier des Chefs

LE TRUC DU CHEF

Lorsque vous cuisez un aliment en croûte de sel, prenez garde à le recouvrir juste avant de le cuire et ne le laissez pas dans sa croûte après la cuisson. Sinon, il risque d'être trop salé.

138

ıoires dénoyautées + 20 cl de vin blanc sec. Enfourner 45 mn en mode nduction.

☐ Turbot aux pommes de terre et aux olives

4 darnes de turbot, 520 g de pommes de terre à chair fondante, 80 g d'olives noires dénoyautées, 20 cl de vin blanc sec, 2 cl d'huile d'olive, sel, poivre.

---

vin blanc sec + 10 cl de bouillon de volaille. Badigeonner la viande de 2 c. à s. de miel. Enfourner et faire rôtir 1 h à 180 °C en arrosant régulièrement le canard. Filtrer le jus de cuisson et servir.

☐ Canard rôti au miel et à la cannelle

1 canard, 2 c. à s. de miel, ½ bâton de cannelle, 35 g de carottes, 35 g de céleri-branche, ½ orange, ½ citron, ½ oignon blanc, romarin, 10 cl de bouillon de volaille, 8 cl de vin blanc sec, 2 cl d'huile d'olive, sel, poivre.

---

es réserver et filtrer le jus. Décoquiller les moules + la ½ des palourdes. Porter le jus de cuisson à ébullition. Hors du feu, ajouter 20 g de beurre. Émulsionner. Cuire 250 g de linguines. Servir les pâtes + les coquillages + le bouillon chaud + du persil ciselé.

☐ Linguines alla vongole

250 g de linguines, 500 g de palourdes, 500 g de moules, 2 échalotes, persil, 20 g de beurre, 20 cl de vin blanc sec, 4 cl d'huile d'olive.

---

10 mn. Couper 4 cercles. Poêler 600 g de pousses d'épinard 1 mn dans 30 g de beurre chaud + 1 gousse d'ail. Saler, poivrer. Égoutter. Recouvrir les fonds de pâte d'épinards. Répartir 1 munster tranché. Saupoudrer de muscade râpée. Enfourner 4 mn à 200 °C pour faire gratiner. Servir aussitôt.

☐ Tartelettes d'épinards au munster et à la noix de muscade

1 pâte feuilletée, 600 g de pousses d'épinard, 1 gousse d'ail, 1 munster, muscade râpée, 30 g de beurre, sel, poivre.

+ les zestes. Envelopper 4 pavés de cabillaud dans 1 feuille de papier cuisson. Sur 1 plaque, répartir la ½ du gros sel. Poser les poissons. Recouvrir du sel restant. Enfourner 12 mn à 230 °C. Laisser reposer 5 mn. Poêler 6 kumquats coupés en 2 + 2 fenouils émincés dans 2 cl d'huile olive + le jus d'orange. Cuire 20 mn.

☐ Pavés de cabillaud en croûte de sel, d'épices et d'agrumes

4 pavés de cabillaud, 335 g de gros sel, 2 étoiles de badiane, 5 g de baies roses, 5 g de poivre noir, ½ citron vert, ½ orange, 1 blanc d'œuf, 6 kumquats, 2 fenouils, 2 cl d'huile d'olive.

---

châtaignes cuites en brisures. Dans 1 wok, faire sauter pomme + chou dans 3 cl d'huile d'olive. Saler, poivrer. Ajouter les châtaignes, cuire 2 mn, puis ajouter les betteraves et la carotte. Hors du feu, déglacer avec 1 sauce wok. Servir immédiatement avec 50 g de pousses de betterave.

☐ Wok de betteraves, pomme et châtaignes

2 betteraves chioggia, 1 pomme Golden, 100 g de châtaignes cuites, ½ chou romanesco en fleurettes, 1 carotte, 50 g de pousses de betterave, 1 sauce wok, 3 cl d'huile d'olive, sel, poivre.

Ajouter le riz égoutté. Cuire 30 mn. Blanchir 2 jaunes d'œufs + 60 g de sucre. Les ajouter au riz + 30 g de beurre + raisins + rhum. Mélanger, filmer au contact. Mettre au frais 1 h. Incorporer 20 cl de crème liquide montée en chantilly. Répartir dans 4 verrines. Servir avec 1 mangue en dés + le zeste d'½ citron vert.

☐ Riz au lait à la mangue

100 g de riz Carnaroli, 65 cl de lait, 1 mangue, ½ citron vert, 65 g d'écorces d'orange, 60 g de raisins secs blonds, ½ gousse de vanille, 60 g de sucre, 30 g de beurre, 2 jaunes d'œufs, 20 cl de crème liquide, 2 cl de rhum, sel.

139

ET AUSSI

DÉCEMBRE 2019

Lundi 9

Riz pilaf parfumé aux épices

15 mn 20 mn

Dans 1 plat, mettre 1 oignon ciselé + 2 cl d'huile d'olive + 1 g de graines d'anis + 2 g de cardamome blanche Enfourner 5 mn à 190 °C en mode chaleur pulsée Verser 250 g de riz basmati et le nacrer au four. Ajouter

Mardi 10

Épaule d'agneau confite, caviar de courge au curcuma

20 mn 1 h

Mélanger la chair d'1 courge butternut en gros cubes + 2 cl d'huile d'olive + 3 g de curcuma moulu + sel Dans 1 cocotte, faire dorer 500 g d'épaule d'agneau

Mercredi 11

Salade de pommes de terre sauce César

20 mn 15 mn

Cuire à l'eau salée 650 g de pommes de terre à chair ferme en morceaux. Égoutter. Poêler 2 tranches de pain de campagne en dés dans 6 cl d'huile d'olive

Jeudi 12

Soupe à l'oseille

15 mn 15 mn

Dans 1 casserole, faire revenir 3 mn 250 g d'oseille dans 5 g de beurre mousseux. Ajouter 1 l d'eau + sel + poivre blanc. Hors du feu, ajouter 2 blancs d'œufs 1 à 1 en fouettant. Cuire 5 mn. Ajouter 25 g de

Vendredi 13

Carpaccio de saumon et pommes vertes, crème acidulée aux herbes

30 mn 5 mn 15 mn

Chauffer 5 cl d'huile d'olive + des feuilles de coriandre Laisser refroidir et filtrer. Recouvrir 320 g de filet de saumon de 130 g de gros sel. Mettre au frais 15 mn

Samedi 14

Gratin de pommes de terre aux lardons

10 mn 30 mn

Couper en rondelles 650 g de pommes de terre à chair ferme cuites et pelées. Frotter le fond d'1 plat avec ½ gousse d'ail. Déposer les pommes de terre. Parsemer

Dimanche 15

Tartes aux 2 citrons sans sucre

20 mn 20 mn 10 mn

Dans 1 bol, mélanger 165 g de farine + 85 g de beurre en dés + 1 œuf + 1 c. à s. d'édulcorant + sel. Former 1 boule. Filmer et mettre au frais 10 mn. Étaler découper des ronds et foncer 4 cercles en inox

L'atelier des Chefs

LE TRUC DU CHEF

Si vous avez besoin de lardons moelleux pour une de vos recettes, vous pouvez les cuire dans l'eau bouillante pendant 1 minute plutôt que de les dorer à la poêle.

volume d'eau 1,5 fois supérieur à celui du riz. Couvrir d'1 feuille de apier cuisson et enfourner 15 mn.

ésossée et ficelée + 4 cl d'huile d'olive. Saler, poivrer. Ajouter gousses d'ail en chemise + thym + ½ oignon et ½ carotte émincés. nfourner 20 mn à 160 °C en chaleur pulsée. Arroser souvent. Ôter u plat viande + ail + thym. Dégraisser. Mettre les morceaux de courge la viande. Enfourner 30 mn. Servir la viande tranchée avec les orceaux de butternut écrasés.

ixer 5 g de câpres + 10 g d'anchois marinés + 1 gousse d'ail pelée. jouter 3 cl d'huile d'olive en filet + 10 cl de crème liquide + 2 cl de inaigre de vin rouge + 10 g de parmesan râpé. Mélanger aux pommes e terre. Poser dessus les croûtons + 15 g d'anchois marinés + 20 g e parmesan en copeaux.

ermicelles. Cuire 5 mn. Ajouter 30 g de crème épaisse. Rectifier assaisonnement et servir aussitôt.

incer 3 mn et sécher. Fouetter 150 g de fromage blanc + de la iboulette et du cerfeuil ciselés + le zeste et jus d'½ citron vert + sel poivre. Ajouter 10 cl de crème liquide fouettée. Mettre au frais dans poche à douille. Intercaler le saumon tranché + ½ pomme acidulée t citronnée en lamelles, badigeonner d'huile parfumée, poivrer. Servir ien frais avec la crème acidulée.

e ciboulette ciselée. Répartir 135 g de lardons poêlés. Couvrir de 35 g de crème épaisse + 100 g de gruyère râpé + sel + poivre. Enfourner 5 mn à 200 °C.

ouetter 2 jaunes d'œufs + 2 c. à s. d'édulcorant + le jus et zeste '½ citron vert et jaune. Faire épaissir le mélange au bain-marie. ncorporer 2 blancs d'œufs montés en neige. Verser sur les fonds e tarte. Enfourner 15-20 mn à 180 °C. Démouler et laisser refroidir vant de déguster.

COURSES

pour 4 personnes

☐ Riz pilaf parfumé aux épices

250 g de riz basmati, 1 oignon, 2 g de cardamome blanche, 1 g de graines d'anis, 2 cl d'huile d'olive.

☐ Épaule d'agneau confite, caviar de courge au curcuma

500 g d'épaule d'agneau désossée, 1 courge butternut, 3 g de curcuma moulu, ½ carotte, ½ oignon, 2 gousses d'ail, thym, 6 cl d'huile d'olive, sel, poivre.

☐ Salade de pommes de terre sauce César

650 g de pommes de terre à chair ferme, 1 gousse d'ail, 30 g de parmesan, 25 g d'anchois marinés, 5 g de câpres, 2 tranches de pain de campagne, 10 cl de crème liquide, 9 cl d'huile d'olive, 2 cl de vinaigre de vin rouge, sel, poivre.

☐ Soupe à l'oseille

250 g d'oseille, 2 blancs d'œufs, 30 g de crème épaisse, 5 g de beurre, 25 g de vermicelles, sel, poivre blanc.

☐ Carpaccio de saumon et pommes vertes, crème acidulée aux herbes

320 g de filet de saumon, 130 g de gros sel, ½ pomme acidulée, 150 g de fromage blanc, 10 cl de crème liquide, ½ citron vert, ciboulette, cerfeuil, coriandre, 5 cl d'huile d'olive, 2 cl de jus de citron, sel, poivre.

☐ Gratin de pommes de terre aux lardons

650 g de pommes de terre à chair ferme cuites, 135 g de lardons, 135 g de crème épaisse, 100 g de gruyère râpé, ½ gousse d'ail, ciboulette, sel, poivre.

☐ Tartes aux 2 citrons sans sucre

½ citron jaune, ½ citron vert, 165 g de farine, 85 g de beurre, 3 œufs, 3 c. à s. d'édulcorant, sel.

ET AUSSI

L'atelier des Chefs

LE TRUC DU CHEF

Quand une recette implique de cuire plusieurs aliments dans un même récipient, veillez bien à les ajouter suivant leur temps de cuisson.
Vous éviterez ainsi que certains ne soient trop, ou au contraire, pas assez cuits.

Lundi 16

Fricassée de légumes-racines et jambon cru

20 mn 15 mn

Couper 2 carottes en biseaux + 250 g de pommes de terre à chair ferme en tranches de 1 mm + 250 g de topinambours et 1 oignon en dés + 200 g de radis

Mardi 17

Longe de veau aux agrumes

15 mn 1 h 15 mn

Mettre 550 g de filet de veau ficelé et assaisonné + 10 cl de vin blanc sec + 10 cl de bouillon de volaille + 1 orange + 1 citron +½ bâton de cannelle + 2 cl d'huile d'olive dans 1 plat. Enfourner 1 h en mode induction

Mercredi 18

Beignets de légumes

20 mn 10 mn

Prélever les sommités de 650 g de choux-fleurs + 200 g de brocolis. Couper 100 g d'aubergine + ½ courgette + 80 g de poivrons rouges et jaunes en bâtonnets. Mélanger 135 g de farine + 3 g de levure

Jeudi 19

Pommes de terre fondantes, gratiné de reblochon et noix

15 mn 20 mn

Dans 1 casserole, porter à ébullition 30 cl de lait + 30 cl de crème liquide + 800 g de pommes de terre à chair farineuse en grosses rondelles + poivre + sel

Vendredi 20

Rillettes de maquereaux au whisky

20 mn 5 mn 15 mn

Dans 1 marmite, mettre 2 maquereaux + de l'eau froide à hauteur + 3 g de poivre noir + 5 g de gros sel + thym + 1 carotte et 1 échalote coupées. Porter à ébullition couvrir, éteindre le feu, laisser refroidir 15 mn et

Samedi 21

Crème douce de légumes d'hiver en rouge et blanc

20 mn 20 mn

Couper 250 g de topinambours + 200 g de carottes + 65 g de betteraves cuites en petits morceaux. Ciseler 2 échalotes. Faire suer dans 2 cocottes la ½ des

Dimanche 22

Fruits d'hiver fondants et fruits secs aux épices

20 mn 25 mn

Couper 2 pommes Pink Lady et 2 poires comices pelées en 4 + ½ orange et ½ banane en rondelles + 1 ananas en gros cubes. Dans 1 casserole, cuire 10 mn les roses en 2. Poêler topinambours + carottes dans 4 cl d'huile d'olive. Ajouter 35 g de beurre + oignons + pommes de terre + sel. Cuire à couvert 10 mn. Ajouter radis + persil ciselé. Poivrer et servir avec 8 tranches de jambon cru en lamelles.

☐ Fricassée de légumes-racines et jambon cru

250 g de pommes de terre à chair ferme, 250 g de topinambours, 200 g de radis roses, 2 carottes, 1 oignon, 35 g de beurre, 8 tranches de jambon cru, persil, 4 cl d'huile d'olive, sel, poivre.

Retourner la viande à mi-cuisson. Laisser le rôti reposer 15 mn avant de le trancher et servir avec le jus.

☐ Longe de veau aux agrumes

550 g de filet de veau, 1 orange, 1 citron, ½ bâton de cannelle, 10 cl de vin blanc sec, 10 cl de bouillon de volaille, 2 cl d'huile d'olive, sel, poivre.

+ sel. Ajouter 40 cl d'eau gazeuse petit à petit. Tremper les morceaux de légumes dans la pâte. Égoutter et cuire 3 mn dans 65 cl d'huile à 180 °C. Égoutter, saler et déguster aussitôt.

☐ Beignets de légumes

650 g de choux-fleurs, 200 g de brocolis, 100 g d'aubergine, ½ courgette, 80 g de poivrons rouges, 80 g de poivrons jaunes, 135 g de farine, 3 g de levure, 40 cl d'eau gazeuse, 65 cl d'huile, sel.

Cuire 5 mn. Répartir dans 1 plat à gratin. Parsemer de 50 g de cerneaux de noix. Recouvrir de 500 g de reblochon fermier tranché. Enfourner 15 mn à 200 °C. Servir aussitôt.

☐ Pommes de terre fondantes, gratiné de reblochon et noix

800 g de pommes de terre à chair farineuse, 500 g de reblochon fermier, 50 g de cerneaux de noix, 30 cl de lait, 30 cl de crème liquide, sel, poivre.

égoutter en conservant l'eau de cuisson. Émietter les poissons pelés et désarêtés. Ajouter 10 g de moutarde forte + 15 g de crème épaisse + 1 échalote ciselée. Mélanger. Saler, poivrer. Ajouter 3 à 4 louches d'eau de cuisson + 2 cl de whisky. Mélanger. Servir avec 6 tranches de pain huilées, grillées et frottées avec 1 gousse d'ail.

☐ Rillettes de maquereaux au whisky

2 maquereaux, 2 cl de whisky, 1 carotte, 2 échalotes, 1 gousse d'ail, thym, 15 g de crème épaisse, 10 g de moutarde forte, 6 tranches de pain, 3 cl d'huile d'olive, 5 g de gros sel, 3 g de poivre noir, sel.

échalotes + 15 g de beurre + sel. Dans 1, ajouter carottes + betteraves, dans l'autre, les topinambours. Verser de l'eau à hauteur. Cuire 10-15 mn. Répartir 6 cl de crème liquide. Saler, poivrer, faire bouillir et mixer. Servir la crème de topinambours avec 3 cœurs de crème de carottes + du cerfeuil.

☐ Crème douce de légumes d'hiver en rouge et blanc

250 g de topinambours, 200 g de carottes, 65 g de betteraves cuites, 2 échalotes, 6 cl de crème liquide, 30 g de beurre, cerfeuil, sel, poivre.

---

pommes + 10 cl de jus d'orange + 30 cl d'eau + 2 clous de girofle et 2 capsules de cardamome verte + muscade râpée + ½ gousse de vanille. Ajouter au fur et à mesure les autres fruits + 45 g d'abricots secs, de pruneaux et de figues sèches en morceaux. Mijoter 15 mn. Laisser refroidir et servir.

☐ Fruits d'hiver fondants et fruits secs aux épices

2 pommes Pink Lady, 2 poires comices, 1 ananas, ½ orange, ½ banane, 45 g d'abricots secs, de pruneaux et de figues sèches, 2 clous de girofle, 2 capsules de cardamome verte, muscade râpée, ½ gousse de vanille, 10 cl de jus d'orange.

143

DÉCEMBRE 2019

Lundi 23

Velouté de cheddar aux saucisses bratwurst et à la bière

15 mn 40 mn

Dorer 4 saucisses de Toulouse dans 1 cl d'huile d'olive puis les cuire 20 mn et les couper en grosses tranches Faire suer 1 oignon + 1 carotte + 2 échalotes émincés

Mardi 24

Terrine de saumon aux fines herbes

15 mn 25 mn 1 h

Mixer finement 300 g de saumon sans peau ni arêtes en morceaux + 2 blancs d'œufs + sel + piment d'Espelette + 30 cl de crème liquide froide. Ajouter et mélanger cerfeuil + ciboulette + estragon ciselés

Mercredi 25

Noël

Chapon de Noël traditionnel aux marrons et pommes dauphines

15 mn 1 h 40 30 mn

Farcir 1 chapon de 2 kg de thym + laurier + 1 gousse d'ail + sel + poivre. Le badigeonner de 40 g de beurre Dans 1 cocotte, le cuire sur 1 cuisse 3 mn dans 3 c

Jeudi 26

Bouillon à la citronnelle, dinde thaï et cacahuètes

15 mn 15 mn 1 h

Mélanger 5 g de gingembre frais râpé + un peu de poudre de piment rouge + 1 cl de lait de coco non sucré + 4 escalopes de dinde en lanières. Laisser mariner

Vendredi 27

Noix de Saint-Jacques au pamplemousse, écrasé de céleri

20 mn 20 mn

Faire suer 1 céleri-rave en petits cubes dans 1 cl d'huile d'olive. Saler, poivrer. Verser 50 cl de lait à hauteur + un peu d'eau si besoin. Porter à ébullition. Cuire

Samedi 28

Tarte tatin d'endives au roquefort et aux champignons

20 mn 40 mn

Poêler 15 mn 3 endives coupées en 2 dans la longueur avec 15 g de beurre + poivre + sel. Faire sauter 150 g de champignons de Paris émincés + sel dans 1 c

Dimanche 29

Mousse au chocolat blanc à la cardamome et pistaches caramélisées

20 mn 30 mn

Faire fondre 100 g de chocolat blanc au bain-marie Faire 1 crème anglaise avec 15 cl de crème liquide entière + 2 jaunes d'œufs + 25 g de sucre + 2 g de

L'atelier des Chefs

LE TRUC DU CHEF

Si vous souhaitez préparer une mousse, équipez-vous d'un tamis. Utilisez-le pour passer votre farce avant d'y ajouter les herbes et de la cuire. Vous obtiendrez ainsi une mousse plus fine et parfaitement lisse.

144

+ 20 g de beurre mousseux. Verser 50 cl de bouillon de légumes chaud mélangé à 80 g de farine + 25 cl de lait. Ajouter 1 c. à c. de carvi écrasé + poivre. Porter à ébullition, faire épaissir et ajouter 250 g de cheddar vieux râpé. Mélanger, cuire à feu doux, puis ajouter 25 cl de bière blonde + les saucisses. Mélanger. Servir avec 200 g de pain de seigle tranché et toasté + du cheddar râpé + graines de carvi.

Verser dans 1 terrine huilée. Enfourner au bain-marie 25 mn à 150 °C. Laisser refroidir 1 h et servir bien froid.

d'huile d'olive. Enfourner 25-30 mn à 175 °C. Retourner sur l'autre cuisse, arroser du jus de cuisson. Cuire 30 mn. Mettre sur le dos. Cuire 30 mn. Laisser reposer 30 mn sous 1 feuille d'aluminium. Dégraisser e jus de cuisson. Ajouter 300 g de marrons cuits. Faire confire 10 mn. Servir avec 800 g de pommes dauphines surgelées réchauffées.

. h. Porter à ébullition 65 cl d'eau + 1 bâton de citronnelle écrasé + 6 carottes en fines rondelles et cuire 8 mn. Ôter la citronnelle, ajouter a dinde. Cuire 4 mn. Parsemer de 2 oignons nouveaux émincés + 10 g de cacahuètes concassées.

.2 mn. Égoutter. Réduire en purée avec 20 g de beurre demi-sel. Poêler .2 noix de Saint-Jacques 2 mn/côté dans 1 cl d'huile d'olive. Verser e jus d'1 pamplemousse rose. Répartir les noix sur 1 lit de purée de céleri + les suprêmes d'1 pamplemousse rose coupés en 2 ou 3 + quelques gouttes de jus de cuisson + cerfeuil.

d'huile d'olive. Saupoudrer de 5 g de sucre 1 moule à bords hauts beurré. Disposer les endives en rosace, puis les champignons + 100 g de roquefort en cubes entre les endives. Recouvrir d'1 pâte euilletée. Rentrer les bords de la pâte. Enfourner 20 mn à 200 °C. Retourner sur 1 assiette, parsemer de 15 g de cerneaux de noix concassés et servir.

cardamome verte moulue. Laisser tiédir. Ajouter 2 feuilles de gélatine amollies et essorées + le chocolat. Fouetter. Laisser refroidir. Incorporer 25 cl de crème liquide montée en chantilly. Mettre au frais. Chauffer 55 g de sucre + 1 cl d'eau à 121 °C. Ajouter 65 g de pistaches émondées. Les enrober, cuire jusqu'à coloration et laisser refroidir. Servir la mousse avec des éclats de pistaches caramélisées.

COURSES

pour 4 personnes

☐ Velouté de cheddar aux saucisses bratwurst et à la bière

250 g de cheddar vieux, 1 carotte, 2 échalotes, 1 oignon, 4 saucisses de Toulouse, 25 cl de bière blonde, 80 g de farine, 20 g de beurre, 1 c. à c. de carvi, 200 g de pain de seigle, 50 cl de bouillon de légumes, 25 cl de lait, 1 cl d'huile d'olive, poivre.

☐ Terrine de saumon aux fines herbes

300 g de saumon sans peau ni arêtes, cerfeuil, ciboulette, estragon, 2 blancs d'œufs, 30 cl de crème liquide, 3 cl d'huile d'olive, piment d'Espelette, sel.

☐ Chapon de Noël traditionnel aux marrons et pommes dauphines

1 chapon de 2 kg, 300 g de marrons cuits, 800 g de pommes dauphines surgelées, 1 gousse d'ail, thym, laurier, 40 g de beurre, 3 cl d'huile d'olive, sel, poivre.

☐ Bouillon à la citronnelle, dinde thaï et cacahuètes

1 bâton de citronnelle, 6 carottes, 4 escalopes de dinde, 2 oignons nouveaux, 5 g de gingembre frais, poudre de piment rouge, 1 cl de lait de coco non sucré, 10 g de cacahuètes concassées.

☐ Noix de Saint-Jacques au pamplemousse, écrasé de céleri

12 noix de Saint-Jacques, 2 pamplemousses roses, 1 céleri-rave, 50 cl de lait, 20 g de beurre demi-sel, cerfeuil, 2 cl d'huile d'olive, sel, poivre.

☐ Tarte tatin d'endives au roquefort et aux champignons

1 pâte feuilletée, 3 endives, 100 g de roquefort, 150 g de champignons de Paris, 15 g de beurre, 15 g de cerneaux de noix, 5 g de sucre, 1 cl d'huile d'olive, sel, poivre.

☐ Mousse au chocolat blanc à la cardamome et pistaches caramélisées

100 g de chocolat blanc, 2 g de cardamome verte moulue, 40 cl de crème liquide entière, 2 jaunes d'œufs, 90 g de sucre, 2 feuilles de gélatine, 65 g de pistaches émondées.

145

ET AUSSI

DÉC. 2019-JAN. 2020

Lundi 30

Flans de foie gras aux saveurs de pain d'épices

15 mn 30 mn

Mixer 4 œufs + 3 jaunes + 20 cl de crème liquide + 5 cl de lait + 140 g de foie gras de canard cru. Saler poivrer. Ajouter 3 g d'épices à pain d'épices. Verse

Mardi 31

Huîtres chaudes au beurre d'herbes

20 mn 5 mn

Fouetter 100 g de beurre ramolli + persil et coriandre hachés + 1 échalote ciselée + sel + poivre. Ouvri 18 huîtres creuses n° 2. Jeter la première eau. Dépose 1 noix de beurre aux herbes sur les huîtres et les place

Mercredi 1

Jour de l'An

Salade de pommes de terre à la tomme

20 mn 10 mn

Cuire 800 g de pommes de terre Roseval en cubes Dans 1 saladier, fouetter 25 g de moutarde à l'ancienne + 2 cl de vinaigre de Xérès + sel + poivre + 6 cl d'huile

Jeudi 2

Mini-brochettes au poulet et à la mangue

15 mn 10 mn 10 mn

Dans 1 casserole, mettre 1 blanc de poulet + 1 verre d'eau. Cuire à couvert 10 mn. Laisser refroidir dans le jus de cuisson, puis couper en dés. Dans 1 plat, mettre

Vendredi 3

Saumon cuit à l'unilatérale et poêlée de pleurotes

15 mn 20 mn

Assaisonner 4 pavés de saumon de sel + poivre. Les poêler côté peau 6 mn dans 2 cl d'huile d'olive. Une fois cuits aux ⅔, les déposer sur 1 plaque, côté peau

Samedi 4

Salade d'endives et œufs à la flamande

15 mn 15 mn

Faire cuire 4 œufs 10 mn et couper leur sommet. Retire les jaunes. Dans 1 saladier, mélanger les jaunes d'œufs écrasés + 1 tranche de jambon cru en fines lanière

Dimanche 5

Sorbet à l'hibiscus

10 mn 5 mn 5 mn

Dans 1 casserole, faire chauffer 60 cl d'eau + 140 de sucre + 30 g de sirop de glucose. Ajouter 35 de fleurs d'hibiscus séchées. Laisser infuser 5 mn Filtrer, puis laisser refroidir à 3 °C. Faire prendre e

L'atelier des Chefs

LE TRUC DU CHEF

Pour ouvrir les huîtres sans vous blesser ni répandre des morceaux de coquille à l'intérieur, pensez que c'est l'huître qui doit effectuer des petits mouvements réguliers, et non la lame du couteau.

dans 6 petits moules. Enfourner 30 mn au bain-marie à 160 °C en mode chaleur pulsée. Servir avec 120 g de mesclun assaisonné de 2 cl d'huile de noix + 1 cl de vinaigre de Xérès.

☐ Flans de foie gras aux saveurs de pain d'épices

140 g de foie gras de canard cru, 3 g d'épices à pain d'épices, 4 œufs, 3 jaunes d'œufs, 20 cl de crème liquide, 5 cl de lait, 120 g de mesclun, 2 cl d'huile de noix, 1 cl de vinaigre de Xérès, sel, poivre.

---

sur 1 lit de 300 g de gros sel. Enfourner 5 mn sous le gril. Servir aussitôt.

☐ Huîtres chaudes au beurre d'herbes

18 huîtres creuses n° 2, 100 g de beurre, 1 échalote, persil, coriandre, 300 g de gros sel, sel, poivre.

---

d'arachide. Mélanger les pommes de terre + 2 oignons rouges émincés + 150 g de tomme de Savoie en cubes + 3 tranches de jambon cru en dés + du persil ciselé + la vinaigrette + poivre.

☐ Salade de pommes de terre à la tomme

800 g de pommes de terre Roseval, 150 g de tomme de Savoie, 2 oignons rouges, 3 tranches de jambon cru, 25 g de moutarde à l'ancienne, 6 cl d'huile d'arachide, 2 cl de vinaigre de Xérès, persil, sel, poivre.

---

la viande + 135 g de mangue en dés + 4 branches de thym citron effeuillées + 1 piment rouge tranché et épépiné + 2 cl d'huile d'olive. Laisser mariner 10 mn. Monter les brochettes en intercalant le piment + la mangue + le poulet. Assaisonner de fleur de sel.

☐ Mini-brochettes au poulet et à la mangue

1 blanc de poulet, 135 g de mangue, 1 piment rouge, 4 branches de thym citron, 2 cl d'huile d'olive, fleur de sel.

---

au-dessus. Enfourner 2 mn à 200 °C. Dans 1 poêle, faire suer 600 g de pleurotes dans 2 cl d'huile d'olive. Saler. Ajouter 20 g de beurre + 1 gousse d'ail hachée + du persil ciselé + poivre. Arrêter le feu. Servir le saumon + les pleurotes + 200 g de mâche assaisonnée de 4 cl d'huile de noisette + 2 cl de vinaigre balsamique + fleur de sel + poivre.

☐ Saumon cuit à l'unilatérale et poêlée de pleurotes

4 pavés de saumon, 600 g de pleurotes, 1 gousse d'ail, persil, 200 g de mâche, 20 g de beurre, 4 cl d'huile de noisette, 4 cl d'huile d'olive, 2 cl de vinaigre balsamique, fleur de sel, sel, poivre.

+ 2 c. à s. de moutarde forte + 30 g d'emmental râpé + 15 cl de crème liquide + 50 g de crevettes grises décortiquées + 5 cl d'huile de tournesol. Garnir les œufs. Les déposer dans 1 plat beurré. Enfourner 4-5 mn à 160 °C. Les servir avec 1 endive + 1 endive rouge en lamelles assaisonnées de sel + poivre + 3 cl d'huile de tournesol.

☐ Salade d'endives et œufs à la flamande

1 endive, 1 endive rouge, 4 œufs, 50 g de crevettes grises décortiquées, 30 g d'emmental râpé, 1 tranche de jambon cru, 2 c. à s. de moutarde forte, 15 cl de crème liquide, 8 cl d'huile de tournesol, sel, poivre.

---

sorbetière et servir.

☐ Sorbet à l'hibiscus

35 g de fleurs d'hibiscus séchées, 140 g de sucre, 30 g de sirop de glucose.

BONUS

Entrée

TERRINE DE CAMPAGNE AUX FOIES DE VOLAILLES

45 mn 1 h 30 2 h

Éplucher la ½ échalote et l'oignon. Ciseler le persil plat. Éplucher l'ail. Ciseler l'échalote. Préparer les foies de volailles en séparant le fiel des foies. Les couper en gros dés. Hacher l'oignon, l'ail, les blancs de poulet et la gorge de porc dans un hachoir. Dans une poêle chaude, faire revenir avec un filet d'huile d'olive les foies et l'échalote sans coloration et déglacer avec la moitié du cognac. Mélanger la viande hachée, les foies de volailles, l'échalote, le persil, le reste de cognac et le sel. Préchauffer le four à 180 °C. Tapisser une terrine de crépine en la laissant déborder, puis mettre la farce et rabattre la crépine. Enfourner au bain-marie pendant 1 h 30 environ.

Pour 4 personnes

125 g de blancs de poulet, 125 g de gorge de porc, 150 g de foies de volailles, 100 g de crépine de porc, 25 g d'oignon, ½ échalote, 1 gousse d'ail, quelques brins de persil plat, 2 cl de cognac, 1,5 cl de vinaigre de vin blanc, 2,5 cl d'huile d'olive, 6 g de sel.

Entrée

SAUMON GRAVLAX ET BLINIS À LA CRÈME D'ALGUES

30 mn 4 mn par blini 30 mn

Monter 12 cl de crème liquide au batteur jusqu'à obtenir la consistance d'une chantilly. Monter le blanc d'œuf en neige. Dans un bol, mélanger la farine et la levure avec le jaune d'œuf. Ajouter le lait et fouetter. Incorporer le blanc d'œuf et la crème montée délicatement, puis saler. Cuire les blinis dans une poêle avec un filet d'huile d'olive 2 mn par côté.

Enrober le saumon de gros sel et de sucre, le recouvrir d'un film et le mettre au frais 30 mn. Zester le citron vert et réserver. Effeuiller les herbes. Concasser les épices et l'aneth dans un bol. Ajouter l'huile d'olive et les zestes. Rincer le saumon à l'eau froide, puis l'éponger. Le tailler en fines tranches, réserver.

Ciseler la ciboulette et les algues. Monter 15 cl de crème liquide. Mélanger délicatement avec la crème fraîche épaisse. Ajouter les algues et la ciboulette. Réserver.

Déposer les tranches de saumon sur une assiette. À l'aide d'un pinceau, tamponner le saumon de marinade aux herbes. Servir accompagné des blinis tièdes et de pointes de crème.

Pour 4 personnes

400 g de filets de saumon, 200 g de farine, 100 g de sucre, 1 sachet de levure chimique (11 g), 1 œuf clarifié, 27 cl de crème liquide entière, 125 g de crème épaisse, 20 cl de lait ½ écrémé, 1 citron vert, 20 g d'algues, 10 g de baies roses et de poivre du Sichuan, ½ botte d'aneth, ½ botte de ciboulette, 15 cl d'huile d'olive, 200 g de gros sel, 3 pincées de sel fin.

SALADE DE PASTÈQUE, MELON ET CHÈVRE FRAIS

Entrée

30 mn

Effeuiller les 2 variétés de basilic, puis superposer les feuilles et les ciseler finement. Éplucher la pastèque et la tailler en fines lamelles, puis la laisser mariner avec une pincée de sel, de poivre, le vinaigre balsamique blanc et les basilics ciselés. Réserver ensuite au frais. Couper le melon en 2 et l'épépiner, puis réaliser des boules à l'aide d'une cuillère à pomme parisienne. Réserver. Au milieu d'une assiette, réaliser une rosace de pastèque, disposer les boules de melon au centre, puis parsemer de fromage de chèvre et déguster bien frais.

Pour 4 personnes

1 melon, ½ pastèque, ½ botte de basilic, ½ botte de basilic pourpre, 100 g de chèvre frais, 3 cl de vinaigre balsamique blanc, 3 tours de moulin à poivre, 3 pincées de fleur de sel.

MINESTRONE DE BLÉ AUX LÉGUMES ET GAMBAS

Entrée

15 mn 15 mn

Éplucher les échalotes et les émincer en fines lamelles. Éplucher les carottes et les tailler en petits dés (à la manière d'une brunoise). Laver les courgettes et les couper en petits dés aussi. Couper en fines lamelles la poitrine de porc. Dans une casserole, mettre un peu d'huile d'olive et faire suer les échalotes avec la poitrine, puis ajouter les carottes et le blé. Verser de l'eau jusqu'à 1 ou 2 cm au-dessus des légumes et du blé, puis laisser cuire pendant 10 mn. Ajouter les courgettes et laisser cuire à forte ébullition pendant encore 5 mn. Pendant la cuisson du blé, décortiquer les gambas en laissant le dernier anneau de la carapace ainsi que la queue pour la décoration, et retirer le boyau à l'aide d'un petit couteau. Dans une poêle chaude, colorer les gambas avec un filet d'huile d'olive 1 mn sur chaque face, les assaisonner de sel et de piment d'Espelette. Une fois le blé cuit, ajouter 50 g de parmesan râpé. Dresser le blé dans une assiette creuse et disposer les gambas par-dessus. Décorer l'assiette avec quelques copeaux réalisés avec le parmesan restant et des feuilles de coriandre.

Pour 4 personnes

200 g de blé, 30 gambas surgelées, 50 g de poitrine de porc fumée, 3 carottes, 3 courgettes, 2 échalotes, ½ botte de coriandre fraîche, 100 g de parmesan, 1 l d'eau, 5 cl d'huile d'olive, 6 pincées de sel et de piment d'Espelette.

Entrée

SOUPE DE MELON À LA MENTHE ET GRESSINS

15 mn

Couper le melon en 2 et l'épépiner, puis recouper chaque moitié en 2 et ôter la peau. Tailler ensuite le melon en cubes grossiers. Dans un blender, effeuiller la menthe et ajouter le jus d'½ citron ainsi que les cubes de melon. Mixer le tout à petite vitesse pour éviter de faire blanchir la préparation. Dresser dans des verrines, décorer avec quelques brins de ciboulette et accompagner de gressins.

Pour 4 personnes

1 melon, ½ citron jaune, 3 branches de menthe fraîche, ¼ d'une botte de ciboulette, 12 gressins.

Entrée

FEUILLETÉ DE SAUMON, CHAMPIGNONS ET ÉPINARDS

1 h 30 15 mn 15 mn

Préchauffer le four à 220 °C. Éplucher et ciseler finement les échalotes en petits cubes. Effeuiller les pleurotes. Dans une poêle chaude, faire sauter les champignons avec un filet d'huile d'olive pendant 3 mn à feu vif, puis ajouter les échalotes et une pincée de sel. Laisser cuire 5 mn à feu doux, puis mettre la crème et la laisser réduire. Rectifier l'assaisonnement avec une pincée de sel et du poivre. Débarrasser sur une plaque et faire refroidir au réfrigérateur. Dans une poêle très chaude, faire sauter les pousses d'épinard 30 s avec un trait d'huile d'olive et une pincée de sel, et les égoutter. Couper 6 rectangles de pâte feuilletée 2 fois plus grands que les pavés de saumon et y étaler les champignons. Y déposer les pousses d'épinard et poser le saumon dessus. Rouler l'ensemble et coincer la jonction de la pâte contre une plaque de cuisson munie d'un tapis de cuisson en silicone. Battre les œufs et badigeonner les feuilletés. Laisser reposer au réfrigérateur 15 mn, puis enfourner pendant 15 mn.

Pour 4 personnes

6 pavés de saumon de 150 g, 300 g de pleurotes, 200 g de pousses d'épinard, 2 échalotes, 2 œufs, 15 cl de crème liquide entière, 1 pâte feuilletée, 5 cl d'huile d'olive, 6 tours de moulin à poivre, 6 pincées de sel.

CREVETTES COCO-CURRY À LA THAÏ

Entrée

30 mn 15 mn

Pour 4 personnes

800 g de gambas fraîches, 2 carottes, 1 courgette, 200 g de pousses de soja, 1 gousse d'ail, 1 oignon, 1 branche de citronnelle, ½ botte de coriandre, 20 cl de lait de coco non sucré, 3 cl d'huile d'olive, 1 c. à c. de curry, 4 tours de moulin à poivre, 4 pincées de sel.

Décortiquer les gambas, fendre légèrement le dos avec un couteau et, à l'aide de la pointe, enlever le boyau. Éplucher l'oignon et le ciseler en petits dés. Éplucher et écraser l'ail. Couper la citronnelle en fines lamelles. Effeuiller et ciseler la coriandre. Peler les carottes et les couper en tranches à l'aide d'une mandoline, puis couper les tranches en fins bâtonnets. Faire de même avec la courgette. Faire chauffer l'huile dans une poêle à feu moyen, puis faire revenir l'ail et l'oignon pendant 1 mn avec une pincée de sel. Ajouter les queues de crevettes, la citronnelle, le curry, une pincée de sel, et laisser cuire à feu vif durant 1 mn. Baisser le feu et ajouter les carottes, les courgettes et une pincée de sel. Laisser cuire environ 2 mn. Ajouter les pousses de soja et laisser cuire environ 1 mn. Déglacer avec le lait de coco et ajuster l'assaisonnement. Laisser mijoter. Garder au chaud à feu très doux. Au moment de servir, parsemer de coriandre ciselée.

VERRINES DE PURÉE ET DE POIVRONADE

Entrée

10 mn 20 mn

Pour 4 personnes

400 g de pommes de terre à chair fondante, 4 poivrons rouges, ½ oignon, un peu d'ail, de thym et de laurier, 10 g d'olives noires dénoyautées, 40 g de beurre, 10 cl de lait ½ écrémé, 6 cl d'huile d'olive, 4 pincées de piment d'Espelette, 4 tours de moulin à poivre, 6 g de gros sel, 4 pincées de sel fin.

Laver et peler les pommes de terre, puis les tailler en petits dés. Les rincer ensuite à l'eau froide. Mettre les pommes de terre dans une casserole et les recouvrir d'eau froide, puis ajouter le gros sel et porter à ébullition. Laisser ensuite cuire à petits bouillons, puis égoutter. Passer les pommes de terre au moulin à légumes, les assaisonner de poivre et de sel si nécessaire. Rectifier ensuite la texture de la purée avec le beurre et le lait.
Éplucher l'oignon et le couper en fines lamelles. Couper les poivrons en 2 et les épépiner, puis les éplucher. Verser un filet d'huile d'olive dans une poêle et faire suer les oignons avec une pincée de sel. Ajouter les poivrons, une gousse d'ail en chemise, une branche de thym et une feuille de laurier, puis cuire à couvert pendant 20 mn. Rectifier l'assaisonnement en sel et en piment d'Espelette. Égoutter les poivrons, puis les mixer grossièrement. Dresser la purée de pommes de terre dans des verrines, et la couvrir de poivronade. Décorer d'olives noires et servir.

Entrée

HUÎTRES, SAUCE VIERGE DE RADIS ET CONCOMBRES

15 mn

Pour 4 personnes

6 huîtres creuses, ½ botte de radis roses, ½ concombre, 10 cl d'huile d'olive, 2 cl de vinaigre balsamique blanc, 100 g de gros sel, 2 pincées de fleur de sel.

Éplucher le concombre, enlever les graines, puis le tailler en brunoise. Laver les radis et les tailler également en brunoise. Dans un cul-de-poule, mélanger l'huile d'olive, le vinaigre balsamique blanc ainsi que les radis et les concombres. Réserver ensuite au frais.
Ouvrir les huîtres et décoller le pied.
Disposer les huîtres sur le gros sel afin qu'elles restent droites, puis déposer sur chacune une cuillère à soupe de sauce vierge et une pincée de fleur de sel.

Entrée

SALADE D'AVOCATS ET CREVETTES

20 mn

Pour 4 personnes

150 g de crevettes cuites décortiquées, 4 avocats, ½ botte de ciboulette, 1 jaune d'œuf, 20 g de ketchup, 1 goutte de Tabasco rouge, 20 g de moutarde forte, 20 cl d'huile d'arachide, 4 tours de moulin à poivre, 4 pincées de fleur de sel, 4 pincées de sel fin.

Égoutter les crevettes si nécessaire.
Dans un bol ou un saladier, mettre le jaune d'œuf, le poivre, le sel et la moutarde, puis mélanger à l'aide d'un fouet. Sans cesser de remuer, verser ensuite l'huile, goutte par goutte pour commencer, puis en filet. Dès que la mayonnaise devient ferme, ajouter le ketchup et le Tabasco. Réserver.
Ciseler finement la ciboulette. Éplucher les avocats. À l'aide d'un couteau, tailler ensuite de fines tranches d'avocats et en tapisser le fond de 4 petits bols. Tailler le reste des avocats en petits dés.
Dans un bol, mélanger les crevettes coupées en morceaux, les dés d'avocats, la ciboulette ciselée et 50 g de sauce. Garnir ensuite les bols.
Dans une petite assiette, démouler délicatement la préparation, puis la parsemer de fleur de sel.

AUMÔNIÈRES TOMATES-MOZZARELLA

Entrée

15 mn 15 mn

Préchauffer le four à 200 °C. Éplucher, laver et ciseler finement l'échalote. Émincer les tomates confites en petits dés. Couper la mozzarella en 6 disques. Faire chauffer un filet d'huile d'olive dans une sauteuse et faire suer l'échalote avec une pincée de sel. Ajouter les pousses d'épinard et laisser réduire. Ajouter ensuite les tomates confites et laisser sécher à feu moyen pendant 2 mn. Assaisonner le tout de piment d'Espelette. Au centre de chaque feuille de brick, déposer une cuillerée de farce et ajouter la mozzarella. Refermer ensuite la feuille à l'aide d'un cure-dents. Disposer les aumônières sur une feuille de cuisson et les enfourner pendant 5 mn.

Pour 4 personnes

400 g de pousses d'épinard, 1 échalote, 8 pétales de tomates confites, 4 feuilles de brick, 1 boule de mozzarella, 2 cl d'huile d'olive, 2 pincées de sel et 2 de piment d'Espelette.

SALADE DE CHOU, SASHIMI DE DAURADE

Entrée

10 mn

Couper le chou chinois en 4, puis l'émincer en fines lamelles. Dans un saladier, mettre le vinaigre, le mirin, le sel, le sucre, le sésame noir et l'huile de sésame. Ajouter le chou et bien mélanger.

Tailler de fines tranches de daurade à l'aide d'un couteau filet de sole.

Dresser un dôme de salade de chou au centre d'une assiette, puis disposer le sashimi de daurade par-dessus. Servir le tout avec de la sauce soja. Répéter l'opération 3 fois.

Pour 4 personnes

4 filets de daurade de 140 g, ¾ d'un chou chinois, 20 g de sucre, 6 g de graines de sésame noir, 2 cl de vinaigre de riz, 3 cl de mirin (vinaigre de riz), 4 cl d'huile de sésame, 10 cl de sauce soja, 3 pincées de sel.

Entrée

ASPERGES VERTES AU SABAYON BASILIC

10 mn 30 mn

Préchauffer le four en position gril. Mixer la chapelure, les noisettes en poudre, 9 pincées de sel, 9 de piment d'Espelette et le basilic ciselé. Peler l'échalote et la ciseler en petits cubes. Ciseler la ciboulette. Laver les asperges, les talonner, les écussonner et les couper à moitié au niveau de la pointe, puis émincer finement les queues. Cuire les pointes à la vapeur, les réserver sur une plaque, puis les saupoudrer de chapelure noisette-basilic. Enfourner quelques minutes jusqu'à coloration. Dans un récipient, disposer les queues d'asperges avec l'échalote, le vinaigre de Xérès et la ciboulette. Saler et ajouter 6 pincées de piment et un filet d'huile d'olive. Préchauffer le four à 210 °C. Repartir le parmesan râpé dans des emporte-pièces sur une plaque revêtue d'un tapis de cuisson. Enfourner 10 mn. À coloration, retirer du four et refroidir. Battre 10 mn les jaunes d'œufs et le vin à vitesse maximale et à 50 °C, puis battre le sabayon jusqu'à complet refroidissement. Ajouter le jus de citron et 3 pincées de piment d'Espelette, le reste du basilic, puis saler. Dresser les pointes d'asperges dans des assiettes creuses, recouvrir des queues. Napper de sabayon. Finir par une tuile de parmesan et quelques feuilles de roquette.

Pour 4 personnes

1 botte d'asperges vertes, ½ citron jaune, 100 g de roquette, ½ botte de ciboulette, ½ botte de basilic, 1 échalote, 3 jaunes d'œufs, 60 g de chapelure de pain, 60 g de poudre de noisettes, 80 g de parmesan râpé, 6 cl de vin blanc sec, 1,5 l d'eau, 3 cl de vinaigre de Xérès, 2 cl d'huile d'olive, 9 pincées de sel et 9 de piment d'Espelette.

Entrée

CEVICHE DE DAURADES, AVOCATS ET PAMPLEMOUSSES

45 mn 5 mn

Vider, ébarber et écailler les daurades. Lever les filets et en retirer la peau et les arêtes. Tailler la chair en dés et y ajouter l'oignon rouge ciselé en petits cubes. Peler les pamplemousses à vif et récupérer les suprêmes ainsi que le jus. Tailler ensuite les suprêmes en 3, puis les mélanger au ceviche en ajoutant le jus. Tailler la chair des avocats en petits dés et l'arroser de jus de citron vert. Laver et effeuiller la coriandre, puis la ciseler finement. Hacher finement le piment. Ajouter les avocats, la coriandre et le piment haché au ceviche. Assaisonner de sel et de coriandre en poudre et terminer en liant le ceviche avec l'huile d'olive. Faire chauffer l'huile d'arachide à 180 °C dans une casserole à fond épais. Tailler les feuilles de pâte à ravioles en triangles. Les plonger dans l'huile chaude pendant environ 2 mn en les retournant à l'aide d'une écumoire. Les dégraisser sur un papier absorbant, les assaisonner de fleur de sel et les parsemer de graines de sésame. Dresser le ceviche dans une assiette, décorer de pousses d'alfalfa, et terminer par un croustillant au sésame.

Pour 4 personnes

2 daurades royales entières de 400 g, 4 feuilles de pâte à ravioles, 1 citron vert, 2 pamplemousses, 2 avocats, 1 oignon rouge, ½ botte de coriandre, 25 g de pousses d'alfalfa, ½ piment oiseau, 3 c. à c de coriandre en poudre, 20 g de graines de sésame dorées, 50 cl d'huile d'arachide, 4 cl d'huile d'olive, 2 pincées de fleur de sel, 6 pincées de sel fin.

ÉCLAIRS AU CHOCOLAT

Dessert

20 mn 40 mn 10 mn

Pour 4 personnes

50 g de chocolat noir, 7 g de cacao en poudre non sucré, 57 g de farine, 52 g de sucre, 1 œuf + 3 jaunes, 25 g de beurre, 27 cl de lait ½ écrémé, 2 cl d'huile d'arachide, 4 cl d'eau, 1 pincée de sel.

Préchauffer le four à 200 °C. Couper 25 g de beurre, puis le mettre à bouillir avec 4 cl d'eau, 2 cl de lait, le sel et 2 g de sucre. Tamiser 37 g de farine, l'ajouter en une fois et remuer vivement. Cuire quelques minutes. Refroidir, puis ajouter 1 œuf. À l'aide d'une poche à douille, former des boudins de 6 cm de long, les dorer avec 1 jaune d'œuf, puis les cuire 20 mn. Laisser reposer.

Mettre 25 cl de lait à bouillir. Blanchir 2 jaunes d'œufs avec 50 g de sucre. Ajouter 20 g de farine et le cacao. Verser la moitié du lait bouillant, mélanger, puis remettre à cuire pendant 3 mn en mélangeant constamment avec le reste de lait, dès reprise de l'ébullition. Verser sur une plaque recouverte d'un film alimentaire et refroidir rapidement. Réaliser 2 ouvertures sous les choux à l'aide d'un couteau. Lisser la crème pâtissière avec un fouet, puis garnir les éclairs par leurs ouvertures à l'aide d'une poche à douille. Faire fondre le chocolat et l'huile au bain-marie, puis y tremper les éclairs délicatement pour réaliser le glaçage.

Les laisser prendre au réfrigérateur 10 mn.

NAGE DE FRUITS EXOTIQUES À LA MENTHE

Dessert

30 mn 5 mn 20 mn

Pour 4 personnes

½ botte de menthe fraîche, ½ ananas, 2 kiwis, 1 mangue, 1 pamplemousse rose, 1 gousse de vanille, 1 étoile de badiane, 1 bâton de cannelle, 20 cl de jus d'orange, 80 g de sucre.

Effeuiller la menthe, ciseler finement les feuilles, puis réserver. Dans une casserole, dissoudre le sucre dans le jus d'orange, puis ajouter les épices, les tiges de menthe et la gousse de vanille fendue en 2. Porter à ébullition, puis éteindre le feu et laisser infuser. Peler tous les fruits et les tailler en petits bâtonnets. Les disposer ensuite dans le sirop à l'orange et les laisser mariner. Retirer les tiges de menthe et servir la préparation en verrines. Terminer avec la menthe ciselée.

Dessert

CHARLOTTE AUX FRAISES

30 mn 8 mn 4 h

Pour 4 personnes

650 g de fraises, 25 biscuits à la cuillère, 200 g de sucre, 30 g de sucre glace, 4 jaunes d'œufs, 30 cl de crème liquide entière, 5 feuilles de gélatine de 2 g, 10 cl d'eau.

Mélanger 100 g de sucre et l'eau dans une casserole, puis faire bouillir. Laisser refroidir le sirop. Laver et équeuter les fraises. Couper 200 g en quartiers, mixer le reste en coulis. Mettre la gélatine dans de l'eau froide. Monter la crème en chantilly. Mélanger les jaunes d'œufs avec 100 g de sucre, y verser la pulpe de fruits, mettre dans une casserole et cuire à 84 °C. Ajouter la gélatine et filtrer dans un bol. Laisser refroidir à température ambiante en remuant régulièrement. Quand le mélange est à température, ajouter la chantilly en 2 fois à l'aide d'un fouet pour achever la bavaroise. Disposer un cercle de papier sulfurisé ou chemiser le moule de film alimentaire. Verser un fond de bavaroise à la fraise, puis tapisser le fond et les parois du moule de biscuits bien serrés imbibés de sirop. Ajouter la bavaroise (un peu moins d'⅓ de la hauteur), puis les fraises, puis un peu de bavaroise (jusqu'au ⅓). Répéter les étapes. La bavaroise doit presque arriver à hauteur des biscuits. Refroidir au réfrigérateur 4 heures.
Démouler la charlotte, puis saupoudrer les bords de sucre glace. Décorer de lamelles de fraises.

Dessert

FUDGES AU CHOCOLAT

15 mn 15 mn

Pour 4 personnes

37 g de chocolat au lait, 12 g de cacao en poudre non sucré, 50 g de farine avec levure, 62 g de sucre roux, 75 g de sucre glace, 2 œufs, 98 g de beurre, 25 g de petits bonbons.

Préchauffer le four à 170 °C. Placer 6 moules en papier dans une plaque à muffins à 12 trous. Mettre 62 g de beurre, le sucre roux, les œufs, la farine avec levure et le cacao dans le bol d'un batteur K. Mélanger à vitesse 1-2, puis augmenter à vitesse maximale pendant 2 mn, jusqu'à ce que la pâte soit onctueuse. Répartir la préparation dans les moules en les remplissant aux ¾, puis faire cuire pendant 12 à 15 mn, jusqu'à ce que les gâteaux aient levé. Laisser refroidir sur une grille.
Mettre le chocolat dans le four à micro-ondes à puissance maximale pendant 1 à 2 mn par tranche de 15 s, jusqu'à ce qu'il soit fondu. À l'aide du batteur K, travailler 37 g de beurre et le sucre glace en pâte lisse, incorporer le chocolat fondu et mélanger. Étaler le chocolat sur les gâteaux et décorer avec les bonbons.

GÂTEAU BASQUE AU CHOCOLAT

Dessert

15 mn 40 mn

Pour 4 personnes

30 g de pépites de chocolat noir, 330 g de farine, 260 g de sucre, 3 œufs + 2 jaunes, 350 g de beurre, 25 cl de lait ½ écrémé, 1 gousse de vanille, 1 pincée de sel.

Mettre le lait à bouillir. Blanchir 2 œufs et 60 g de sucre, ajouter 30 g de farine. Lorsque le lait bout, le verser dans la préparation. Mélanger, puis remettre le tout dans la casserole et faire cuire à petite ébullition pendant environ 3 mn en remuant au fouet, jusqu'à ce que la crème épaississe. Verser le mélange dans un bol et incorporer le chocolat. Bien mélanger, puis filmer au contact et laisser refroidir à température ambiante. Mélanger 350 g de beurre pommade, 200 g de sucre, les graines de gousse de vanille et 1 pincée de sel. Ajouter 1 œuf et 2 jaunes. Bien mélanger, puis ajouter 300 g de farine. Préchauffer le four à 180 °C. Avec une poche à douille, disposer la pâte dans le fond d'un moule à manqué beurré et fariné, en réalisant une spirale, du centre vers l'extérieur. Couvrir de crème au chocolat, placer le moule au frais quelques instants, puis recouvrir d'une autre spirale de pâte jusqu'au bord du moule. À l'aide d'un pinceau, bien étaler la pâte, puis la dorer avec le jaune d'œuf. Avec le dos d'un couteau, quadriller le dessus du gâteau et le cuire 30 à 40 mn. Pour le démouler, attendre qu'il soit froid.

ÎLES FLOTTANTES

Dessert

15 mn 10 mn 1 h

Pour 4 personnes

6 blancs + 6 jaunes d'œufs, 50 cl de lait ½ écrémé, 175 g de sucre, 1 gousse de vanille.

Faire bouillir le lait avec 1 gousse de vanille grattée. À ébullition, laisser de côté 10 mn. Blanchir 6 jaunes d'œufs avec 75 g de sucre. Ajouter le lait (passé au chinois) en mélangeant, puis cuire à feu doux dans une casserole sans cesser de mélanger en formant des 8. La crème est prête quand la mousse en surface a disparu et qu'elle nappe la cuillère. Filtrer, puis laisser refroidir au réfrigérateur. Préchauffer le four à 180 °C en mode chaleur tournante. Monter les blancs d'œufs (sorties au préalable) en augmentant progressivement la vitesse. Une fois mousseux, les serrer avec du sucre et continuer de battre. Battre ensuite à pleine vitesse tout en versant le reste du sucre, jusqu'à ce qu'ils soient fermes. Remplir des moules en silicone de ce mélange, lisser et enfourner 3 mn. Sortir et laisser reposer. Démouler sur une assiette et réserver au réfrigérateur 5 mn. Faire chauffer du sucre (sans eau) à feu doux jusqu'à ce qu'il fonde et se colore. À l'aide d'une cuillère, réaliser des filaments sur une feuille de papier sulfurisé, puis les laisser refroidir avant de les décoller. Verser la crème anglaise dans une assiette creuse, ajouter une île flottante, puis disposer la décoration en caramel.

Dessert

SPHÈRES EN CHOCOLAT PASSIONNANTES

1 h 10 mn

Pour 4 personnes

200 g de chocolat au lait, 20 g de chocolat noir, 1 fruit de la passion, 5 cl de purée de fruit de la passion, 15 g de poudre de noisettes, 35 g de farine, 30 g de sucre, 1 g de beurre de cacao Mycryo, 45 g de beurre, 7 cl de crème liquide entière, 4 ballons de baudruche.

Faire chauffer au bain-marie 90 g de chocolat au lait. Une fois le chocolat fondu, placer le saladier dans de l'eau froide. Attendre 5 mn en mélangeant, puis ajouter le beurre de cacao. Gonfler les ballons, les tremper dans le chocolat, et laisser figer. Une fois le chocolat pris, percer le ballon avec une aiguille. Faire chauffer une casserole vide, la retourner et faire fondre les bords de la sphère dessus afin de les lisser. Réserver. Chauffer la purée passion. Déposer 110 g de chocolat au lait dans un saladier. Verser le liquide chaud sur le chocolat en 3 fois, et mélanger afin d'obtenir une ganache lisse. Ajouter 20 g de beurre, mélanger, et réserver au frais. Préchauffer le four à 180 °C. Mélanger la farine, la poudre de noisettes, le sucre et 25 g de beurre. Émietter sur une feuille de papier cuisson. Enfourner quelques minutes, sortir quand le crumble commence à colorer. Faire chauffer la crème liquide et la mélanger au chocolat. Disposer la ganache et le crumble au centre d'une assiette. Poser la sphère dessus. Ouvrir le fruit de la passion, enlever les graines et les disposer en décoration. Verser la sauce au chocolat très chaude sur la sphère.

Dessert

MONTS-BLANCS

20 mn

Pour 4 personnes

8 grosses meringues, 120 g de crème de marrons sucrée, 50 g de brisures de marrons glacés, 20 g de sucre glace, 20 cl de crème liquide entière, 1 gousse de vanille, 2 cl de whisky.

Tailler les meringues au couteau pour obtenir 2 disques par personne de la grosseur d'un sablé breton. Conserver les brisures.

Dans un grand bol, fouetter la crème bien froide, puis ajouter l'intérieur de la gousse de vanille et le sucre glace. Réserver au frais.

Mélanger la crème de marrons avec le whisky. Plier un papier sulfurisé de façon à réaliser un cornet, puis le garnir de crème de marrons.

Poser un palet de meringue dans l'assiette, puis le recouvrir d'une cuillerée de crème chantilly. Parsemer le tout de brisures de marrons et de brisures de meringues. Renouveler l'opération. Couper le bout du cornet en papier et laisser couler un fil continu de crème pour recouvrir le mont-blanc.

MOELLEUX À L'ORANGE ET À L'ANIS VERT

30 mn 30 mn

Dessert

Préchauffer le four à 200 °C. Mélanger le beurre pommade et le sucre avec le sel. Faire blanchir. Ajouter les graines d'anis, les œufs, le zeste râpé des oranges, et mélanger. Tamiser la farine avec la levure et verser sur la préparation. Bien mélanger pour obtenir une pâte lisse. Ajouter le jus de 2 oranges. Beurrer et fariner le moule, y répartir la pâte et enfourner 25 mn. Laisser tiédir avant de démouler. Préparer un sirop en mélangeant le jus de la 3e orange avec 30 g de sucre glace. Faire fondre 30 g de sucre glace dans une poêle et y ajouter la dernière orange taillée en fines tranches. Faire confire 8 mn. Peler le pamplemousse à vif, en récupérer le jus et le verser sur les tranches d'oranges dans la poêle, puis retirer du feu. Démouler le gâteau sur une grille et y verser le sirop lorsqu'il est encore un peu tiède. Ouvrir le fruit de la passion en deux et récupérer les graines. Décorer le gâteau de rondelles d'oranges confites et de suprêmes de pamplemousse. Disposer les graines de passion autour. Servir avec un peu de chantilly.

Pour 4 personnes

4 oranges, 1 pamplemousse rose, 1 fruit de la passion, 200 g de farine, 150 g de sucre, 60 g de sucre glace, ½ sachet de levure chimique (5 g), 3 œufs, 100 g de beurre, 20 g de graines d'anis, 1 pincée de sel fin.

PARIS-PÔLE NORD

45 mn 30 mn

Dessert

Préchauffer le four à 200 °C. Mettre à bouillir 75 g de beurre avec 25 cl d'eau, 10 g de sucre et le sel. Tamiser 150 g de farine, l'ajouter en une fois en dehors du feu et remuer. Cuire quelques minutes, puis refroidir. Ajouter 4 œufs jusqu'à obtenir un ruban un peu cassant. À l'aide d'une poche à douille, coucher 6 cercles de 10 cm de diamètre et les dorer avec un jaune d'œuf. Cuire 25 à 30 mn. Faire bouillir le lait. Bianchir 3 œufs avec 50 g de sucre. Ajouter 30 g de farine, mélanger, puis verser le lait. Remettre dans la casserole et cuire 3 mn en mélangeant. Ajouter le praliné et les épices. Bien fouetter. Refroidir, et couvrir la crème pâtissière d'un film alimentaire. Travailler 125 g de beurre pour le rendre moelleux. Verser 3 cl d'eau et 100 g de sucre dans une casserole, porter à ébullition. Cuire jusqu'à 121 °C. Stopper la cuisson en posant la casserole dans de l'eau froide (attention, il ne faut pas refroidir le sirop). Fouetter doucement 3 jaunes d'œufs. Lorsqu'ils moussent, y verser le sirop chaud. Battre jusqu'à obtenir un sabayon blanc et mousseux, jusqu'à refroidissement. Ajouter le beurre petit à petit. Mélanger les 2 crèmes. Couper les couronnes en 2 et les garnir, puis saupoudrer de sucre glace. Réserver au frais.

Pour 4 personnes

90 g de praliné, 6 g de mélange d'épices pour pain d'épices, 180 g de farine, 160 g de sucre, 10 g de sucre glace, 7 œufs + 4 jaunes, 200 g de beurre, 25 cl de lait ½ écrémé, 3 pincées de sel, 28 cl d'eau.

Dessert

GÂTEAU DE POMMES CRUES ET CUITES

15 mn 15 mn 15 mn

Pour 4 personnes

4 pommes Pink Lady, 1 citron jaune, 40 g de poudre d'amandes, 80 g de farine de blé, 150 g de sucre, 40 g de cerneaux de noix, 100 g de beurre, 6 cl de crème liquide entière, 2 pincées de fleur de sel.

Préchauffer le four à 200 °C. Mixer les cerneaux de noix. Dans un bol, mélanger 80 g de beurre, 80 g de sucre, la farine, la poudre d'amandes et les noix, jusqu'à obtention d'un sable grossier. Le travailler dans la paume de la main et former une boule. Placer la pâte entre 2 feuilles de papier sulfurisé et l'étaler sur une épaisseur de 3 mm. Enfourner pendant 12 mn. À la sortie du four, détailler 6 disques. Laisser refroidir et réserver. Conserver le reste de pâte cuite pour le dressage. Peler les pommes. Retirer 3 cm de chaque côté, puis en creuser le centre. Conserver 2 cm de bord et les citronner légèrement. Concasser grossièrement les parures. Dans une poêle chaude, faire fondre 70 g de sucre. Quand il brunit, ajouter 20 g de beurre et la fleur de sel. Mélanger, puis ajouter les parures de pommes. Cuire 2 mn et mélanger. Les pommes doivent être enrobées de caramel. Ajouter progressivement la crème, porter à ébullition et laisser cuire à feu doux 5 mn. Dans une assiette, déposer un point de sauce et ajouter un disque de pâte. Déposer les cercles de pommes crues et garnir de pommes cuites. Émietter le reste de crumble au-dessus de la pomme et arroser de sauce caramel.

Dessert

GANACHE AU CHOCOLAT, CARPACCIO DE FRAISES

45 mn 15 mn 20 mn

Pour 4 personnes

150 g de fraises, 5 cl de jus d'orange, 8 g de cacao en poudre sucré, 10 g de cacao en poudre non sucré, 75 g de chocolat noir, 40 g de farine, 175 g de sucre, 10 g de sucre glace, 7 g de miel, 10 g de graines de sésame noir, 1 jaune d'œuf, 50 g de beurre, 15 cl de crème liquide entière, 12 cl de lait ½ écrémé, quelques feuilles de basilic.

Porter le lait à ébullition. Blanchir le jaune d'œuf avec 50 g de sucre. Ajouter 15 g de farine et la poudre de cacao non sucrée. Y verser le lait et fouetter. Remettre dans la casserole, porter à ébullition et cuire pendant 3 mn en fouettant. Réserver au frais pendant environ 20 mn. Monter 7,5 cl de crème froide en chantilly. Ajouter à la crème pâtissière froide, puis mettre dans une poche à douille lisse de 12 mm et réserver. Faire bouillir 7,5 cl de crème avec le miel. La verser sur le chocolat coupé en morceaux. Émulsionner et laisser refroidir 15 mn. Mettre dans une poche à douille lisse de 9 mm et réserver. Préchauffer le four à 180 °C. Faire fondre le beurre. Mélanger 125 g de sucre, 25 g de farine, le cacao en poudre sucré et le sésame noir. Ajouter le jus d'orange et le beurre et fouetter. Verser dans une poche à douille lisse de 8 mm et réserver au frais. Recouvrir une plaque de cuisson d'un tapis en silicone. Coucher des petits tas de pâte et les étaler avec le dos d'une louche. Enfourner 10 mn, laisser refroidir à plat. Réserver. Préparer les fraises (en réserver 2 belles). Tailler la moitié en tranches dans la hauteur. Mixer l'autre moitié avec le sucre glace, passer au tamis. Tailler les 2 fraises en quartiers. Dresser les tranches de fraises en arc de cercle. Pocher des petites boules de ganache, puis 3 boules de crème. Décorer de tuiles, de fraises, de basilic et de jus de fraises.

GRATIN DE FRUITS EXOTIQUES

Dessert

5 mn 20 mn

Éplucher les fruits exotiques, puis les tailler en cubes de 1 à 2 cm et les disposer dans un plat à gratin. Ajouter les framboises et les myrtilles. Réserver. À l'aide d'un fouet électrique, battre dans un cul-de-poule les jaunes d'œufs, quelques cuillerées d'eau et le sucre en poudre, jusqu'à obtention d'un sabayon (le mélange doit devenir 4 fois plus volumineux). Fouetter la crème liquide et ajouter un peu de sucre glace pour obtenir de la chantilly. Mélanger ensuite les œufs montés avec la chantilly, puis en recouvrir les fruits. Saupoudrer le dessus du sabayon de sucre glace.

Préchauffer le gril du four. Avant de servir, caraméliser le sabayon en enfournant le gratin sous le gril pendant quelques minutes (attention, selon la puissance de votre gril, cette opération peut être très rapide). Servir dans le plat à gratin.

Pour 4 personnes

½ ananas Victoria, 2 bananes, ½ mangue, 150 g de framboises fraîches, 100 g de myrtilles, 4 jaunes d'œufs, 10 cl de crème liquide entière, 50 g de sucre, 30 g de sucre glace.

FONDANTS AU CHOCOLAT CŒUR COULANT

Dessert

10 mn 8 mn

Faire fondre le beurre au four à micro-ondes pendant 1 mn. Beurrer et sucrer des verres résistant à la chaleur, puis les tapoter afin d'ôter l'excédent de sucre. Mouler ensuite l'appareil. Préchauffer le four à 200 °C. Concasser le chocolat et tailler le beurre en petits dés, puis faire fondre le tout au bain-marie. Battre les œufs avec le sucre jusqu'à ce que le mélange blanchisse légèrement. Verser ensuite le chocolat et le beurre fondu tout en mélangeant. Terminer par la farine tamisée. Enfourner les moelleux pendant 8 mn. Servir dès la sortie du four.

Pour 4 personnes

135 g de chocolat noir, 165 g de beurre doux, 4 œufs, 155 g de sucre en poudre, 65 g de farine de blé.

Dessert

PAVLOVA AUX FRUITS

30 mn 1 h

Pour 4 personnes

250 g de fraises, 100 g de framboises fraîches, 100 g de groseilles, 100 g de mûres, 1 cl de jus de citron, 360 g de sucre en poudre, 100 g de sucre glace, 15 g de fécule de maïs, 180 g de blancs d'œufs, 25 cl de crème liquide entière, 1 gousse de vanille.

Préchauffer le four à 100 °C. Mettre de l'eau à chauffer. Monter les blancs d'œufs. Quand ils deviennent mousseux, incorporer progressivement le sucre et poser le saladier sur le bain-marie en continuant de fouetter. Cuire la meringue très ferme, puis la retirer du bain-marie et fouetter encore pour faire retomber la température. Ajouter le jus de citron et la fécule de maïs tamisée en mélangeant doucement à la spatule. Mettre la meringue dans une poche à douille cannelée. Sur une plaque tapissée de papier sulfurisé, réaliser un disque avec la meringue, puis coucher des rosaces autour. Enfourner 1 h. La meringue doit être sèche. Laisser refroidir. Mettre la crème dans un récipient froid et la fouetter jusqu'à obtenir une consistance ferme. Ajouter le sucre glace et les graines de vanille. Réserver.
Rincer les fruits et les égoutter. Tailler les fraises en 2. Répartir la chantilly sur le fond de meringue, puis disposer les fruits dessus.

Dessert

SOUFFLÉS AU GRAND MARNIER

10 mn 12 mn

Pour 4 personnes

5 cl de Grand Marnier, 40 cl de jus d'orange, 90 g de sucre, 30 g de sucre glace, 30 g de fécule de maïs, 100 g de blancs d'œufs, 50 g de beurre.

Préchauffer le four à 190 °C. Verser le jus d'orange dans une casserole et le faire chauffer à feu vif. Réduire le jus d'orange de moitié. Y incorporer la fécule de maïs et le Grand Marnier. Remettre la casserole sur le feu et faire cuire jusqu'à ce que le mélange épaississe. Laisser refroidir complètement. Ramollir le beurre et badigeonner l'intérieur des ramequins en exécutant un mouvement vers le haut. Saupoudrer de 50 g de sucre et mettre au réfrigérateur. Fouetter les blancs d'œufs en neige légère, puis ajouter 40 g de sucre. Continuer à fouetter jusqu'à obtenir des pics fermes. Incorporer le mélange initial à l'orange dans la meringue, et mettre le tout dans une poche à douille. Remplir les ramequins et les faire cuire 10 à 12 mn. Servir immédiatement les soufflés saupoudrés de sucre glace.

TECHNIQUES DE CUISINE

Rouler en ballotine

La ballotine est la technique indispensable pour sublimer vos présentations gourmandes ! Beaucoup de recettes s'y prêtent : volaille farcie aux champignons, foie gras au chutney de cerises... Disposez, par exemple, votre volaille sur un papier transparent de grande taille. Ajoutez votre garniture au centre de la tranche et roulez la ballotine. Serrez de plus en plus par les extrémités jusqu'à former un boudin compact et étanche. Il ne vous reste plus qu'à pocher la ballotine et à servir bien chaud.

Cuire des œufs cocottes en raviers

Vous souhaitez réaliser de beaux œufs cocottes ? Commencez par beurrer des raviers, puis disposez au fond de chaque ravier une pincée de sel ainsi qu'un œuf. Regroupez les raviers dans un récipient allant au four, dans lequel vous versez de l'eau chaude jusqu'à mi-hauteur des ramequins. Enfournez dans un four préchauffé à 150 °C pendant 6 à 10 mn. N'hésitez pas à garnir vos raviers de lardons fumés ou de crème fraîche pour un rendu encore plus gourmand.

Plumer une volaille

Plusieurs techniques existent pour plumer une volaille. À sec, veillez à plumer votre volaille vers le bas (dans le sens des plumes). Cependant, l'opération sera plus aisée si vous plongez rapidement la volaille dans un bain d'eau frémissante (mais sans la pocher). Les plumes partiront alors assez facilement. Flambez finalement la volaille avec un chalumeau ou au-dessus d'une flamme légère pour lui enlever son fin duvet.

Réaliser une brouillade d'œufs

Quoi de plus chic pour un brunch du dimanche qu'une brouillade d'œufs parfumée à la truffe ? Le secret pour réussir vos œufs brouillés, c'est de privilégier une cuisson très lente (idéalement au bain-marie). N'hésitez pas à ajouter une pointe de crème fraîche ou de lait pour obtenir une texture encore plus crémeuse. Pour un rendu homogène, vous pouvez également les battre en omelette dans un récipient avant de les transvaser dans une poêle.

Cuire du poisson en papillote

Cette technique est idéale pour cuire vos poissons sans les abîmer. Comme ils ne sont pas en contact direct avec la source de chaleur, vous éviterez ainsi plus facilement la surcuisson. Enfermez vos poissons aux côtés de légumes variés et d'épices parfumées dans des papillotes en silicone ou en papier. Vous conserverez alors très facilement toutes les saveurs du poisson en plus de lui en apporter de nouvelles, tout en limitant l'apport en matières grasses.

Cuire du poisson en croûte de sel

Diététique, parfumé, un poisson cuit en croûte de sel, ça vous dit ? Pour élaborer une croûte, il suffit de mélanger le gros sel avec un blanc d'œuf. N'hésitez pas à y ajouter des épices pour parfumer les chairs. Disposez vos morceaux de poisson (ou votre poisson entier) recouverts de cette croûte dans un four préchauffé à 230 °C et laissez cuire environ une dizaine de minutes. Vous obtiendrez ainsi un poisson moelleux, savoureux et cuit uniformément.

Rôtir des pommes de terre

L'idéal pour rôtir vos pommes de terre est de les insérer en fin de cuisson de votre rôti. Ainsi, elles se nourrissent du jus de viande et accompagnent votre pièce avec brio. Si vous n'avez pas de rôti sous la main, les pommes de terre peuvent aussi être badigeonnées généreusement d'huile, puis enfournées pendant 30 mn à 220 °C. Pensez à y adjoindre quelques herbes aromatiques (du thym ou du persil, par exemple).

Réaliser une meringue suisse

Voilà une technique bien pratique pour réaliser les décorations de vos gâteaux ! La meringue suisse consiste à disposer les blancs dans un récipient, lui-même placé sur un bain-marie, et à les monter à l'aide d'un fouet. Lorsqu'ils commencent à devenir mousseux, incorporez progressivement le sucre. Une fois les meringues couchées sur une plaque, elles doivent être cuites pendant environ 1 h à 100 °C.

Glacer au sucre

Recouvrez vos gâteaux et biscuits d'un généreux glaçage au sucre ! Dans un bol, mélangez un blanc d'œuf en y ajoutant du sucre glace (de préférence tamisé) jusqu'à ce que la préparation devienne brillante. Ajoutez le jus d'un citron, puis lissez le mélange au fouet pour qu'il épaississe bien. Disposez-le sur vos gâteaux et laissez sécher pendant plusieurs dizaines de minutes à température ambiante.

MESURES UTILES

Litre	DL	CL	ML	Tasse
1	10	100	1 000	4
3/4	7,5	75	750	3
1/2	5	50	500	2
1/4	2,5	25	250	1
1/8	1,25	12,5	125	1/2

Thermostat	° Celsius	° Fahrenheit
1	30	100
2	60	150
3	90	200
4	120	250
5	150	300
6	180	350
7	210	400
8	240	450
9	270	500

LIQUIDES	
1/4 de tasse	50 ml
1/2 tasse	120 ml
3/4 de tasse	175 ml
1 tasse	240 ml
1 tasse 1/4	300 ml
2 tasses 1/2	575 ml

INGRÉDIENTS	
1 tasse de farine	100 g
1 tasse de fécule	100 g
1/2 tasse de sucre en poudre	100 g
1/2 tasse de sucre glace	100 g
1 cuillère à soupe de beurre	15 g
1/2 tasse de beurre	100 g
3/4 de tasse de noix, noisettes, amandes concassées	100 g
1 tasse de fromage râpé	100 g
3/4 de tasse de miel	250 g
1 tasse de crème fraîche	175 g
1/2 tasse de fruits secs	75 g
2 tasses de fruits frais	100 g

CONTENANTS	
1 grand bol	350 g
1 tasse à thé	120 à 150 g
1 tasse à café	100 g
1 verre à eau	200 à 225 g
1 verre à vin	90 à 100 g
1 cuillère à soupe	15 g
1 cuillère à café	5 g

MESURES UTILES

PROPORTION PAR PERSONNE ADULTE		
Plats	**Grammes**	**Livres**
Viande	150 à 200 (sans os) 125 à 150 (hachée)	1/3 lb à 2/5 lb (sans os) 1/4 lb à 1/3 lb (hachée)
Poisson	250 (entier) 200 (filet)	1/2 lb (entier) 2/5 lb (filet)
Salade (légumes, riz, pâtes...)	300 (plat principal) 200 (entrée)	3/5 lb (plat principal) 2/5 lb (entrée)
Garniture de légumes	175 à 200	1/3 lb à 2/5 lb
Pâtes (poids cuites)	125 (plat principal) 100 (garniture)	1/4 lb (plat principal) 1/5 lb (garniture)
Riz (poids cuit)	120 (plat principal) 75 (garniture)	1/4 lb (plat principal) 1/5 lb (garniture)
Fruits (salade, compote...)	125 à 150	1/4 lb

CONTENANCE	MESURES ANGLO-SAXONNES	MILLILITRES	GRAMMES
1 cuillère à café	1 cuillère à thé	5	5 (sel, sucre, café) 4 (farine, semoule) 3 (cacao, fécule)
1 cuillère à soupe	1 cuillère à table	15	15 (sucre, beurre) 12 (farine, crème fraîche)
1 verre à liqueur	1/8 de tasse ou 1 oz	30	-
1 tasse à café	3/8 de tasse ou 3 oz	100	-
1 verre à moutarde	5/8 de tasse ou 5 oz	150	100
1 grand verre	1 tasse ou 8 oz	250	150 (farine, semoule) 200 (riz) 220 (sucre)
1 bol		350	300 (riz) /220 (farine)

TEMPS DE CUISSON

LÉGUMES	EAU	VAPEUR
Asperges	15-20 min	12-18 min
Brocolis	10-15 min	5 min
Carottes	15-20 min	8-12 min
Choux blancs	20 min	15 min
Choux-fleurs	15-20 min	5-10 min
Courgettes	10-15 min	9 min
Épinards	12-15 min	6-8 min
Haricots verts	10-15 min	10-15 min
Navets	15-20 min	6 min
Petits pois	20 min	15 min
Poireaux	15-25 min	15 min
Pommes de terre	Env. 20 min	20 min
Potirons	15-20 min	6-8 min
VIANDE	**DURÉE**	**TEMPÉRATURE FOUR**
Canard	50 min	220 °C / 430 °F
Carré d'agneau	15-20 min	230 °C / 450 °F
Filet mignon de porc	20-30 min	250 °C / 480 °F
Gigot d'agneau	15 min par 500 g	220 °C / 430 °F
Lapin	30 min	200 °C / 390 °F
Poulet	30 min par 500 g	180 °C / 350 °F
Rôti de bœuf	10 min par 500 g (saignant) 15 min par 500 g (à point) 20 min par 500 g (bien cuit)	200 °C / 390 °F
Rôti de porc	30 min par 500 g	110 °C / 230 °F
Rôti de veau	20-25 min par 500 g	200 °C / 390 °F
POISSON	**FOUR**	**EAU**
Bar	25 min sur gril	25 min
Cabillaud	15-20 min à 200 °C / 390 °F	10 min
Colin	10-15 min à 180 °C / 350 °F	15 min
Crabe	/	15-20 min
Dorade	30 min à 180 °C / 350 °F	10-15 min
Homard	15 min à 200 °C / 390 °F	12 min pour 450 g
Lieu	20 min à 180 °C / 350 °F	15 min
Moules	/	5-10 min
Saumon	25 min à 180 °C/ 350 °F	10 min
Thon	15 min à 200 °C / 390 °F	25 min

QUANTITÉ MOYENNE PAR KILO

NOMBRE DE LÉGUMES CONTENUS DANS 1 KG (SOIT 2,2 LBS)	
Asperges	20-25
Carottes	8-10
Concombres	3
Courgettes	8-10
Oignons	10
Poireaux	6-7
Poivrons	8
Pommes de terre	10-12
Tomates	8-10

NOMBRE DE FRUITS CONTENUS DANS 1 KG (SOIT 2,2 LBS)	
Abricots	22-23
Bananes	6-7
Citrons	8-9
Clémentines	14
Kiwis	10
Oranges	5
Pamplemousses	2-3
Pêches	6-7
Poires	8
Pommes	6-7
Reines-claudes	33

DURÉE DE CONSERVATION DES ALIMENTS

ALIMENTS	AU RÉFRIGÉRATEUR
Beurre doux	3 semaines
Beurre salé	3 semaines
Bœuf	3-5 jours
Confiture	Quelques mois
Crabe cuit	1-2 jours
Crème fraîche	3-5 jours
Crevettes	1-2 jours
Fromage demi-ferme (mozzarella, feta, etc.)	2 semaines
Fromage dur (emmental, cheddar, etc.)	3 semaines
Fromage en cours d'affinage (camembert, brie, etc.)	1 mois
Fromage frais (cottage cheese, mascarpone, etc.) ou au lait cru	1 semaine
Jambon	3-5 jours
Jus de fruits et de légumes	1-2 semaines
Ketchup et marinade	1 an
Lait UHT	3-5 jours
Mayonnaise	2 mois
Mets en casserole	2-3 jours
Moules dans leur écaille	2-3 jours

ALIMENTS	AU RÉFRIGÉRATEUR
Moules sans écaille	1-2 jours
Œuf dans sa coquille	1 mois
Œuf dur	1 semaine
Pâtes alimentaires cuites	3-5 jours
Pâtisserie	3-4 jours
Poisson gras	1-2 jours
Poisson maigre	2-3 jours
Porc	3-5 jours
Potage, soupe	3 jours
Quiche	2-3 jours
Riz cuit	5-6 jours
Sandwich	1-2 jours
Saucisse fraîche	1-2 jours
Veau	3-5 jours
Viande décongelée	1 jour
Viande hachée	1-2 jours
Viande cuite	3-4 jours
Viande fumée, charcuterie	5-6 jours
Volaille cuite (avec sauce)	1-2 jours
Volaille cuite (sans sauce)	3-4 jours

CONGÉLATION

DURÉE DE CONSERVATION DES ALIMENTS CONGELÉS	
Fromage	2 mois
Légumes	8-10 mois
Fruits	10-12 mois
Bœuf	10-12 mois
Poisson gras	1 mois
Poisson maigre	3 mois
Porc	4-6 mois
Veau	8-10 mois
Volaille	6-8 mois
Gibier	6-8 mois
Pain, pâtisserie	1-3 mois
Plats cuisinés	3 mois

CONGELER VOS ALIMENTS

Pour avoir toujours sous la main de quoi nourrir votre famille, pensez à congeler vos courses et vos préparations.

QUELS ALIMENTS PEUVENT ÊTRE FACILEMENT CONGELÉS ?

Conseil : n'assaisonnez pas un plat cuisiné lors de la préparation, mais lors du réchauffage, après décongélation.

SALÉ

Ratatouille, légumes farcis, soupe, sauce bolognaise, tourte/tarte/quiche/pizza, cake, gratin, hachis, moussaka, lasagnes, daube, brandade de morue, bœuf bourguignon, blanquette de veau, croque-monsieur, sauté de veau, tajine, galettes.

SUCRÉ

Coulis, tarte/tourte, cake, fruits au sirop, gâteau, biscuits, crêpes, muffins, macarons.

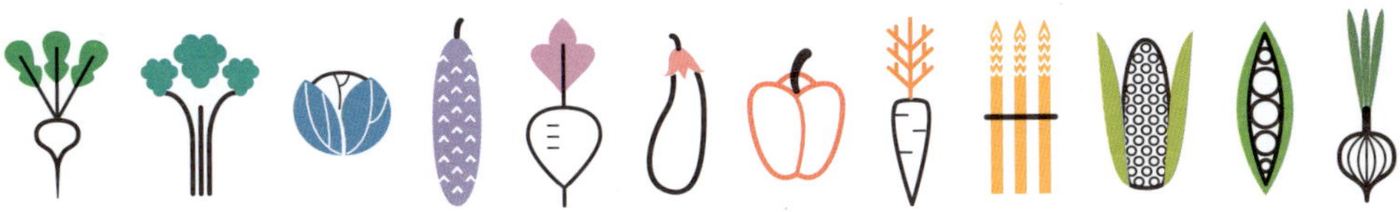

CALENDRIER DES FRUITS ET LÉGUMES

	abricot	cerise	fraise	framboise	melon	nectarine	pêche	poire	pomme	prune	raisin	ail	artichaut	asperge	aubergine
JANVIER								■	■						
FÉVRIER									■						
MARS									■						
AVRIL									■			■		■	
MAI			■									■		■	■
JUIN		■	■	■	■	■	■					■	■	■	■
JUILLET	■	■	■	■	■	■	■			■		■	■		■
AOÛT	■	■	■	■	■	■	■	■		■		■	■		■
SEPTEMBRE				■		■	■	■		■	■		■		■
OCTOBRE								■	■	■	■				
NOVEMBRE								■	■						
DÉCEMBRE								■	■						

CALENDRIER DES FRUITS ET LÉGUMES

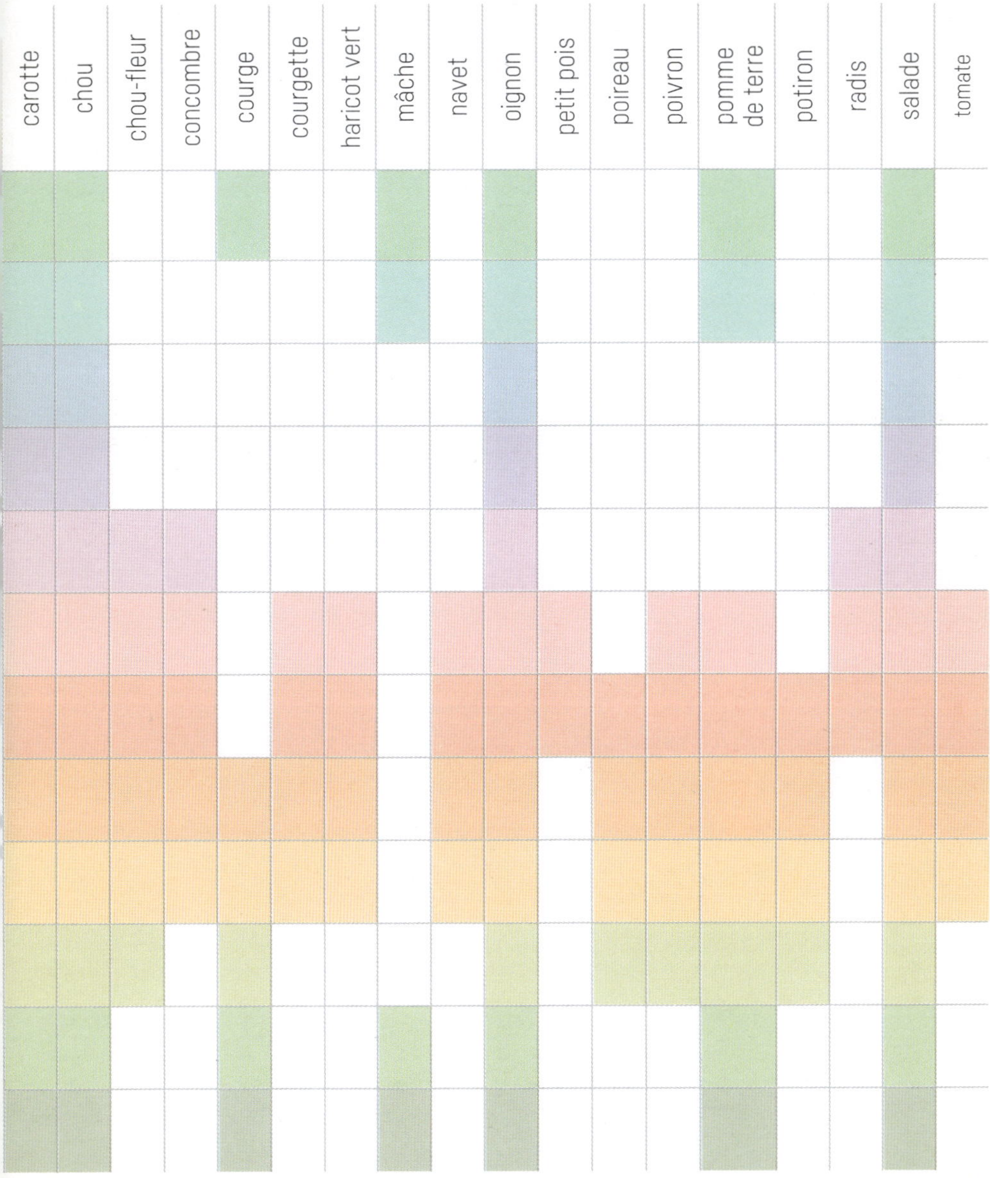

INDEX

INDEX

INDEX

INDEX

INDEX

INDEX

NOTES

NOTES

VOTRE AVIS NOUS INTÉRESSE

N'hésitez pas à nous faire part de vos remarques, commentaires, suggestions et critiques sur le *On fait quoi pour le dîner ? Avec L'atelier des Chefs*. Vous nous aiderez ainsi à améliorer la prochaine édition.

Ce que vous avez particulièrement apprécié : ....

....

....

Ce qui pourrait être amélioré : ....

....

....

Ce qui devrait être ajouté : ....

....

....

Ce qui vous semble inadapté ou inutile : ....

....

....

Et aussi : ....

....

VOS COORDONNÉES (facultatif)

Nom et prénom : ....

Adresse complète : ....

....

Code postal : .... Ville : ....

Email : .... @ ....

Détachez cette page après l'avoir complétée, et renvoyez-la à :
Éditions 365 – On fait quoi pour le dîner ? Avec L'atelier des Chefs
57, rue Gaston-Tessier – 75019 Paris
Vous pouvez aussi nous adresser vos commentaires à
contact@editions365.fr.